Geopolitical
Alpha
An Investment Framework for Predicting the Future

地緣政治投資大局觀

認清現實與週期的有效預測框架

馬可・帕皮奇
Marko Papic

呂佩憶 譯

本書謹獻給一個已不存在的國家。

Geopolitical
Alpha
地緣政治投資大局觀

序

加拿大蒙特屢，2017 年 2 月
一個寒冷、黑暗、有冰風暴的夜晚。

　　第一次在晚餐時見到馬可‧帕皮奇，是在一間他非常熱情地形容為「鎮上最酷的餐廳」。在進入餐廳時，我發現那是一間陰暗又空盪盪的地方，只有一位酒保、一位服務生、一位領班，和一位孤單的顧客坐在後面的角落裡。我開始想該如何禮貌地提早離開。但是後來的食物和酒水都非常棒，而且我們也相談甚歡。結果我們待到很晚，而且非常開心。我聽過馬可多次做出與市場不一致但結果是正確的判斷，而那天晚上是第一次。

　　在見到馬可後的幾分鐘內，我就知道他很特別。我有一個特長，那就是從一堆不起眼的人之中找出人才，並且聚集這些人為我所用，不論是尋找新的基金經理人以管理我們的機構客户的資金、尋找聰明的投資人從事一筆交易、支持新成立的金融科技公司的創辦人，或是在一些最偏遠的地方把最有意思的人聚集在一起。我同時也會尋找有獨特技能的人並說服他們加入德羅布尼集團。

當我認識馬可時，我已經尋找首席策略分析師一段時間了。我需要有個人能像籃球隊的中鋒球員一樣，可以凝聚團隊。我在找一個聰明人來坐鎮指揮我們獨特而獨家的資訊流，並將資訊流轉成連貫的形式給客戶。我一開始找的是典型的經濟學家。過去四十年來，都是由全球的債市、央行和財政部在驅動市場甚至是全世界。而那些「金融界的老大」和「拯救世界委員會」操縱著傀儡的拉繩，而投資的大贏家則低調預測這些人的下一步行動。

　　時序進入 2016 年。

　　英國「脫歐公投」通過以及川普當選，標示著總體遊戲的劇變。已開發國家的民粹主義行動突顯一個重點，那就是經濟學家和利率預測者的年代已經結束。在後川普、後脫歐時代，地緣政治才是王道。在可預測的未來將利率固定在零以下，那些金融界的老大和拯救世界委員會已經彈盡援絕。

　　因此，德羅布尼的首席策略分析師不需要有長春藤盟校的經濟學位，再搭配 PhD、CFA、MBA 之類的縮寫頭銜。我們需要的是一個不會被「聯準會公司」的行動鎖死的人，而是專注於國際和國內政治的人。今日（和未來）的戰爭和權力遊戲是川普對決習近平、英國對決歐盟、普京對決世界、不動產抵押貸款證券、馬克里、波索納洛等等……。

　　接著，馬可‧帕皮奇登場了：一位在垮台的南斯拉夫被野狗追逐長大的地緣政治專家，他後來住過伊拉克、約旦、瑞士和德州；後來娶了拉丁裔的德州女子並定居在加拿大。客戶與未來客戶間流傳說，有一位觀點和市場共識不同的非正統地緣政治思想家。住在蒙特婁的那個策略分析師經常說對了。虛無主義的塞爾維亞人馬可，是許多人最喜歡的策略分析師。我發現他只是個不屬於任何國家、沒有偏見、熱情、獨特的人，而且他有很多的想法，這正是填補集團位於聖塔蒙尼卡的全球總體經濟團隊空缺的人。

　　在追蹤馬可的判斷一年，並試著讓他在幾次客戶的活動中說服客戶後，我 2018 年花了大半年的時間試著說服他，南加州的海灘比翠湖山莊的滑雪場要好得多。2018 年 12 月，馬可同意加入德羅布尼集團，成為我們的首席策略分析師。2019 年他的表現非常亮麗。2020 年 1 月時我說：「馬可，真是太棒了，但是現在該靠你自己了」，然後我要他寫這本書。

　　我寫過兩本關於全球總體經濟的書，第三本書正寫到一半：那是我的三部曲最後一部。合約已經簽了、章節已經確認了、稿費已經預付了。書才寫到一半，世界就變了。該是時候把工作交給中階的大人物了。

　　馬可接下棒子就開始揮灑。就像他小時候的已逝籃球

員偶像「小飛俠布萊恩」（願他安息）一樣，他非常專注在寫這本書。我連一章都還沒看完，他已經寫出下一章。同時間他還寫報告，和客戶、種子輪創業者、公司創辦人和合夥人見面，而且他的前交叉韌帶／半月板撕裂受傷（他也不在乎），因為新冠肺炎的關係，他在家工作同時教三個孩子讀書。

關於這個圍繞著政治和地緣政治打轉的全新世界，馬可有很多話要說。而人們有權利聽到，不只是德羅布尼的客戶和朋友，還有想要看到主導著未來隱形障礙的任何人。在《地緣政治投資大局觀》中，馬可利用以限制條件為主的架構，建構出以研究為主、可據此採取行動的預測。

他在書中給予各位讀者有趣的故事、軼事和歷史上的實例，還有相關的地緣政治趨勢的寶貴洞見：美中緊張的關係、歐洲的未來、新冠肺炎大流行隱含的影響、美國選舉和其他會驅動全球市場的事件。我希望各位能學習並享受這個過程。別客氣。

2020 年 3 月，
史帝芬‧德羅布尼（Steven Drobny）
德羅布尼集團創辦人兼執行長
《避險基金交易祕辛》（Inside the House of Money）
《看不見的手》（The Invisible Hands）著者
撰文時因新冠疫情在美國加州馬里布遵守「就地避難」命令

引言

———

「德國總統剛辭職了。
我們要賣了所有東西，就這樣。」

2010 年 5 月 31 日，時任德國總統霍斯特‧克勒（Horst Köhler）辭職。

我看到電子郵箱中的新聞快訊，我每天早上都要看上百則新聞條目，但選擇忽略這一則。我做了分流，和那天其他大部分的新聞一樣，這是為了確保我不會看新聞看到發瘋；我認為這則新聞不重要。

幾個小時後，我雙眼盯著德州奧斯汀市的地緣政治分析公司史卓佛（Stratfor）會議室裡的多方通話設備。這是我生平第一份工作，而我當時決定忽略那則新聞，現在可能會害我失去這一份工作。我緊張得胃都打了好幾個結。

這個客戶是位於美國康乃迪克州的一個大型避險基金，而女業務員死命地盯著我看，快把我的腦袋盯出一個洞來。我幾乎可以聽到她心裡想：「天啊……這個外國來的小子不

知道自己在幹嘛。」

我不知道為什麼德國總統辭職，還有為什麼避險基金覺得這和市場有關（而且我只大概知道避險基金是什麼）。我根本連德國總統是誰都不知道！

到了 2010 年 5 月，「歐元區主權債務危機」已經徹底爆發。2008 年的大衰退發生過又結束了，並沒有造成西方文明的崩解，但一切仍是且戰且走。人們對接下來又會爆發什麼未爆彈而感到謹慎。2009 年 10 月時，即將上任的希臘總理喬治・巴本德里歐（George Papandreou）揭露，前任政府嚴重低報預算赤字。其實不是 6.7% 而是 12.7%（最後一次修正時則是 15.4%）。未爆彈爆了。到了 2009 年 12 月，「大蕭條」以來已開發國家最嚴重的經濟危機爆發了。

這間公司裡沒有人在乎。這不是經營者的錯；公司本來就不在乎金融市場。**過去三十幾年來大部分的時候，投資圈和地緣政治圈幾乎互不相干，部分原因是他們不瞭解彼此。**他們變得過於專業化，築起高牆，設立進入門檻主要是為了保障他們的工作，就像中世紀的同業公會一樣。

歐元區危機爆發時，我在公司收到的指令是別花太多心力。我被告知要專注於美國在歐洲的彈道飛彈防禦，和其他首都圈以外的人一樣不在乎的地緣政治事件。我完全沒有研究資本市場的優勢──公司沒有幾個分析師看得懂自己的信

用卡帳單。但是身為公司的歐洲分析師，我不可能忽略正在
發展中的複雜事件。這件事不只創造很多可怕的新聞標題和
客戶郵件灌爆我的信箱，我也有種感覺，這會是一生難得的
事業機會。

2010年初時，我的事業還沒真正開始就停滯了。我暫緩
德州大學奧斯汀分校的博士課程。政治學課程和研究很簡單，
但並不有趣。我本來可能會一輩子在大學教政治學入門，但
社會科學的就業市場供過於求，就算你有博士學位，只要能
找得到工作就要偷笑了，就算這表示要讓我的家人去某個鳥
不生蛋的學術殖民地，我也得接受。

我接受了史卓佛的工作，因為它就在奧斯汀。我運氣不
錯。公司的步調很快、年輕而且很殘酷。這讓我學會不要說
廢話、快點消化資訊，以及創造知識捷徑。但我仍不覺得自
己對任何人的生活造成任何影響。

我會有這種感覺主要是因為我的工作類型。到了2010
年代初期時，歐洲已經有四分之一個世紀沒有發生地緣政治
風險了。柏林圍牆倒塌、蘇聯解體、以及世界最大貿易團體
的成立，全都是重大的事件，但這些全都是全球經濟的助力。
有人認為歷史好像在歐洲已經結束了，而尚－克勞德・榮克
（Jean－Claude Juncker，譯注：第12任歐盟執委會主席）
是歐洲最後一個人。

　　同時，我明確受雇擔任公司的歐洲分析師。由於史卓佛的根基是「強權地緣政治」，所以我的地位就像瑞士的海軍上將一樣。大部分全員到齊的會議都在討論「戰斧巡弋飛彈」、汽車炸彈和聖戰士。中東、反恐和東亞分析師講完剩下的時間，我通常要和非洲分析師搶著發言。

　　「但是…《里斯本條約》上規定…」我的話還沒說完，我就感覺到一種不屑的態度，來自補助我歐盟觀察的「真正的分析師」的不屑。

　　四億歐洲公民的不幸反倒成了我的幸運。雖然我也看不懂信用卡帳單，但我知道現在就是我為公司帶來價值的時刻。

　　雖然是這麼說，2010 年 5 月 31 日那天早上，這一切還不明顯。我被負責公司客戶關係的業務員帶進會議室。我約略知道這些客戶的工作是什麼。大部分的人都是被動使用公司的服務。他們看到我發表在網路上的分析、給了一點意見回應。大部分的時候我不知道是否有人在乎我寫的東西。但是接下來的 12 個月，是我一生中最多專業盟友的時候。我發現絕對瞭解利率如何運作的人之中，有很多都在讀我的研究報告。

　　「德國總統剛辭職了。我們要賣了所有東西，就這樣。」

　　我看著多方通話設備。我必須做個決定。我該開扯，慢慢退出對話，還是乾脆咬牙承認？

　　電話那一頭的腔調中有些威嚴，令人感到害怕。我想是所謂的「長島腔」英語。我無法確定到底是哪裡的腔調，因為我是塞爾維亞人，我只在美國住了四年而已。在我來到美國前，我對美國的瞭解只來自電影和《辛普森家庭》。直覺告訴我別跟「長島腔」瞎扯，否則他會知道。我深呼吸，然後承認。

　　「各位，我不知道德國總統是誰。」

　　一陣沉默。時間漫長得令人感到不自在。我瞄了一眼同事；她正在即時更新履歷。我想像老闆在下次全員會議時，會在這張桌上砍了我的頭。

　　「什麼意思？你不是這間公司的那個歐洲佬嗎？！」

　　好吧，開始了。長島腔生氣了。他花了錢卻沒得到服務。我可以理解。但是我的塞爾維亞人性格開始顯露了。這時我毫無自信。

　　「不…我道歉。你誤會我的意思了…沒錯，我就是那個歐洲佬。如果連我都不知道德國總統是誰…，」電話另一頭陷入沉默…該出擊了。

　　「…那這則新聞就不重要。德國總統就像伊莉莎白女王；

負責剪綵、親吻小寶寶、在機場和人握手。我不知道他為什麼辭職，但是這件事完全沒有任何重要性。」[1]

這是一招險棋。辭職的事可能和歐元區危機有關。

這時傳統的觀點認為，德國不會紓困歐盟成員國。德國對財政撙節和通膨風險非常執著，而那些「施瓦本區的家庭主婦非常量入為出」。也許總統是「強硬派」狂熱者，反對紓困那些揮霍成性的歐元區國家，例如希臘。也許他認為危機就是轉機，以美國前財政部長安德魯．梅隆（Andrew Mellon）的話來說就是「全部清算掉」（liquidate everything），這位前財長差一點憑一己之力把嚴重的衰退搞成大蕭條。

不過…我忽略這則新聞是有原因的。我有一個架構，好幾個月來它告訴我別管疑歐派的言論。這個對歐觀點會成為成功的投資主題，而我所開發的原型架構將成為未來十年我的工作和熱情所在。

這個架構著重於決策官員面對的實質限制條件，而本書就是在談這個。

此架構說到底就是：**馬基維利錯了。就算君主就算有再**

---

1 德國總統霍斯特．克勒（於 2010 年辭職的原因是，當時德國的政治人物仍不應該說柏林會動用武力以保護經濟利益，例如維持貿易路線開放。他是廣受敬重而且民意高的非政治領袖。諷刺的是，他的繼任者（後來也辭職了）稍後也說過差不多的話，只不過他沒那麼大張旗鼓，所以就沒有下台的壓力，這顯示世界在 2010 年代初期的變化有多快。

大的本事，也克服不了際遇。所以，不要研究君主，要研究他的限制條件。

回到 2010 年，那天我冒了一個險，因為「長島腔」惹毛我了。但這是經過研究所下的賭注。長島腔只專注於相關性——「會怎樣？」——迫使我做出決定。不要胡扯，不要談「一方面」和「另一方面」，不要在「難以估計機率」上鑽牛角尖，而是用不到三句話告訴他和投資相關的觀點。德國總統辭職不重要。回去賺錢吧。

「哦…我知道了。謝謝你。我們再聊。」

結束通話。

吐氣。

我坐直身子、轉向面對同事、胸口感到舒坦，臉上帶著「你好嗎？」的表情，同時還懷著「我一直都有把握能搞定他」（其實沒有）的信心。

她用緩慢、斷斷續續的聲音說：「這些傢伙不知道自己在幹嘛。」

碰！這就是我的《征服情海》的時刻。(譯注：《征服情海》是 1996 年賣座電影。湯姆克魯斯扮演的運動員經紀人傑瑞麥奎爾，因為良心發現而在深夜寫下「使命宣言」並發

送給全公司，訴求公司高層與同事追求客戶的福祉，而非為了金錢而努力。因為訴求太過曲高和寡而被公司開除，傑瑞麥奎爾遂自行開業實現理想。) 如果這是一部卡通，我的頭上就會有一盞燈泡正在微微閃爍。我回答她：「他們不是笨蛋。那個傢伙能買得起我，要我下半輩子負責虐待他的孩子。他們不蠢，只是…太忙。」

　　而且他們是人。而且他們過於專業化。2010 年時如果想以投資為業，你必須對很多主題胸有成竹，但是對政治的基本瞭解並非其中一個主題。這不是因為投資人忽然變得對全球事務和歷史無知，而是因為這些技能從至少是 1985 年以來，就對大部分的投資人[2]來說不重要。

　　那一刻也讓我做出改變事業的決定。我決定開發一個以真實世界為基礎的架構來預測政治。不是根據「和智者在吞雲吐霧的房間裡」的對話，也不是地理和歷史事先決定結果的那種狹隘、沒有彈性的觀點，而是根據真實的研究和基本面。一個不只是容易使用的架構，而且想要洞見未來的人也能照著做的架構。

2　「大部分」並不是指所有的投資人。過去三十年來，許多最了不起的總體避險基金經理人，是根據正確的地緣政治洞見來做投資決策的。舉例來說，喬治‧索羅斯（George Soros）在 1992 年害英國央行「破產」，就是因為他瞭解德國央行會不惜燒光德國馬克也要捍衛義大利里拉和西班牙比塞塔，但不會出手救英鎊。除了少數精明的地緣政治洞見所帶來的名氣和財富外，長期以來大部分的專業投資人都不在乎日常生活的地緣政治。

　　我有兩個理由可以充滿信心地說德國總統辭職並不重要，而且都是以實質的限制條件為根據。第一，總統的重要性受限於德國憲法。第二，我已經有一個架構可以知道，德國的決策官員和選民在歐元區危機中會被迫接受什麼事。就算我對這個新聞事件的觀點錯了，我對歐元區危機接下來會發生什麼事也有一個結構性的總體觀點，不太可能因為一個人辭職就不會發生。

　　正如我在第四、五章中提到的，歐元區危機闡述了實質限制條件不只衝擊決策官員，還有選民也是。歐洲整合不只會繼續下去，而且因為這些劃時代的限制條件，未來十年內還會加速整合。

　　看完以限制條件為基礎的架構後，讀者就能不再依賴新聞來分析了。正如錨能讓船不會被風吹到海上，限制條件可以將聰明的投資人限制在以現實為依據的主觀機率範圍內。

簡介

　　接下來，我會花一章的時間來解釋這個架構。重點是：投資人（和任何對預測政治有興趣的人）應該專注於實質的限制條件，而不是決策官員的偏好。

　　偏好是可有可無的，而且受限於限制條件，而限制條件既非可有可無，也不受限於偏好。

　　對地緣政治無知的時代已經過去了。投資人和企業決策者不需要瞭解政治就能做出成功的決定，那樣的日子將會成為史書中的註腳。在第一章中，我會快速帶過這些典範轉移，因為在我撰寫本書時，「世界變了」已經很明顯。

　　與此同時，並非所有人都得急著去報名政治學課程。限制條件架構對我來說就夠好用了，能提供充分的工具讓我理解政治情況。因此我希望能為需要認真對待政治的專業人士，提供一個預測地緣政治的捷徑——而非絕對不會錯的科學方法。

　　本書其他的部分著重於架構本身。雖然我一開始建立了限制條件架構以幫助投資人理解地緣政治，並在過程中賺錢，但企業高階經理人也可以用這個來制定長期投資決策。記者可以用這個來找出訪談時該提問的要害，選民也可以因為這個而變得更瞭解政治。[3]

　　第二章說明以限制條件為基礎的架構其靈感來源。混合了政治學和政治理論、情報分析和社會心理學，還有巫術及「嘗試並犯錯」（trial and error）方法。

　　為什麼我們也要看架構以外的部分？聽人家描述架構是一回事；看到架構的運作又是另一回事。就好像告訴正在學

---

3 對了，如果你有這樣的親戚，這本書就是送他最好的假期禮物！

滑雪的人：滑雪的重點是平衡和解讀地形。聽起來很棒。好了，從最陡的山坡滑下去吧。因此，我把架構拿來運用，並以近年發生的地緣政治和政治事件為賽道。

本書的結語是將架構投入運作，因而我們想出這個原文版的書名：地緣政治大贏家。在本書中，大贏家（Alpha）是指投資人擊敗大盤的報酬，這是金融界的用語，而不是像一般指獸群中的領袖，或是在健身房待最久的人。

有三件事並非本書的主旨。

首先，**本書並不是在教讀者認識世界**。若要完全運用以限制條件為基礎的架構，你必須已經懂很多事。舉例來說，德國總統＝伊莉莎白女王。如果你不知道，請和專家談談。因為讀者可能缺乏這樣的知識，所以我才在其中的一章說明如何運用專家的判斷。

第二，**本書不會告訴你未來會如何**。這是一本方法書。我提供我的架構是因為許多投資專業人士都覺得很實用。但我並非預言家，聚焦於限制條件也不會讓任何人變成預言家。本書只是我嘗試分享對我來說有用的方法。還有別的架構對別的投資策略分析師來說很有用。

第三，**本書不會告訴你，我認為應該會發生什麼事**。我

不在乎。在本書中、在我的領域，我都不在乎。**我是專業的虛無主義者**。如果你的工作是政治分析，尤其是如果你對投資人負有信託責任，那麼你也應該是虛無主義者！若要完全運用我的架構，請深思你有偏見的事，並讓自己沉浸在冷漠中。如果你辦不到，就不應該以預測為職業，更不用說是在金融業了。

第一部
建立架構
SCAFFOLDING

1章 ———世界變了
We're Not in Kansas Anymore*

2020年時,金融業大部分的人都知道「世界變了」。
不同於學術界的是,投資人不能那麼僵化。

---

* 譯注:本章標題原文為 We're Not in Kansas Anymore,為電影《綠野仙蹤》女主角桃樂絲在進入奧茲國後對寵物狗托托說的話,後人常引述這句話來表示他們所熟悉的環境已完全改變。

　　世界正經歷多重典範轉移：政治、地緣政治、世代交替和技術。這些變化究竟是什麼以及對未來的影響，都不是本書要探討的部分。我要介紹的是一個幫助我理解過去這十年變化的架構。我希望這也能幫助你度過即將來臨的典範轉移。

　　我稱之為「架構」（framework）是因為聽起來不像理論那麼斬釘截鐵，以方法來說，架構也比較像是建議而非指示。架構不明確、充滿矛盾，比較像藝術而非科學。架構符合預測地緣政治以及政治，因為預測本身就是不明確的。而我所提出的是一個宏大的限制條件架構。

　　過去 25 年來，地緣政治和各國政治已經從原本對全球經濟和市場有利轉變為不利。對許多從事商業和金融業的人來說，感覺好像被斧底抽薪了一樣。我知道那種感覺；我八歲的時候就親眼見證發生在我家人身上。

被迫離開黃磚道

　　1986 年時，我父親 36 歲，他進入南斯拉夫最令人嚮往的大企業「整體出口公司」（General Export，Genex）。對我父親來說，這就像 1950 年代的美國人在國際商業機器公司（IBM）工作一樣。（譯注：這節的標題黃磚道〔Yellow Brick Road〕也出自《綠野仙蹤》，意指金碧輝煌、前程似錦的道路。）

爸爸本來成功了。他的人生，推而廣之也就是我的人生，本來應該像「kajmak 奶油」般順遂。[1] 首先：派駐倫敦四年（「這樣你和妹妹就可以學英文」）。然後：搬到更好的地方，有 505 平方英尺的公寓裡，然後也許可以買一輛不只是兩汽缸的汽車，在海岸買一間房子，在外國大學待一年…最後是進入社會主義的上層階級。[2]

整體出口公司有什麼好的？在 1989 年底時，這間大企業控制南斯拉夫對外貿易 12% 到 13%，以及三分之一塞爾維亞與全世界的貿易[3]。

這家公司製造什麼產品？出口什麼服務？

完全沒有。整體出口公司「製造」的是地緣政治大贏家。

蘇聯人認為貿易不能有赤字。所以每年蘇聯會列出一些想以物易物的產品。因為南斯拉夫並非專心致志的共產國家，和冷戰的兩邊都保持關係，所以像整體出口這樣的公司會將南斯拉夫和外國的產品賣給蘇聯，以交換蘇聯願意出口的東西（主要是大宗商品）。然後整體出口會出售蘇聯的大宗商品到全球市場上，賺取高額的利潤。

---

1. 一種非常濃郁的南斯拉夫奶油，對心血管非常不好。
2 進入上層階級就不可能回到無產階級了！
3 "Rise and Fall of Genex: To Have and Not to Have," Transitions Online, April 25, 1998.

　　對整體出口來說很不幸，但對全世界來說幸運的是，柏林圍牆於 1989 年 11 月 9 日倒下。兩年後，蘇聯解體。地緣政治的財富列車停駛，而整體出口也跟著倒閉。公司的策略就是依賴地緣政治現況。事實上，我的祖國是靠冷戰生存的。而當地緣政治的風轉向，整體出口和南斯拉夫也行將終結。

　　多虧了這次重大的地緣政治典範轉移和嚴重的管理失當，知名歷史學家傑拉德・戴蒙（Jared Diamond）在《大崩壞：人類社會的明天？》（Collapse）中花了一個篇章描述南斯拉夫於 1990 年代的情況。我的家人在貝爾格萊德（Belgrade）打造接近第一世界國家的生活，在幾周內就瓦解。

　　南斯拉夫的貨幣第納爾（Dinar）在 7 年內貶值了 18 次，價值少了 22 個零[4]。1994 年 1 月的通膨率飆升至百分之 31.3 萬，是當時有記錄以來第二高通膨[5]。從 1992 年 2 月到 1994 年 1 月，南斯拉夫的物價水準上升 3.6×1022。[6]，我還有學術註腳可以證明[7]。

　　1986 年為了 1992 年夏季奧運投票表決時，我的家鄉貝

---

4 Steve H. Hanke, "The World's Greatest Unreported Hyperinflation," Cato Institute, May 7, 2007, https://www.cato.org/publications/commentary/worlds-greatest-unreportedhyperinflation.
5 只比匈牙利在 1945 到 1946 年的記錄差。雖然這麼說不太好，可惜我們的記錄在 2008 年時被辛巴威的惡性通膨打敗了。
6 天知道那到底是多少！？
7 Pavle Petrović, et al., "The Yugoslav Hyperinflation of 1992–1994: Causes, Dynamics, and Money Supply Process," Journal of Comparative Economics, July 31, 2013.

爾格萊德得到第四高票。到了 1992 年，貝爾格萊德變得像美國影集《陰屍路》的場景。1994 年 5 月，我的家人帶著兩個皮箱離開貝爾格萊德。目的地？約旦安曼市 [8]。

幸好，我父親早就看出情況不妙，在大禍臨頭的幾年前就離開整體出口公司。他在直銷公司賣鍋子。他從假 IBM 跳槽到相當於特百惠（Tupperware）一樣的公司。

多年後，每當我擔心成績或學校的事，他都會對我說：「別擔心。何必這麼緊張？你知道馬克思和恩格斯是怎麼說直銷的嗎？什麼也沒說。我的大學考試和工作經歷，在這份該死的工作中全都派不上用場。」

如果你是投資型基金公司的財務長、資產管理公司的投資組合經理或最高階層的管理人，你也會面對地緣政治典範轉移的情形，最好的情況下，你的工作會更具有挑戰性。最糟的情況下，會令你的世界崩毀，就像地緣政治毀了我父親的前途。我撰寫本書是想要提供讀者一個架構，幫助你做好準備以面對最好的情況。如果是最壞的情況，我就沒辦法了。

所有投資人都面臨我父親在 36 歲時遭遇的處境。過去 35 年來受過的訓練、證書和經驗，都沒能讓西方國家的財務和企業準備好面對典範轉移。

---

8 對，你沒看錯。我們逃離戰爭的解決之道就是搬去中東。

黃金年代的結終

好幾個世紀以來，都是由政治和地緣政治塑造投資和商業決策。在尼爾・弗格森（Niall Ferguson）影響深遠的著作《羅斯柴爾德家族》（The House of Rothschild）中，描述深諳地緣政治分析的羅斯柴爾德家族如何成為 19 世紀最富裕也最有權勢的家族。亞當・史密（Adam Smith）將他的經濟學聖經著作定名為《國家財富的性質和原因的研究》（An Inquiry into the Nature and Causes of the Wealth of Nations，簡稱《國富論》），不是人、不是公司、不是企業，而是國家。

雖然約翰・梅納德・凱因斯（John Maynard Keynes）最知名的著作是《就業、利息與貨幣的一般理論》（The General Theory of Employment, Interest, and Money），但是真正展現他出眾才智的是另一部著作《〈凡爾賽和約〉的經濟後果》（The Economic Consequences of the Peace，1919）。他在本書中正確地預測民粹主義右翼的崛、二次大戰，甚至是歐盟的成立[9]。

數百年來，想要在商業界和投資成功，需要的技能包括會計算長除法，以及對政治和地緣政治變化的敏感度。但是

---

9 John Maynard Keynes, The Economic Consequences of the Peace (New York: Harcourt, Brace, and Company, 1922).

現今大部分工商管理碩士和特許金融分析師（CFA）的課程，
卻完全忽略政治敏感度。

　　1985 年到 2008 年之間，將近 25 年來有很多時候，大
型經濟體的選舉結果對資產的價格或是公司的獲利不會造成
什麼影響 [10]。對大部分投資人來說，政治和地緣政治值得在年
初的時候花一個小時開會討論，或者頂多在花一點小錢做研
究或是找顧問。

　　政治和地緣政治仍有影響，但影響不那麼顯著，對投資
人來說是個助力。事件和典範轉移都掌握在跨國企業和金融
圈的手中。結果，這個黃金年代產生了新一代能力可說是大
才小用的投資人，而老一輩的謹慎態度已不再受到重視。

　　自從蘇聯解體後，美國霸權代表戰爭要不是在與投
資無關的國家打開，例如盧安達、亞美尼亞、亞塞拜然、
摩多瓦、索馬利亞、波士尼亞與赫塞哥維納（Bosnia and
Herzegovina）、黎巴嫩等國，不然就是很快就結束，例如第
一次波灣戰爭，或是 1999 年北大西洋公約組織轟炸塞爾維
亞。

---

10 我倒是認為 1980 到 2010 年，最後一次對大型已開發市場經濟體的金融市場有影響
　 的選舉，就是 1981 年的法國總統選舉，當時密特朗（François Mitterrand）勝選，
　 扳倒了中間偏右的季斯卡（Valéry Giscard d'Estaing）。我很樂意就這一點展開辯論。

2011 年我進入金融業時，我只有少數客戶和同事必須根據地緣政治制定投資決策。全球頂尖的政治風險顧問公司叫歐亞集團（Eurasia Group），這間公司名稱就說得很清楚，它的重心放在企業世界的盡頭。公司創辦人伊恩‧布雷默（Ian Bremmer）是政治風險分析領域中素有遠見的人，他說「歐亞」的意思是前蘇聯的邊緣市場。1998 年時，布雷默的遠見認為，政治風險分析將著重於名稱有「斯坦」的國家和幾個其他國家。

為什麼？

答案就在戈巴契夫（Mikhail Gorbachev）1985 年的「列寧格勒演說」，他在這場演說中重砲抨擊蘇聯的領導階層，並提出「改革重組」（perestroika）[11]。

到了 1970 年代末期，蘇聯深陷一連串經濟困境。十年來的生活水準不再改善，而且科技進展遠遠落後美國。在國家計畫經濟與自由市場的比賽中，戈巴契夫投降認輸。

戈巴契夫承認蘇聯的共產主義失敗，破壞共產主義在全世界其他地方的影響力。這個意識型態投降的結果是第三波

---

11 Bruce Steinberg, "Reforming the Soviet Economy," Fortune, November 25, 1985, https://archive.fortune.com/magazines/fortune/fortune_archive/1985/11/25/66654/ index.htm.

圖 1.1 「改革重組」啟動最大的供給端革命

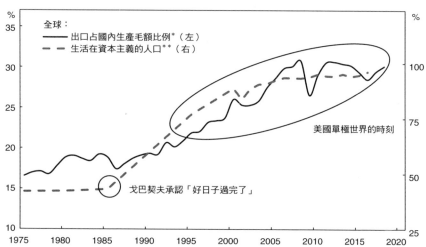

* 平滑呈現。根據世界銀行的資料。
** 生活在菲莎研究所（Fraser Institute）經濟自由指數大於等於五的國家之人口比例。根據菲莎研究
    所和世界銀行的資料。
    獲 BCA 研究公司（WWW.BCARESEARCH.COM）授權印製。

（Third Wave）民主化以及全球接受自由市場政策。戈巴契
夫在列寧格勒演說的十年後，自由市場資本主義成為「唯一
重要的思想」，二十年內，全球 90% 的人口生活在資本主義
中（圖 1.1）。

　　美國的策略贏過蘇聯，實現了自由市場意識型態的勝利。
隨著蘇聯的解體，美國成為唯一的超級強權，可以對全世界
定義什麼叫做正常的國家行為。美國的做法是挑戰那些願意
挑戰新現況的復仇主義者政權，例如薩達姆·海珊（Saddam

Hussein）掌權下的伊拉克，以及米洛塞維奇（Slobodan Milošević）掌權下的南斯拉夫／塞爾維亞 [12]。它同時也鼓勵國際經濟機構推動總體經濟改革，以支持新的資本主義正統，並稱之為「華盛頓共識」（Washington Consensus）。

1980 年代柴契爾夫人與雷根總統的改革中，需求端政策的失敗與蘇聯瓦解同時發生。揮霍的財政政策、政治化的貨幣政策，以及缺乏彈性法規的政權，在 1960 和 1970 年代控制著已開發市場，最後導致劇烈的通膨，後來又因為「石油衝擊」和 1973 年的贖罪日戰爭（Yom Kippur War）[13] 所惡化。

為回應這個經濟的沉痾，英國首相柴契爾夫人實施新自由主義（neo-liberal）的休克療法。雖然最初的結果是經濟衰退和失業率上升，但她的政策最後在 1980 年代末期帶動經濟復甦。柴契爾的減稅、私有化和放鬆管制，成了支持華盛頓共識的支柱——整體而言還有放任式（laissez-faire）經濟學——各個已開發國家都複製這個模式，然後開發中國家也跟著做。

有一個國家反對供給面革命，那就是法國，1981 年英國和美國正值右翼政策當道，法國選出了社會主義的密特朗

---

12 我「有幸」於童年時經歷過這兩種政權！
13 一般人錯誤地以為 1973 年的石油衝擊導致 1970 年代的停滯性通膨的環境。但並非如此。除了石油以外的大宗商品價格早在贖罪日戰爭前就已經漲價了，這表示不論如何，通膨就是會到來。

（François Mitterrand）。密特朗毫不掩飾地以右翼政策競選，喊出政策「給法國的 110 個建議」（110 Propositions for France）。這個改革的政策包括物價管制、恢復企業管制、調高最低薪資、公共建設方案、大量公共部門就業方案、大型工業團體國有化、減少工時、富人稅，以及擴大工會的權力。

密特朗意外勝選導致隔年法郎兩度遭到擠兌，以及後來因為國際貨幣基金（International Monetary Fund，IMF）考慮協助差點成為醜聞。

在這場思想戰爭中，柴契爾／雷根的供給端經濟——「放任」——壓倒性地戰勝了密特朗的需求端經濟——「管理」（dirigisme）。所有已開發國家的選民和決策官員都注意到了，也據此調整行為[14]。

到了 1980 年代中期，放任經濟學以及美國地緣政治霸權的兩大助力，為投資人和高階經人創造了終極「**黃金年代**」。

地緣政治方面，根據金德伯格（Charles Kindleberger）

---

14 在 1980 年代供給端政策擊敗需求端政策，但並不是絕對的勝利，而是環境造就的。由於 1960 與 1970 年代過度的財政與貨幣振興方案導致通膨高漲，以及過度管制造成生產限制，供給面解決方案是那個年代的正確政策。但這並不表示加入更多的供給是正確的解決之道。決策官員已從現在長期停滯的環境中學到教訓，可以說並非供給，而是需求不足。

的說法，是「霸權的穩定」（hegemonic stability）贏了 [15]。老布希（George H.W. Bush）和柯林頓（Bill Clinton）在與世界交涉時實施這樣的穩定性 [16]。美國的外交政策機構大部份都是外交鷹派人士，用冷戰來練實力，他們確保美國持續提供昂貴的全球公共產品，為經濟全球化的巨輪提供動力。

龍捲風襲擊堪薩斯：地緣政治典範轉移

霸權會種下衰弱的種子。美國的監督讓其他國家可以強化他們的經濟獨立性。透過引導穩定性和全球化，美國讓各國放下對美國霸權的挑戰，並專注於經濟發展。但這些實質的成長終將讓這些挑戰者足以挑戰美國的霸權。這就是帝國興衰的故事；穩定會帶來瓦解 [17]。(譯注：這節標題同樣是《綠野仙蹤》的典故。在一場龍捲風襲擊堪薩斯後，桃樂絲的世界一切都變了。作者以此來比喻典範轉移。)

在大衰退初始時，混亂、多極的世界取代了美國的霸權。

---

15 Charles Kindleberger, The World in Depression (Berkeley: University of California Press, 1975).

16 就這一點而言，老布希任期最後決定干預索馬利亞，是為了迫使接任的柯林頓政府——被視為獨立主義和專注內政的政府——專注於國際主義的外交政策。華府的決策官員與學者間，就美國是否該繼續干預展開辯論。許多冷戰期間的士兵擔心美國會放棄領導者的角色，就像前一次美國握有霸權時：1920 年代，美國決定背棄國際聯盟（League of Nations）。這後來證明是過度憂心了，因為柯林頓八年任期內，絕對強化了美國霸權的角色。

17 Robert Gilpin, War and Change in World Politics (Cambridge: Cambridge University Press, 1995).

圖 1.2　多極化導致失衡

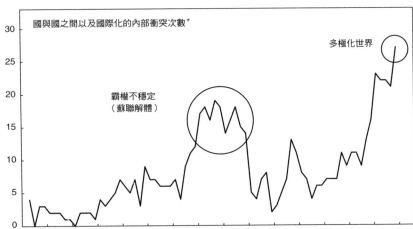

* 定義為兩種類型的對偶之間的衝突次數
　涉及兩個國家的國際衝突，以及涉及另一個國家支持的國家和組織的國際化內部衝突。
　資料來源：PETTERSSON, THERESE AND KRISTINE ECK (2018), ORGANIZED VIOLENCE, 1989-2017. JOURNAL
　OF PEACE RESEARCH 55(4)。
　獲 BCA 研究公司（WWW.BCARESEARCH.COM）授權印製

　　多極（Multipolarity）是政治學的概念，它所描述的世界中沒有單一實體（單極）——或兩個實體（兩極）具有壓倒性的實力，可以對無政治體制施加秩序。相反的，多個國家獨自追求國家利益，預測者從歷史和政治理論中可以知道，這樣的安排會產生高度地緣政治不穩定性（圖 1.2）[18]。

　　想一想 2014 年時俄羅斯併吞克里米亞，或是中國自

18　John Mearsheimer, The Tragedy of Great Power Politics (New York: W. W. Norton & Company, Inc., 2001).

2012 年以來在中南海的軍事化行動。在冷戰後當美國投入心力維持全球的權力平衡時，這兩件事都是難以想像的。

　　沒有單一霸權來實施行為準則，全球化已在過去這十年來達到高峰。這一連串事件並不需要民粹主義的選舉也可以猜得到。去全球化（Deglobalization）是結構性也因此難以逆轉的情況。若要讓全球化持續，一或多個國家就必須承擔全球公共利益的高昂代價，例如保障貿易路線、全球經濟政策合作、充當最後消費者（consumer of last resort）的角色，以及持續捍衛行為規範，例如不干預國家主權等。2010 年代時很難想像任何一個國家來填補美國的權力真空，到了 2020 這十年還是很難想像。

　　最後，2008 年的大衰退以及已開發國家的所得不平等情況加劇，削弱了放任式經濟體系。雖然全球化讓全世界數十億人擺脫貧窮，但也因此擴大了全球人力供給，拖累所有已開發國家的中產階級薪資所得（下頁圖 1.3）[19]。薪資停滯並非先進經濟體唯一的問題來源，卻是很嚴重的問題。

　　儘管如此，已開發國的反應並不一致。在美國與英國，民粹反彈的情況最嚴重，部分是因為這兩國在 1980 和 1990

19 Christoph Lakner and Branko Milanovic, "Global Income Distribution: From the Fall of the Berlin Wall to the Great Recession," The World Bank, December 2013, http:// documents.worldbank.org/curated/en/914431468162277879/pdf/ WPS6719.pdf

圖 1.3 已開發國家中產階級在全球化中停滯

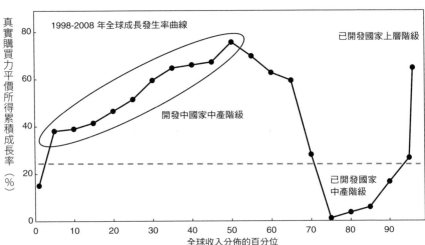

註：Y 軸顯示按人口數加權的平均所得百分位成長率（以 2005 年美元購買力平價計算）。成長發生率是按照二十等分（ventile，例如最底部的 5%）來評估。最高等分 P95 AND P99 分為最高的 1% 和 4%。水平線顯示平均成長率為 24.34%（1.1% P.A.）。
資料來源：GLOBAL INCOME DISTRIBUTION: FROM THE FALL OF THE BERLIN WALL TO THE GREAT RECESSION, CHRISTOPH LAKNER AND BRANKO MILANOVIC, WORLD BANK ECONOMIC REVIEW, ADVANCE ACCESS PUBLISHED SEPTEMBER 26, 2015。
獲 BCA 研究公司（WWW.BCARESEARCH.COM）同意印製。

年代最熱情地接受放任式經濟。這些政策使這兩國的中產階級受到 2008 年後大環境改變的影響最大。

美國霸權的結束、多極化、全球化的高峰已過，以及放任式經濟的消蝕，這些情形定義了 2010 年代。這些趨勢也改變了政治和地緣政治風險的本質，這些風險過去一直侷限於開發中和邊緣市場，因此很大程度上被輕描淡寫成大宗商品價格的問題。

致命的一擊：新冠肺炎

未來的史學家回顧 2020 年代時，他們會認為新冠肺炎（COVID-19）大流行，對西方國家造成劇烈的影響，對華盛頓共識以及後來轉變成⋯也許是「布宜諾斯艾利斯共識」（詳細說明請見第四章）是致命的一擊。

我對此極為不同意。肺炎大流行只是加速了 2010 年代開始的典範轉移：地緣政治多極化、去全球化，以及盎格魯薩克遜放任式共識的結束。

當新冠肺炎於 2020 年 2 月造成市場賣壓開始時，我正在邁阿密，和業界頂尖的總體經濟學者會面。沒有人預期決策官員會像後來對大流行做出那麼劇烈的反應：提供企業無限的信貸額度、大規模量化寬鬆方案，甚至是「用直昇機撒錢」盤的赤字融資現金給大眾。當時的共識是，民主黨籍的眾議院議長斐洛西（Nancy Pelosi）會玩政治遊戲，拖延振興方案以傷害時任總統川普的選情。決策官員會「落後曲線」。

決策官員在貨幣和財政振興方案上沒有落後曲線的原因，與危機的本質沒有什麼關係。過去十年來的典範轉移，尤其是轉移退出華盛頓共識，使他們已經準備好用大規模的措施來回應危機。

至於「財政謹慎？」誰管那麼多！在經濟循環最高峰時，

川普政府的預算赤字就已經破表了。反正早就回不了頭了，誰還會擔心振興的規模？

　　新冠肺炎危機雖然加快了無可避免的事，但美國早就開始從放任式經濟轉為管理式。對投資人和企業來說，地緣政治分析變得比以往更重要。

　　讓市場從現在開始恢復正常，正如估值、利率和獲利一樣，關乎政治和地緣政治。但是，金融專業人士並沒有一個真正的架構，以幫助他們在新的典範中尋找方向。

歡迎蒞臨奧茲國

　　1985 到 2010 年這 25 年是投資的好時光。由於地緣政治和政治都順利運作，企業或投資組合管理像是例行、反覆、數學計算般的工作。黃金年代使投資產業專業化的程度前所未見。

　　但是進行財務分析所需要的相同技巧，並非總能引導出令人信服的政治分析。歷經四分之一個世紀的自選、雇用經理人時偏好擅長使用量化模型和財務工程的業界新手。結果，2010 年的金融業以及整個商業界才發現自己沒有適合的人才來因應即將來臨的典範轉移。

　　2020 年的金融業有三大弱點，使得金融業沒有準備好面對正在發生的地緣政治和政治典範轉移：

　　1. **對量化的執著**：20 世紀末，對實際政治所知無幾的學生可以取得政治博士學位。我在德州大學遇到一位只比我年長幾歲、應該是北約專家的年輕教授時，我瞭解到學術領域不適合我。但他並不知道軍事同盟如何制定決策的基本原理。這位年輕教授成為「政治學博士」，因為他的博士論文裡精彩的數學公式，而不是因為他對這個主題的深度理解。

　　到了 1990 年代，經濟學打贏了社會科學的戰爭。經濟學主導學術界，以致於任何決策官員、企業人士或投資人都不會去注意政治學者的研究[20]。與此同時，政治和地緣政治仍困在黃金年代的想法中，金融業轉向以總體經濟和市場觀點為主的模型，因為外在因素，例如選舉和戰爭，在流動性最佳的市場中都已不再重要。

　　2. **自我選擇**：隨著投資決策愈來愈傾向財務工程問題，金融業也累積了很多的工程師。我把這種大舉雇用財務工程人員的情形稱為「牛頓投資人」（Newtonian Investor）的崛起。牛頓投資人是金融專業人士，他們對數學規則的卓越理解能力和操縱能力，使他們傲視同儕。這些投資人就像工程師，善用牛頓物理法則建造了最耐用的橋樑。但是經濟學法則並非固定的法則，所以當典範轉移時，這些法則也會跟著

---

20 不相信我嗎？請瀏覽這個領域的重要學術期刊《國際組織》（International Organization）吧。別睡著了。

全部改變。

3. **意識型態**：1980 年代，需求面政策在選舉時挫敗，讓放任式經濟在金融業中有如神話和宗教信仰般的權力。投資專業人士在意識型態上被一些政策所束縛。然而，放任式的意識型態通常伴隨著對政府和政治的輕蔑，貶低了政治分析的行為。因此，真正的投資專業人士變成了讀《華爾街日報》的人，而不管政治界，因為他們不屑管政治。但是身為別人的資產保管人，受託的責任必須從非意識形態、虛無主義的角度來看待投資和政治。

當然，投資人仍應使用量化工具，並帶著嚴謹的科學態度來面對。但是地緣政治黃金年代的助力，讓投資人變得過於專注於總體經濟與市場。投資人若以相同嚴謹的態度來面對政治，就可以因此受惠。有一個根據經驗所帶動的分析政治架構，可以讓你不必在雞尾酒會上討好決策官員。

此外很諷刺的是，投資人不知道自己對政治無知。政治和地緣政治對「大穩定」（Great Moderation）扮演著重要的角色，在這段期間通膨溫和以及經濟波動消失。但是金融業普遍並未承認政治的重要性，反而是認同並且讚賞經濟學術界設定的利率工具。認為是全球化、大規模的全球勞力供給擴張、遵循放任式政策以及美國霸權所施加的全球規則支撐

著大穩定，這其實是一派胡言[21]。

2020 年時，金融業大部分的人都知道「世界變了」。光是會讀聯準會的會議記錄、等待美國供應管理協會（ISM）的數據和瀏覽《金融時報》已經不足以做好這份工作了。不同於學術界的是，投資人不能那麼僵化。我們的績效是即時衡量的。因此，金融業開始知道自己在經濟和市場知識外，還需要補足政治分析的能力。對前緣地緣政治預測的需求正在增加。

小心那些巫師

我在本書中提供總體、由上而下的架構來分析政治。地緣政治分析還有別的方法。這些方法都有適合的時機和地方。我的方法和政治風險產業的差別在於，我認為投資人可以花時間、以自己的資源來運用以限制條件為基礎的架構。事實上，這個架構中有一些元素，可以幫助精於整體基本面和市場的投資人勝過經驗豐富的政治分析師。

販賣政治分析並不是新鮮事。季辛吉（Henry Kissinger）在退出政壇後於 1982 年成立季辛吉協會（Kissinger Associates）。我先前提到的歐亞集團成立於 1998 年，而我展開事業的史卓佛（Stratfor）則是成立於 1996 年。

---

21 大部分的經濟學博士看到這裡就不再看下去了。

　　以我的經驗，政治顧問業是由「情報模型」的提倡者所主導。大型顧問公司會雇用前技術官僚，偶爾還會有前決策官員。雖然這類專業人士可以為世界大部分的問題提供好的背景解說，但他們並非分析師或研究員。他們並不會親自去做研究。

　　此外，政治顧問公司雇用他們時，他們早就已經失去了那份工作所能提供的機密情報和分析。他們也可能過度強調自己的專長——例如新冠肺炎大流行的流行病學——以及誤解決策官員對這類危機的反應。

　　情報模式還有兩個弱點。第一是「**統計顯著性**」問題。為了合理地預測或淨評估（net assessment），公家（政府）機關仰賴電子和人的信號（資料點），創造一組資訊和來源以達到統計顯著性。

　　這批大量的資料已超越任何政治顧問的範疇，政治顧問的定義本身就是一個營利事業，不能依靠無止盡的政治資源來收集情報。投資人通常得到的不是一大堆情報，而是已經沒有價值的技術官僚想要賺點錢。技術官僚在會議室裡坐在投資人的面前，頂多能針對特定議題提供有用的背景資訊，最糟的就是引述《華爾街日報》的專欄而已。

　　情報模式的第二個限制就是，**今日的地緣政治和政治風險，已不再只是與邊緣市場和新興市場相關**而已。以情報主

導的政治分析模型在簡單的政治系統中可能會有用，因為你只需要接近主要決策官員就好。同樣的，針對某個特定法規取得（合法的）政策情報，也可能創造卓越的投資人。

但在流動性最高的市場複雜的政治體系中，例如美國、中國、歐盟、印度和其他大型新興經濟體，能接近掌權者並不表示能得到真知洞見。這是因為權力被憲法和官僚體制的限制而分散並制衡。

我會在第三章花很多時間討論政治分析的「供給」問題，以及如何和「專家談話」。政治分析圈——包括專家和政治顧問，對投資人具有極高的價值。本書的重點並不是要讓讀者取消政治研究者的服務，讓經驗豐富的分析師失業。但是在 2020 年制定投資決策唯一的方式，就是將政治分析視為投資過程的一部分，而不只是外包給外部研究者。

目前來說，與投資相關的政治和地緣政治分析，並不應該外包給美國政府的前國務院歐洲與歐亞事務副助理國務卿 [22]。

政治和地緣政治分析並非投資過程的外部因素，而是內在因素。

22　他搞不好連自己的房貸對帳單都看不懂。

本書將提供投資人，以及任何對政治和地緣政治預測有興趣的人，一個可以自行分析的架構。是的，你可以看也應該要看報紙，並依靠外部政治分析（而且我很樂意建議你選擇哪些顧問），但是我的目標是分享一個簡單的規則，對我來說這個規則（大部分的時候）很有用。利用這個架構，你可以更加善用外部建議與研究，並且更善於區分新聞中的雜訊。

但是，我們先解決一件事。我，馬可·帕皮奇從事金融業，這件事很引人注目。我的四個學位都不是金融、商業、經濟或任何數學類的科學。我在大學就學的八年，可能只花了 40 個小時心不甘情不願地研讀數學 [23]。

我現在是一間多元資產管理公司的首席決策分析師，就是當前金融世界的象徵。這正顯示我們已經不在「美國霸權」和「全球化」這兩大力量可以讓投資人不用管混亂地緣政治的黃金年代了。

雖然政治和地緣政治都不容易量化，並不代表這（完全）是巫術。我在本書中介紹的限制條件架構的核心，就是我相信投資人應該專注於實質世界的限制條件，而不是決策官員的偏好和信念這些稍縱即逝的話。限制條件的世界是可衡量

---

23 我要聲明，我在研究所學的數學，對研究自然科學的同學來說那都不算數學，只是統計學而已。

且可量化的，喜好則無法衡量與量化。正因為有限制條件，最終才能預測、採取行動，並找出投資「大贏家」。

這是因為有一句格言一定要用粗體顯示：

偏好是可有可無的，而且受制於限制條件，而限制條件既非可有可無，也不受制於偏好。

2章 ——限制條件架構
的三大支柱

The Constraint Framework: Three Pillars

這個架構不是憑空出現的。

有哲理、實際和看似不合常理但有其道理的經驗方法。

在 2020 年的金融世界裡，政治很重要。然而投資人對於政治研究是否能為他們的投資績效帶來優勢，意見仍有分歧。有些人仍持懷疑的態度，而其他人只是把地緣政治當成投資績效不佳的藉口[1]。

我最常聽到的批評是「政治分析可有可無。」對決策過程來說頂多只是沾得上邊，當外部事件威脅到策略性的決策時，才會是有用的工具。換句話說是「如果有事情出差錯，我們就會說是地緣政治的錯，為我們錯誤的預測找代罪羔羊。」我對這種觀點的回答是：「算了吧。如果有事情出了差錯，就什麼都買一點。」

除了 1973 年的贖罪日戰爭外，從二戰以來只有少數地緣政治事件對市場造成災難性的衝擊（下頁圖 2.1）。那種近乎完美的可預測性就是為什麼本書不探討黑天鵝效應，或是建議你為末日囤積黃金的原因[2]。本書是為了將地緣政治分析納入你的投資程序中，就像任何其他總體因素一樣。

---

1 2019 年很難進行因子投資，部分原因是數學上來說沒有辦法複製「川普因子」。如果我每次聽到因子投資人宣稱「我的模型有用，但是被地緣政給打亂了」，就能賺到一美元，那我就不必出版這本書來賺托兒所的錢了！
2 2019 新冠肺炎已經告訴我們，黃金並非末日避險的工具。肺炎大流行最終可能的結果是通膨，而黃金是很好的通膨避險工具。但是當災難降臨，投資人要的是現金，所以在肺炎高峰時人人追捧「美元王者」，但是後續的財政與貨幣振興方案的狂歡，最後可能令美元價值崩跌。

圖 2.1 如果有東西爆炸，閉著眼睛買就對了

事件	日期	標普 500 指數最大跌幅	1 個月後	3 個月後	6 個月後	12 個月後
匈牙利革命	1956-10-23	-10.78%	-2.12%	-2.71%	-1.02%	-11.69%
古巴飛彈危機	1962-10-16	-10.52%	5.40%	13.30%	21.13%	27.84%
布拉格之春	1968-01-05	-10.04%	-4.24%	-2.76%	5.18%	8.39%
新春攻勢	1968-01-30	-9.31%	-3.80%	5.06%	5.22%	10.40%
尼克森衝擊	1971-08-15	-9.38%	4.26%	-4.05%	9.76%	17.11%
贖罪日戰爭／第一次石油衝擊	1973-10-06	-16.10%	-4.45%	-9.97%	-15.33%	-43.25%
伊朗革命／第二次石油衝擊	1979-01-16	-6.32%	-0.79%	1.67%	3.30%	11.65%
蘇聯入侵阿富汗	1979-12-25	-10.86%	5.53%	-7.87%	8.42%	26.21%
天安門廣場大屠殺	1989-06-04	-2.32%	-1.93%	8.67%	7.95%	12.87%
柏林圍牆倒塌	1989-11-09	-10.23%	3.60%	-0.88%	1.87%	-6.78%
第一次波灣戰爭	1990-08-02	-19.92%	-8.23%	-11.28%	-2.40%	10.16%
反戈巴契夫政變	1991-08-19	-3.62%	2.95%	0.78%	8.44%	11.08%
蘇聯解體	1991-12-26	-0.23%	2.63%	0.75%	-0.34%	8.63%
美國炸毀中國位於貝爾格萊德大使館	1999-05-07	-5.97%	-0.78%	-3.32%	1.88%	6.52%
美中軍機對撞事件	2001-04-01	-19.69%	9.14%	5.52%	-10.50%	-1.19%
911 事件	2001-09-11	-23.10%	0.45%	4.05%	6.93%	-16.76%
小布希聯合國演說	2002-09-12	-25.11%	-5.82%	1.66%	-9.33%	14.85%
自由伊拉克行動／第二次波灣戰爭	2003-03-20	-8.96%	2.05%	13.71%	18.34%	26.73%
馬德里恐攻	2004-03-11	-6.36%	2.94%	2.68%	1.55%	8.43%
烏克蘭橙色革命	2004-11-22	-1.72%	2.75%	0.59%	1.02%	7.13%
倫敦恐攻	2005-07-07	-2.09%	2.38%	-0.16%	7.31%	5.64%
黎巴嫩戰爭	2006-07-12	-6.88%	0.65%	8.28%	13.68%	22.97%
北韓第一次核試	2006-10-09	-0.24%	2.05%	4.55%	6.96%	15.88%
雷曼兄弟倒閉	2008-09-15	-44.68%	-23.88%	-27.18%	-36.57%	-11.74%
印度孟買攻擊	2008-11-26	-42.85%	-1.68%	-15.19%	2.55%	25.12%
歐盟債務危機	2010-01-13	-7.87%	-6.12%	4.51%	-4.39%	12.05%
ROKS 天安艦沉沒	2010-03-26	-10.54%	3.90%	-7.70%	-1.54%	12.62%
尖閣列島稀土禁運	2010-09-08	-2.56%	6.03%	11.78%	20.29%	7.92%
阿拉伯之春（埃及穆拉克下台）	2011-02-11	-5.44%	-1.87%	0.97%	-11.78%	1.01%
北約干預利比亞	2011-03-19	-5.78%	2.61%	-0.60%	-5.87%	10.21%
美國債務上限	2011-08-02	-19.25%	-6.39%	-1.29%	5.70%	8.85%
納坦雅胡對伊朗畫紅線	2012-09-27	-7.67%	-2.43%	-2.01%	8.00%	16.90%

（表續下頁）

事件	日期	標普 500 指數最大跌幅	1 個月後	3 個月後	6 個月後	12 個月後
美國 2013 財政懸崖	2013-01-01	-2.41%	6.10%	9.53%	13.24%	29.60%
敘利亞化武攻擊	2013-08-21	-4.63%	4.09%	9.32%	11.78%	21.28%
債務上限與政府關閉	2013-10-01	-4.06%	3.93%	9.05%	11.24%	14.82%
中國東海防空識別區	2013-11-23	-3.48%	1.29%	1.74%	5.31%	14.34%
入侵克里米亞	2014-02-27	-2.08%	-0.28%	3.11%	7.86%	13.49%
伊斯蘭國（摩蘇爾淪陷）	2014-06-04	-0.95%	2.99%	3.62%	7.47%	8.71%
希臘紓困公投	2015-07-05	-12.35%	1.11%	-4.32%	-2.89%	0.57%
俄羅斯干預敘利亞	2015-09-30	-9.78%	8.30%	7.46%	7.50%	12.93%
巴黎恐攻	2015-11-13	-13.31%	-0.53%	-7.82%	1.17%	6.99%
北韓核試	2016-01-06	-13.31%	-5.54%	3.84%	5.50%	14.41%
英國脫歐公投	2016-06-23	-5.60%	2.92%	2.43%	7.12%	15.38%
北韓核試	2016-09-09	-4.79%	1.22%	6.19%	11.14%	15.68%
川普選舉	2016-11-08	-2.31%	4.98%	7.25%	12.14%	21.26%
北韓測試火星 14 彈道飛彈	2017-07-04	-1.78%	1.97%	4.48%	12.14%	11.70%
川普宣佈貿易戰	2018-03-01	-10.13%	-1.37%	2.13%	8.36%	4.71%
美中貿易戰升級	2018-05-29	-3.47%	1.06%	8.33%	1.78%	3.46%
美國制裁伊朗	2019-05-02	-6.84%	-5.67%	0.50%	5.12%	-2.98%
美中貿易戰升級	2019-08-01	-6.12%	-0.92%	3.84%	9.21%	10.75%
伊朗攻擊沙烏地阿拉伯煉油廠	2019-09-14	-4.57%	-1.37%	5.37%	-9.85%	
美空襲伊朗斬首蘇萊曼尼	2020-01-03	-31.32%	0.43%	-23.07%	-3.24%	
新冠肺炎爆發	2020-01-20	-32.80%	1.31%	-15.21%	-2.34%	
俄羅斯與沙烏地油價戰爭	2020-03-08	-33.92%	-7.48%	8.75%		
平均漲跌		-10.67%	0.06%	0.70%	3.51%	9.46%
漲跌中值		-7.28%	1.09%	1.94%	5.31%	10.92%

*　報酬率的計算是根據上述事件發生前後三個月，從市場最高點到最低點。
　　獲 BCA 研究公司（WWW.BCARESEARCH.COM）授權印製。

地緣政治並非「可有可無」

2011 年，我前往蒙特屢任職新工作，這是全世界歷史最久、最富盛名的獨立投資研究公司：BCA 研究。自 1949 年起，BCA 研究就提供客戶有趣的提案：搞清楚經濟中的總體因素，要比挑選個股來得更有效率。1950 年代時，這個綜觀大局式的方法是新穎的做法。我要感謝這間公司和同事，因為我對總體投資所知的一切都是他們教我的。

BCA 研究的成功，背後的總體 DNA 就是信貸周期分析。確認信貸周期仍是總體投資的骨幹。大部分的投資人會注意，只有少數（例如有 1600 億美元的橋水基金，Bridgewater）將這變成了一門賺錢的科學。

當我加入 BCA 研究時，我幾乎不知道信貸周期是什麼。也不瞭解金融或經濟學。我受雇的原因很簡單，當時的執行長看到即將發生的地緣政治典範轉移，他希望員工中有人能談論這件事[3]。

好幾位同事教我總體經濟學和市場的基本概念。他們可能教得很痛苦，因為我無法理解基本的金融概念，例如估值、貼現率，甚至不會登入彭博的終端機[4]。

---

3 BCA 研究的執行長除了預先看準了地緣政治，他也…對支出很謹慎，所以他冒著較小的風險雇用一個 29 歲的窮小子。
4 我很感謝這些充滿耐心的指導者，尤其是大衛・艾布朗森、馬汀・巴恩斯、亞瑟・巴

　　我在這份工作的最初六個月學了很多。但也許最令我大開眼界的經驗是在公司的圖書館和館藏室裡找資料。是的，即使是 2011 年，BCA 研究就有「一大堆」學術期刊和書籍，有些甚至是一個世紀前的書。我請公司的圖書館員給我一些 BCA 研究的報告，有些甚至是 1950 年代寫的。我慢慢地穿過各年代，感覺像個考古學家，探索著失落已久文明的記錄。每個十年的核心主題逐漸成形，而即將發生的典範轉移也從模糊轉為清晰。

　　在這段學徒期的最後，我和性情溫和、指導我的人坐下來談。該是時候告訴他們我的策略，證明自己在公司裡的地位了[5]。我剛看完數百份 BCA 的報告（還有數千頁投資網站 Investopedia 的頁面）[6]，我有很多想法，要把地緣政治和政治分析融入公司的程序中。但是我的指導者提議的計畫很令人失望：

　　「每次有東西爆炸，你就寫一篇文章。焦點放在可能破

──────────────

　　達基因、法蘭絲・史考特蘭和趙晨。他們是我在金融界最早的指導者。尤其是如果沒有馬汀，我在金融業絕對不可能立足。

5 BCA研究是金融業的「賣方」，提供服務給為客戶管理資產的企業，而這些企業則是「買方」。賣方員工就像金融業的推銷員。他們必須自己寫研究報告，然後去找客戶銷售報告，就像 1940 年代的服飾業務員一樣。買方是貴族，因為他們有資源可以買下賣方的服務。賣方並非學術機構。一些以教育為主的機構不會提供我資金撰寫有趣但沒人要看的研究。我的工作是撰寫投資相關的研究，然後挨家挨戶地兜售報告。（譯注：金融業的「賣方」sell-side 其實是「投資顧問」，因為他們銷售投資建議給「買方」buy-side，也就是有資金可以交易的金融機構。）

6 非常感謝 Investopedia.com！

壞公司重大資產配置觀點的事件──也就是『黑天鵝』。」

　　我很失望。我的直覺是，大部分的黑天鵝事件都無關緊要，這個直覺後來經由量化研究證實了。我懷抱著電影《征服情海》中的備忘錄那樣的浪漫情懷來到 BCA。我有概念驗證：2010 年歐元區主權債務危機，證明了地緣政治分析可以搶先移動市場的話題，並創造持續的獲利大贏家。

　　最重要的是，我在魁北克的那年冬季（長達六個月），把 BCA 研究的檔案室看完了[7]。

　　以我非經濟學家的觀點來看，公司的研究證實了地緣政治是過去五十年來大部分主要經濟趨勢是不可缺少的部分。

　　「但這表示我是附屬的…對公司的程序來說是外來的。」

　　指導我的人給我的回覆很冷淡：「是的。但這就是你的薪水來源。畢竟你的研究必須賣得出去，否則的話……。」

　　他沒把話說完，但我可以自己填空。

　　直到今天，我仍很高興自己拒絕了。我是說，我進入金融界了。我從被美化的部落客和學術死胡同中升級了。如果這個人要我寫黑天鵝事件，那又何必找我來攪亂一池春水？那份工作很簡單：把我同事對市場的觀點說成是既成事實（fait

---

7 我一直以為那間公司的競爭優勢是，蒙特婁全年有一半的時間是冰天雪地。這表示金融業的書呆子沒有別的事可做，只要躲在地下進行世界級的投資研究。

accompli），然後套用一些地緣政治風險自助餐裡的或然率特性。

比如說「本公司看好經濟成長前景，並建議投資人放空長期資產（就是賣出長期債券）」。還可以說什麼？我知道了：隨機爆發的疫情大流行會威脅這個觀點，因為美國公債會因為全球風險而大漲。寫完了。領錢、回家、看孩子長大！

但 BCA 的檔案室有更複雜的方法。就算總體經濟分析迴避這個話題，但每個十年的研究都有一個未說出的地緣政治之錨：

1945~1961 年[8]：二戰後連續經歷了五次經濟衰退。大蕭條和造成的苦難仍深植決策官員的心中。因此他們仰賴私人部門利用槓桿讓我們走出衰退。他們過度仰賴槓桿導致後來 BCA 研究稱之為「債務超級循環」（Debt Supercycle，一直到 2008 年才結束）[9]。

1960 年代：這十年經歷長期的停滯。決策官員變得自滿，因為通膨對失業率低沒有反應，所以他們大膽進行揮霍的財政政策。越戰和詹森總統的「偉大社會」（Great Society）財

---

8 這段時期超過十年，但主要是指戰後的情況。
9 BCA 研究的東尼・波克（Tony Boeckh）在 1970 年代初期創造了「債務超級循環」一詞。這個概念就是這間公司的基因核心。有趣的是，超級循環是個非常政治的概念，但是該公司在 1970 年代時沒有人真的這麼說。請參閱：John Mauldin, "The End Game of the Debt Supercycle," Forbes, June 19, 2010.

政花費龐大，導致走出衰退後，二戰以來首次赤字飆升。聽起來很熟悉嗎？新冠肺炎對「華盛頓共識」及其信念：謹慎的財政政策——給予致命的打擊，讓我們在 2020 年再次經歷了 1960 年代的停滯。

1970 年代：1960 年代由需求帶動的政策導致 1970 年代的停滯性通膨。是的，1973 年的石油危機導致通膨——這是少數重大的地緣政治黑天鵝——但是 1960 年代所做的政治和地緣政治決策，對 1970 年代的經濟災難帶來持續性的衝擊。在通縮環境下油價飆升所造成的影響，只是短暫的。

1980 年代：1970 年代由需求所帶動的政策導致 80 年代末期的政治革命。如第一章所提到的，雷根和柴契爾給供給面政策一次機會，而由學者所帶領的各國央行的政治責任則是打擊通膨。

1990 年代：蘇聯解體造成的地緣政治典範轉移，完成了 1980 年代供給面的政治革命。1990 年代這些事件的結合，形成了全球化和美國霸權這兩道助力。兩者抑制了通膨並改變了勞資之間的政治權力平衡。「大穩定」時代接著登場。

2000 年代：好日子並沒有隨著 2001 年的衰退而結束。決策官員再次擴大了債務超級循環，部分原因是恐懼 911 恐怖攻擊會扼殺消費者信心。但是收入不平等增加——是的，在量化寬鬆前就已經是這樣了，但許多投資人直到現在才發

圖 2.2　中產階級商品通膨

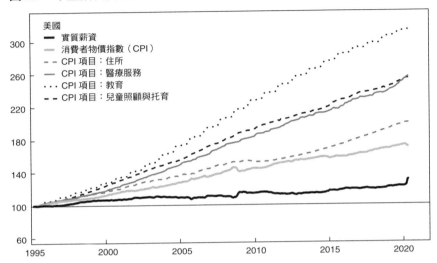

註：所有資料皆以 1995 年 1 月等於 1 為基準。
資料來源：MACROBOND 金融公司。
獲 BCA 研究公司（WWW.BCARESEARCH.COM）授權印製。

現不平等——導致家庭部門大幅增加槓桿。家家戶戶過度消費是為了和有錢人一樣過好日子，並且由於中產階級商品價格持續上揚（圖 2.2）[10]，必須借貸才能維持原本的消費習慣。

　　我從上述的十年趨勢得出的結論是，將政治和地緣政治當成市場的外部性並不合理。要納入地緣政治唯一的辦法，就是承認它普遍的影響。它會影響所有接觸到的人、事、物——包括市場力量和分析這些力量的人。我發現必須調整我的投資觀點——評估支持投資觀點的政治假設是否正確。因

---

10 Adam Seth Levine, et al., "Expenditure Cascades," SSRN, September 13, 2010, https://papers.ssrn.com/sol3/papers.cfm?abstract_id=1690612.

為我看到了這樣的糾結關聯並決心解開這個結，我拒絕公司提議的方式，並提出另一個方式：

「我們不要根據決策官員想做的事，而是根據他們所處的實際情況必須做的事，來決定我們對市場的觀點和預測。」

我的指導者像是笑臉貓在樹上對著愛麗絲微笑那樣的看著我。

「那你打算怎麼做？」

第一根支柱：唯物主義辯證

尼可洛・馬基維利（Niccolò Machiavelli）的《君王論》（The Prince）是現代政治理論的基本原則著作。馬基維利假設統治是際遇（Fortuna，即命運以及君王無法控制的所有事）與本事（Virtù，君王掌握際遇的能力）的交互作用。

「際遇」是一條河，「當它被激怒時就會淹沒低地、拔起樹木和毀壞建築，並將河岸一邊的土地沖刷到另一邊。所有人見之無不奔逃、俯首稱臣，無法抵抗。」但並非一切都毀了。如果君王事先為洪水做好準備，並在平靜時建築堤防和溝渠以疏通河水」，那麼君王就能抑制「際遇」[11]。

---

11 Niccolò Machiavelli, The Prince (New York: Bantam, 1981), 84。「際遇」與「本事」的交互作用完全假設性的例子，就是在疾病大流行前就安排了一組人員，專職負責處理這類的災難。

　　馬基維利認為「際遇」與「本事」是平等的：「…既然不能否認我們有自由意志，我估計即使命運控制著我們一半的行動，也會允許我們控制另一半的行動…」[12]。君王有自由意願決定是否要操縱命運。

　　《君王論》不是預測政治和地緣政治的專論。它是指導如何取得和保留權力的手冊。在原本的內容中，「本事」很重要，但我以前一直不知道該如何將這個納入預測中。此外，雖然我的事業早期一直在研究全球事件，我發現即使是最高階的決策官員也受制於「際遇」的現實。另一個極端是，即使是能力最差的決策官員，最後也會受到市場、經濟和政治的限制而被迫做對的事。正如經濟學家赫伯 · 斯坦恩（Herb Stein）所說的：「無法永遠持續下去的事物終將結束[13]。」

　　自從我在 25 年前讀到這本書後，就一直記得馬基維利的「際遇」與河流類比。如果可以預測河的流向，就能預測決策官員超過一半的行為嗎？

　　想像一個巨人握著一大杯麥酒站在山丘上。當巨人把杯子傾斜讓裡面的酒傾瀉而下，如果我瞭解這座山丘就能預測

---

12 同 11.
13 完整引述：「我要向各位建議一個我最近得到的非凡結論，那就是無法永遠持續下去的事物終將結束。」原文請參閱：Joint Economic Committee, A Symposium on the 40th Anniversary of the Joint Economic Committee: Hearings Before the Joint Economic Committee, Congress of the United States: Ninety-Ninth Congress: First Session: January 16 and 17, 1986 (Washington: US Government Printing Office, 1986), 262.

酒的流向：它會流向最少阻力的路徑，因為它受到山丘地形實質的影響。

馬基維利說，在決定最終結果時，「際遇」的流向可能和君王的「本事」一樣重要。但是必須先預測其路徑——際遇，而不是決策官員對際遇的反應；反應衍生自洪水。要知道洪水流向唯一的辦法，就是先瞭解地形。

而卡爾·馬克思（Karl Marx）瞭解地形。

馬克思——是個分析家，而不是末日預言者——能教我們如何分析「際遇」流經的地形，他的分析就是這個限制方法的第一個支柱[14]。

雖然馬克思無法預見經濟系統的衝突會如何結束，但他的資本主義理論和唯物主義辨證，仍讓他能預測經濟體系的衝突。從 19 世紀中期，他就預測 20 世紀主要的政治動態。這個正確的預測顯示他是個重要的社會科學思想家。

在《資本論》（Das Kapital）中，馬克思解釋後工業革命世界的運作。他把一個複雜而且模糊的概念——資本主義——拆解成最基本的要素。

他利用這個唯物主義的方法，極少探究想法。在《資本

---

14 我承認在談論政治預測的書中提到卡爾·馬克思，看起來很諷刺。他最知名的預言——資本主義將在無產階級的革命中崩潰，這場革命將使所有私有財產全部消滅——也許是世界上最了不起的預言「失誤」。這個預言不只是錯的——北京、河內和莫斯科現在都擁抱資本主義——而且還導致一整個世紀被誤導的政策。

論》的第一到第九章，馬克思將資本主義拆解成基本元素「物質」。他著重於支撐資本主義的物質現實：價格、錢、勞力、生產方法。在揭露了這個制度的不一致後，馬克思的結論做了一個預測：危機會發生。

雖然《資本論》的結論很有趣，許多人用了墨水（和鮮血）來辯論，但為這些結論帶來動力的引擎，才是對限制條件架構最重要的事。這個引擎就是「辯證唯物主義」（dialectical materialism）。

馬克思的辯證與黑格爾的辯證是對立的，許多人都知道黑格爾的「正—反—合」（thesis－antithesis－synthesis）。這兩種辯證嘗試理解人類歷史，以及社會如何定義「真相」。對黑格爾來說，尋找真實的起點是人類的思想：想法。就像馬基維利一樣，黑格爾把人類行為視為擁有主體（possessing agency）。根據黑格爾的世界觀，少數有權勢者和大眾的意識型態偏好，都影響著歷史。

或是如凱因斯知名的說法：

經濟學家和政治哲學家的想法，不論他們是對是錯，都比一般人想的更強大。的確，這個世界就是被這些所統治。務實的人以為自己完全不受任何知識份子的影響，但卻通常

是某個已故經濟學家的奴隸 15。

馬克思《資本論》的創新在於，它否定思想決定人類歷史。馬克思和他的同事恩格斯認為，物質世界一定是分析的起點，而不是思想。

是什麼使唯物辯證法成為辯證法？在馬克思主義思想中，物質世界——社會生產的方式——是一切思想、規範、價值觀和制度最終賴以存在的具體基礎 16。

根據馬克思的說法，歐洲的封建制度不是人類思想的產物，而是中世紀可行的生產方式。封建社會的所有非物質方面——文化——都強化了為物質的生產方式服務而創造的思想霸權。思想為物質服務。如果黑格爾的理論說，是先有蛋才有雞，那麼馬克思則反駁說，是雞物質雞產生了觀念蛋。

為了避免讀者睡著，我只是簡短地探討，但這根本無法滿足政治理論研究所課程的標準 17。重點是物質辯證法是限制條件架構的主要支柱。這個架構的分析起點是物質世界，而不是思想世界。

物質條件創造人類現實。思想體系（哲學、宗教、政黨等）

---

15 John Maynard Keynes, The General Theory of Employment (Youcanprint, 2017), 239.
16 「生產方式」決定了社會如何組織，在技術能力的情況下，如何與周圍的物質現實互動。
17 對此，我要向前教授和世界各地的學術專業人士表達歉意。

圖 2.3　無法持續下去的終將結束

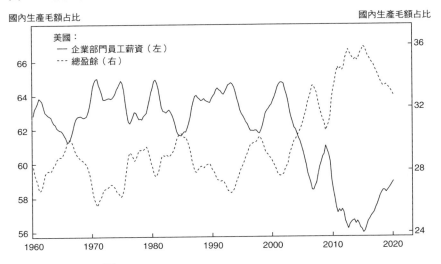

國內生產毛額占比　　　　　　　　　　　　　　　　國內生產毛額占比

美國：
— 企業部門員工薪資（左）
--- 總盈餘（右）

資料來源：MACROBOND 金融。
獲 BCA 研究公司（WWW.BCARESEARCH.COM）授權印製。

圍繞這種物質條件發展，因此是它的衍生物。人們無法靠著
「思考」或「偏好」而脫離物質的限制條件。

　　而馬克思對無產階級革命的預測也不是完全錯誤的。他
對資本主義的描述仍然有說服力，尤其是員工賺取的收入、
雇主累積的利潤，以及這對經濟中的總需求產生的影響之間
的緊張關係。

　　包括我自己在內，有一些人會說，以企業利潤佔經濟的
比重和勞工佔經濟的比重來看，這個世界正處於不可持續的
極端（圖 2.3）。

藉由著重於物質世界，馬克思預測了那將主導二十世紀的動盪。是的，他預測的最後結果是錯的，他說得很清楚，但他正確調查的十九世紀的現狀——勞工缺乏保護也沒有政治權力——不會持續下去。

第二根支柱：限制條件的診斷能力

習慣於量化的投資人應該接受把焦點放在物質世界。限制條件是可觀察的，因此是憑經驗而得的。

為了找到這些限制條件，投資人應該盡可能多觀察真實的世界，對嗎？錯了。並非所有可觀察的資料都是一樣的，有更多資訊通常不會產生更好的預測結果。資料的質比量更為重要，尤其是在無法獲得完整資料集的情況下更是如此。

中情局工作手冊《情報分析心理學》（Psychology of Intelligence Analysis）的作者小理察 J. 修爾（Richards J. Heuer, Jr.），大半輩子都在設法改善情報分析的判斷，他說：「分析人員要用判斷來填補知識的缺口。這表示要超越可用的資訊，也是面對不確定性時的主要方法。」修爾繼續說：「雖然最佳情報收集目標是完整的知識，但這個目標實際上很少達成。」[18]

18 Richards J. Heuer, Psychology of Intelligence Analysis (Washington: The Central Intelligence Agency, 2015), 31–32, https://www.cia.gov/library/center-for-the-study-ofintelligence/csi-publications/books-and-monographs/psychology-of-

修爾在中情局將近 50 年的終身職期間，處理政治分析與
預測。他在不確定、缺乏高品質資訊以及概念驅動（而非資
料帶動的）分析時，最能發揮所長。他在情報界的事業迫使
他依賴模糊、質化、軟性的資料，而非清楚、量化、真實的
資料。他並不逃避這些挑戰，或試圖用量化的方式來解讀質
化的資料，修爾因而開發了一個系統化的方法來處理情報分
析。

雖然修爾沒有直接談到物質的限制條件，但他認為情報
分析師極少能得到完整的資訊，這話的確沒錯。

由於有這樣的侷限，修爾引進兩個概念以用於政治和地
緣政治分析，值得銘記於心。

第一，**掌握更多資訊並不一定能幫助你預測**。更多資訊
有時候只會提高你的信念，但未必能準確預測。第二，**資料
的品質才重要**。而且決定品質的關鍵在於診斷能力，這也是
限制條件架構的第二根支柱。診斷能力是指「任何證據有助
於分析人員確定替代假設的相對可能性的程度」[19]。修爾以發
燒患者為例來說明這一點。因為許多疾病都會導致體溫超過
攝氏 38 度，所以這個資訊的診斷價值有限。

「缺乏資訊和情報的診斷能力」（diagnosticity of

intelligenceanalysis/PsychofIntelNew.pdf .
19 同 18.

intelligence）這個因素，對投資人和無法取得政府資助的情報單位的人來說都很重要。由於無法取得近乎無限的預算、衛星畫面、大量的監視，和遍及全球的線人網路，情報單位以外的人只能運用有限的資訊。因此更需要瞭解哪些資訊具有診斷價值。

　　診斷能力有助於分析人員排除可能性不高的假設或是競爭的假設（這個過程稱為「競爭的假設分析」）。一個不具有診斷性的變數，無法幫助排除任何的假設。

　　同時，決策者個人偏好不是診斷性的變數，因為這是可有可無的；決策官員可以選擇要不要採取行動。這類變數不具備診斷性，因為不可能排除根據完全不會影響結果的假設。相較之下，限制條件則是守門員，可以判斷偏好是否影響結果。限制條件具有高度可診斷性，因為以偏好為主的結果會受到限制條件的限制。

診斷能力實踐

　　讓我們以美國前總統唐諾・川普（Donald Trump）對平價醫療法，又稱「歐記健保」（Obamacare）的偏好為例。2017 年時，分析師大可以從川普對這件事的強烈偏好來做出結論。但是完全無從評估他是否真誠、有決心，以及執行這類政策的疼痛臨界點。此外，歐記健保是種權利，從過往的

記錄看來，美國決策官員很難撤銷人民的權利。

川普傾向撤銷歐記健保會受制於兩個實質限制條件：可能失去民眾的支持，以及國會的席次。2017 年時，川普總統在參議院的確占有多數席位，讓他得以撤銷歐記健保[20]。然而他的多數卻非絕對多數。由於一些溫和派共和黨籍參議員將在此議案上面臨政治風險——以及考慮同黨著名參議員約翰・馬侃（John McCain）對川普的厭惡——結果使此撤銷案在參議院表決時以 49 票對 51 票落敗。

到了 2017 年夏季，從歐記健保於 2010 年實施以來，共和黨已經試著撤銷歐記健保 70 次了。但是，就算一切都順利——參、眾兩院多數席次和總統都是共和黨員——他們還是失敗了。

由於川普總統和共和黨都傾向撤銷歐記健保，會有這樣的結果令大部分的投資人大吃一驚。他們錯估情勢是因為他們高估了偏好，而沒有考慮到偏好的可診斷性很低。正如修爾說的，很難只根據決策官員的偏好而排除某個假設。

另一方面，實質的限制條件有很高的可診斷性，因為這不是可有可無的。川普總統可以改變對歐記健保的態度，但他不能只因為自己想要，就能在 2017 年成功阻擋溫和派的

---

20 川普的多數席次讓他能利用預算協調的程序，在參議院不能進行阻撓議事的行動。

圖 2.4　民眾對歐記健保的支持變成實質的限制條件

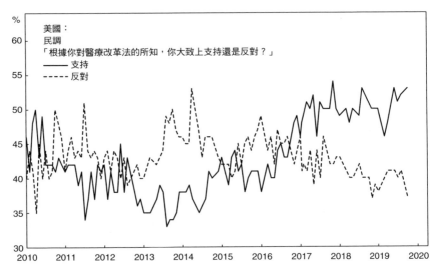

資料來源：凱薩家庭基金會（Kaiser Family Foundation）。
獲德羅布尼集團（CLOCKTOWER GROUP）同意印製。

共和黨議員蘇珊‧科林斯（Susan Collins）、麗莎‧默考斯基（Lisa Murkowski）和約翰‧馬侃。此外。歐記健保在 2017 年中受到歡迎時，共和黨才得到國會多數席次，有能力可以撤銷歐記健保。共和黨等到 2018 年回頭想去撤銷歐記健保時，期中選舉已經接近了，而對歐記健保的支持已經大幅上升（圖 2.4）。

　　可診斷性是限制條件架構的第二根支柱。除了可診斷性之外，修爾也簡短地提到第三根支根。在他的書中稍後，他

指出「當觀察他人的行為時，人們過於傾向於推斷該行為是由他人廣泛的人品或性格引起的，並期望這些相同的內在人品會決定行為者在其他情況下的行為。對於可能影響他人行為選擇的外部環境，並沒有給予足夠的比重[21]。」

第三根支柱：人 vs. 情況

支持限制條件架構的第三根支柱，是從社會心理學領域借用的基本歸因錯誤（fundamental attribution error）的想法。我大部分是取自社會學家李伊·羅斯和李察 E. 尼斯貝特所著《人與處境》（The Person and the Situation）[22]。

雖然羅斯和尼斯貝特的許多洞見都是出自社會心理學實驗，最能表現實質限制條件架構的著作，是他們討論普林斯頓研討會的實驗。在 1970 年代初期，行為科學家約翰·達爾利（John Darley）和丹尼爾·巴特森（Daniel Batson）建構了一個有趣的實驗[23]。研究的地方就是普林斯頓神學院。實驗的對象是誰？即那些正在研讀以成為受命牧師的學生。

神學院的學生被要求在校園另一邊的教室裡佈道，資深

21 Heuer, Psychology, 135.

22 Lee Ross and Richard E. Nisbett, The Person and the Situation (London: Pinter & Martin, 2011).

23 J.M. Darley and C.D. Batson, "From Jerusalem to Jericho: A Study of Situational and Dispositional Variables in Helping Behavior," Journal of Personality and Social Psychology 27, no. 1 (1973): 100–108.

的教職員會評估他們的表現。他們有時間準備佈道的內容。在他們準備的最後，三分之一的學生被告知他們遲到很久，教職員已經在等他們了，必須馬上過去；三分之一的學生被告知，如果他們不馬上出發就會遲到；而三分之一的學生被告知不必急，可以慢慢前往佈道的地點。

達爾利和巴特森設計這個實驗，以測驗時間的壓力如何影響行為。在前往佈道的路上，每一位學生都遇到一個需要幫助的人（實驗者的同事）。已經遲到的學生中，只有 10% 停下來幫助他。快要遲到但還不急的學生中，有 45% 停下來幫助他。最後，完全不急的學生中，有 63% 停下來幫助他。

請記住：受試對象是年輕男子，想要致力於為神服務，因此應該要樂於助人。這些學生的品性和傾向，應該是在上學的路上要提供陌生人幫助的。

他們被要求佈道的主題是什麼？「好心人的故事」（Good Samaritan，《新約》中的路加福音第 10 章 29 到 37 節）。而這實驗就是在要求他們「做對的事」。

羅斯和尼斯貝特提供其他的範例和研究，以證明他們想說的重點，那就是事實一再證明，情勢比人更能預測結果。一個人所處的情境對他的行為所造成的影響，比他的品性、背景、宗教、教養等更為重要。

如果考量到他們的事業道路，那麼大部分受試者可能傾

向幫助需要幫助的人。而且因為他們被要求佈道有關好心人的故事，他們當時腦子裡正該是當個好心人！然而當他們受制於時間的實質限制條件，他們的傾向就屈服於限制了。

羅斯和尼斯貝特利用這個和其他例子，引出「基本歸因謬誤」概念，也就是分析人員將現實世界中的結果歸因於個人行為者的特徵、性格和情緒時所犯的錯誤：看待個人的心理特徵比外部環境重要性更高，也就是將人的重要性置於情境之前。

政治分析為基本歸因謬誤提供了很好的環境。有部分是新聞媒體的錯，因為它將事件個人化，並訴說人的故事，而非情境的故事。說句公道話，如果沒有個人行為者，那麼故事就沒那麼吸引人。記者給的是讀者想要看的東西，也就是再次確認人的重要性，以及人的能動性（human agency）能戰勝情境的決定論。地緣政治分析師並沒有這樣的藉口。

基本歸因謬誤實踐

這類歸因謬誤的例子，在媒體和被誤認為地緣政治分析中很常見，下面就是些例子：

「金正恩是不確性因素」：2013 年初，美國媒體非常著迷北韓與美國潛在的衝突。當時北美的年輕領導人金正恩還不是很知名，而分析師憂心金氏會做出一些戲劇性的舉動以

確立領導地位。平壤當局的修辭加劇了不確定性，支持著以性格為主的分析。

　　然而將焦點放在情勢就會顯示，不論金正恩有哪些傾向，都會面臨很多的限制條件。2013 年時，北韓的彈道飛彈技術很有限，傳統的軍事能力（除了大砲外）當時（仍然）很少。北韓名義上的盟友北京也是一個限制條件。中國從當時一直到現在都反對北韓與南韓之間的任何衝突。

　　這樣的衝突會讓美國有藉口在東北亞擴大駐軍。此外，南韓的地理和人口使得兩韓非常難以進行有限的軍事衝突，因為一旦交戰就會迅速擴大。這個地形防止緊張升級到戰爭。

　　因為首爾面對北韓的傳統火砲可說是毫無防備，如果一看到衝突的跡象，南韓將必須預防性地攻擊北韓，此舉很可能終結金氏王朝。同樣的邏輯和限制也適用於 2017 年川普總統和金正恩之間的對決。雖然媒體毫不留情地指控川普總統玩火，但白宮的虛張聲勢奏效正是因為金正恩手上根本沒有好牌可打，而他的傾向，甚至是可能的不理性，終究無法克服他所面對的限制。

　　「以色列鷹派想轟炸伊朗」：至少從 2011 年開始，以色列單邊空襲伊朗就一直是市場最大的極端風險。2012 年初時，媒體加大以色列的修辭，油市就出現相當大的風險溢價。

投資人接受這些說辭表面上的意義。他們假設以色列總理班傑明‧納坦雅胡（Benjamin Netanyahu）帶領著「鷹派」政府，將伊朗的核計畫視為以色列存在的威脅。

這個情勢的觀察家誇大了納坦雅胡和前伊朗總統艾哈邁迪內賈德（Mahmoud Ahmadinejad）的性格：他們認為前者絕對不會允許地區競爭對手威脅以色列的存在；後者則試著加速製造伊斯蘭教的世界末日。[24]

投資人太過重視雙方的說詞，而忽略了這些限制。以色列之前和現在都沒有策略性空襲的軍力（也就是轟炸機），想要攻擊伊朗變得很複雜。而阿拉伯之春所釋出的力量終究會結合敘利亞內戰和伊斯蘭國的興起。這些對以色列來說比不合邏輯的伊朗核攻擊的威脅更為迫切。

最後的限制條件則是，當以色列無法滲透的伊朗福爾道核設施終於在 2011 年 12 月開始營運，使伊朗成為隱含的擁核國家。此時以色列若發動攻擊，肯定會讓德黑蘭當局開始製造核彈。

---

24 諸如《紐約時報》和《華爾街日報》等嚴肅的報刊迎合於軍事、宗教和外交事務的態度。但是〈世界末日與馬哈迪〉這樣的頭條，遠比〈極度受限的總統威脅將帶來世界末日，被資深什葉派教士嘲笑〉要來得更能衝高點閱率。請參閱：Masood Farivar, "Armageddon and the Mahdi," The Wall Street Journal, March 16, 2007, https://www.wsj.com/articles/SB117401728182739204.

　　「**普京想重建蘇聯**」：過去十年來基本歸因謬誤最明顯的例子就是關於俄羅斯總統普京（Vladimir Putin）的策略想法分析。一般錯誤的論點指出，醉心於蘇聯的普京自 1999 年掌權後，就一直想要重建過往的共產帝國。這個論點的證據是：俄羅斯 2008 年入侵喬治亞、2014 年併吞克里米亞，以及干預前蘇聯成員國的內政。根據這樣的分析，波羅的海諸國就是「下一個」[25]。

　　就算普京的懷舊是莫斯科的政策動機，俄羅斯也面臨許多限制條件。它與歐洲象徵性的經濟關係是一大限制條件。雖然大部分的學究認為莫斯科是這個關係的主導者，其實柏林手握俄羅斯的⋯管線。2019 年時，俄羅斯的天然氣出口至少 80% 輸往歐盟──其中有一半是出口至德國──俄國若關閉輸出至歐洲的管線等同於經濟自殺[26]。

　　另一個更微妙的限制是俄羅斯的軍事。雖然在 1990 年代大幅改善，但俄羅斯軍方並沒有足夠的能力，維持廣大帝國邊界所需的大規模軍事力量。俄國幾乎沒有能力干預頓巴

---

25 Ted Galen Carpenter, "Are the Baltic States Next?" The National Interest, March 24, 2014, https://nationalinterest.org/commentary/are-the-baltic-states-next-10103.

26 所以俄羅斯在 2014 年併吞克里米亞後很快就與中國簽訂天然氣出口協議──而且接受北京開的條件。普京夠聰明，他知道他需要歐洲以外的市場。可惜的是，出口足夠的天然氣到中國所需的基礎建設，至少需要十年才能建成。所以歐洲和俄羅斯暫時維持著令人不自在的共生關係。這個議題極為重要，但是卻被大多數人誤解。普京總統雖然是策略天才，卻允許國家對歐洲的天然氣需求依賴成癮。

斯，烏克蘭軍隊在此牽制住了莫斯科的傭兵和非正式志願軍的力量。而烏克蘭的軍事裝備與動力是歐洲最弱的國家。

限制條件架構的第三根支柱就是看出並避免基本歸因謬誤。若要預測政治和地緣政治，**分析師就必須避免基本歸因謬誤，並專注於情勢，而非人。**

限制條件架構的三根支柱

限制條件架構幫助我理解世界，不過這並不科學也無法量化。它混合了唯物辯證、情報方法以及社會心理學。而且⋯是的，聽來還有點巫術的感覺。

我將要反覆提醒讀者，架構的來源不明確而且本質也不精確，以免有人指控我自稱發明了這個架構。

但是，這個架構不是憑空出現的。它有哲理（唯物辯證）、實際（假設測試）和看似不合常理但有其道理的經驗（社會心理學）方法。

現在再回顧一下限制條件架構的三大支柱：

- **唯物辯證**：地緣政治分析的起點永遠都必須奠基於物質的世界。雖然這個現實不一定需要像馬克思主義強調的「生產方法」，但的確需要以經驗為主。投資人永遠都應該尋找

情勢中不變的現實——限制條件。雖然經濟上的限制條件並
非總是最重要的，但其他有形的阻礙卻**很重要**。

• 可診斷性：由於缺乏資訊與資料品質不佳，投資人（及
其他想要預測政治的人）必須專注於具體而且反覆出現的資
料，而不是某個人腦中揮之不去的短暫資料。若要適當地證
明假設是不實的，投資人應該著重於具有高度可診斷性的資
料。比如，決策官員的偏好不具有可診斷性。限制條件則具
有可診斷性。

• 社會心理學：社會心理學提出的觀點很有道理，社會心
理學認為驅動人類行為的是事情的脈絡與情勢，而非人。因
此，投資人和其他想知道地緣政治洞見的人，都應該著重於
限制條件而非偏好。

這三大支柱的支撐一定要用粗體顯示的格言再說一次：

**偏好是可有可無的，而且受制於限制條件，而限制條件
既非可有可無，也不受制於偏好。**

接下來看一些數學

談論預測的書不可能不談到數學。金融與學術界經常過
度使用數學，而我不想陷入這個陷阱，假裝我的架構很科學。
但我覺得本書中必須使用正式的邏輯，以保留我是預測員的
名聲。因此，我決定在本書中介紹一些數學公式，因為這是

必要的[27]。在本節中，我將把上述的馬克斯主義「以數學公式表示」[28]。

在偏好模型中，決策者 X 實現偏好結果 Y 的可能性表示為 P(Y)。那麼解開 P(Y) 的方程則是：

$$P(Y) = pX(y)\, py(Y)$$

其中 pX(y) 是 X 偏好某個行動 y 的可能性，而 py(Y) 是採取行動 y 導致 X 偏好結果 Y 的可能性。我將這個稱為「偏好模型」，因為決策者可以控制自己的行動 y，但行動並非決定結果的直接、唯一的變數。決策者的偏好也會影響自己的行為以決定結果。

限制條件模型使用會限制決策者採取行動 y 的變數。這些限制變數是 Z。舉例來說，限制條件 Z——下雨——可能會影響運動員偏好的行動 y，也就是出去跑步。引用與動作 py(Y) 有關的單一偏好 pX(y)，忽略了影響運動員決策的隱藏變數，例如天氣。

---

27 為什麼一般人這麼排斥正式的理論？我主張的要點是，使用正式、數學算式，則不需要背景環境也可以產生知識。如果想在學術期刊中發表文章，這樣就夠了。但如果想要將知識套用到真實世界的問題中，就會造成很大的錯誤。

28 使用數學還有兩個其他原因：第一：數學公式很酷。第二：我的好友丹・格林（Dan Green）是加州大學聖地牙哥分校的物理學教授，他幫忙提供了這個模型（雖然我說「幫忙」，但其實整個公式都是他寫的）。

在偏好模型成立的世界看起來會像是這個樣子：一個學走路的小孩偏好採取的行動是買一匹小馬。結果——P(Y) 是？她買一匹小馬，因為實質的限制條件——騎馬的年齡、父母允許、取得循環信貸、馬術能力等等——並不會限制她的偏好影響結果：

若將實質限制條件的角色納入決策的流程中——以及最終的結果——第二個模型就是：

$$P(Y) = \sum Z$$

$$pX(y|Z)\ py(Y|Z)pZ(Z).$$

在上面的模型中，我加總所有可能的限制條件 (Z)，而 pZ(Z) 是 Z 為真，並且影響結果 Y 的可能性。另一個因素維持不變，但現在要視這些額外的限制條件而定。

重點是什麼？額外的因素——限制條件——代表這兩個等式是不一樣的，因此預測不同的結果。

如果我把偏好模型寫成把所有偏好與每個限制條件相加——

$$pX(y) = \sum ZpX(y|Z)$$

$$py(Y) = \sum Zpy(Y|Z)$$

──那麼這兩個模型中的可能性 P(Y) 只會在限制條件不相關（Z＝0，或總限制條件對決策的影響為零）時才會產生相同的結果。

讓我舉個例子來說明。

我是籃球迷，精確地說是美國國家籃球協會（NBA）迷。我從小就看職籃比賽。以前球員經常對彼此動粗。俠客‧歐尼爾（Shaquille O'Neal）有一次差點把查爾斯‧巴克利（Charles Barkley）的頭給砍了。克里斯‧柴爾茲（Chris Childs）重壓小飛俠布萊恩（Kobe Bryant）。而這些只是 1990 年代。如果再往前回溯，尤其是 1980 年代，打架的情況更是惡毒[29]。

現在的 NBA 常常看起來好像快要打起來了，但打架的情況很少。反而有很多「快點阻止我」的事件，只是表面上看起來很粗暴而已。其實這種情況通常是兩位球員對彼此咬牙切齒，但是他們都等著隊友和裁判把兩人拉開，然後從安全的距離對彼此大吼。

這兩個模型要怎麼解釋這個？

‧**偏好模型**：在偏好模型中，y 是 X 想要打架的偏好，

---

29 相較於 2020，1980 年代不只是常常打架，根本是鼓勵打架。請參考：Rumpel Stiltsky, "1984 NBA finals game 4: Celtics at Lakers (McHale Clotheslines Rambis) Larry Goes to Hollywood Pt. 2, YouTube, 1:02, July 22, 2017, https://www.youtube.com/watch?v=qmIA61zEcfg。

而 Y 是真的打架的結果。從他們經常作勢起衝突來看，球員們似乎真的很想打架。所以 $pX(y) = 1$。然而最後的結果卻很少打起來。所以 $P(Y) \approx 1$。偏好與結果不同，顯示想要打架很難變成真的打架，所以 $py(Y)$ 一定趨近於零 ($py(Y) \approx 0$)，模型才會左右相等。

但是這個模型中沒有地方能解釋為什麼 $py(Y)$ 應該是 0，因為偏好打架應該會導出打架的結果（想一想 1980 年代的美國職籃）。雖然 X 有非常強烈的偏好要打架，但是偏好模型沒有辦法描述阻止打架的隊員。

· **限制條件模型**：籃球員 X 偏好打架，其實和隊友是否在場阻止他有關。如果 $Z = 0$（隊友不在旁邊），然後 $pX(y|Z = 0) = 0$，代表大膽的球員不想打架。如果有隊友在場 ($Z = 1$)，則 $pX(y|Z = 1) = 1$。

但是經過我多年專心地觀察，我知道當隊友在附近就不會打架是因為他們「阻止 X 行動」，所以 $pY(Y|Z = 1) \approx 0$。當隊友不在附近（ $pY(Y|Z = 0) = 1$ ），如果 X 想要打架，那麼就有可能會打起來。不同於偏好模型的是，限制條件模型能讓我精確地描述球場上會發生的事：

$$P(Y) = \Sigma$$

$$Z = 0, 1$$

$$pX(y|Z)\ py(Y|Z);\ =\ pX(y|Z=0)py(Y|Z=0)\ +\ pX(y|Z=1)$$
$$py(Y|Z=1);\ =\ 0$$

　　在美國職籃，沒有人打架是因為打架的偏好與打架的可能性是反相關。或者說得白一點就是「快點阻止我…」[30]。

　　等等，這聽起來很熟悉嗎？是應該要熟悉沒錯。**地緣政治經常有這種「快點阻止我」的時刻**。領導人互嗆、說要採取積極的政策，但其實他們可能都不打算真的發生衝突。有時候修辭的意圖正好相反，其實是要對手回到談判桌上。我說明了光是知道行為者的偏好，並不足以判斷他最終的行為。偏好是可有可無而且受制於限制條件，而限制條件不是可有可無的，也不受制於偏好。因此，投資人需要研究限制條件，而不是偏好[31]。

　　接下來呢？

　　正如上面等式的說明，限制條件的架構留保一些空間給可能有相關性的決策官員的偏好，包括他們的意識型態、成長環境、文化和宗教信仰。這個架構允許深入研究決策官員的想法。

---

30 如果你覺得這是在浪費時間，那你肯定沒看過現代政治學術期刊。
31 丹・格林教授和我準備好諾貝爾頒獎的日子。不客氣。

在預測時，一定要先閱讀一本好的傳記或史書。若要使用限制條件架構，我們必須先搞清楚狀況 [32]。

但是使用限制條件分析這些知識，可以讓分析師與行為者的偏好保持非常重要的客觀距離。以個性為主進行分析的主要問題在於，我們很難對偏好進行實證。要操作偏好也很困難。我可以閱讀川普的著作《交易的藝術》（The Art of the Deal）一次，以熟悉關於川普總統偏好、行為和脾氣等重要的資訊。

但就算我做了這件事，也很難精確地運用這些資訊以預測他會不會轟炸伊朗、通過企業減稅、撤銷歐記健保、對中國課徵關稅、入侵加拿大，或讓新冠肺炎在美國人之間流行就像發燒一樣。預測這些事很難，因為他雖然可能偏好做上述所有事，但我不知道決定他會做和不會做的限制因素：實質的限制條件。

因此，以偏好為主的分析是預測的起點。但分析師只需要對一個公眾人物進行這樣的分析一、兩次就夠了。這並不是一個需要反覆做的程序。

在本書的下面章節中，我將深入討論真正的限制條件。我定義了五個對預測事件來說尤其重要的實質限制條件：政

---

32 想要有知識，就要大量閱讀。很少有其他吸收知識的方式具有和讀書一樣的力量。所以，各位，請多看書！

治、經濟、金融、地緣政治和憲法／法律，還有限制條件的不確定因素：恐怖份子和流行病疫情。我按照最重要到最不重要的順序排列。每一章討論每一種限制條件如何運作、如何衡量、過去如何進行重要的預測，以及未來如何幫助投資人。

　　但在我開始物質限制條件的分析前，我會在第三章中先調查另一種預測地緣政治事件的架構——著重於情報或洞見的架構。

3 章 ───奧茲國的巫師
The Wizards of Oz

「我所知最珍貴的商品就是資訊。」
　　──葛登・蓋科，電影《華爾街》

　　說到政治和地緣政治，大部分的投資人深信電影《華爾街》中主角葛登・蓋科（Gordon Gekko）的觀點。為了取得優勢，市場共識認為獲得當地的洞見至關重要。或者更好的是「有人脈」。因為從這個觀點來說，政治是無法預測的，想要清楚地知悉就要透過情報收集。每年有數以十億計的金額，是充滿智慧的年長男性（幾乎永遠是男性，幾乎永遠是年長者，但極少數真的有智慧）在火堆旁閒聊時進行交易，他們運用豐富的經驗以及非常廣的人脈找到好的交易。

　　你肯定遇過說這些故事的人。從他們一見面就說出一大堆名人的名字，一聽就知道他們就是這種人。像孔雀張開尾羽以吸引雌性一樣，他們用言談展現自己豐沛的人脈[1]，想誘惑沒有架構的受害者上當。我的大原則是，如果某個政治顧問一口氣就丟出三個人名，我接下來就會開始幻想一場籃球比賽直到談話結束。

　　雖然本章討論情報模型的限制條件，但我不認為政治分析可以不使用情報。一個由上而下的總體地緣政治方法是我的專長。但是如果不真正瞭解當下的問題，投資人就無法確認哪些限制條件是真的而且可以行動。

　　我個人會吸收政治顧問大量的實地研究。而哪些是可行

---

1 豐沛的人脈又叫做：狗屁。

的而且有附加價值，以及哪些沒有，我個人也有很強烈的意見。所以我並不想勸任何人不要聽顧問的建議。本章只是提醒投資人小心，這種方法常出差錯的地方。

我的目標是給投資人和商人一些工具，以撬開顧問這個黑盒子，以分辨好的顧問以及不符合標準的顧問。限制條件框架能讓投資人批判性地評估以及運用專家的見解，並使他們擺脫盲目的依賴。

概要：情報與投資

以情報為主的政治與地緣政治預測有五大侷限。投資人絕對應該要仰賴外部專家，但也要知道該預期些什麼。

第一，不管你會議桌前坐的人怎麼說，他並不是真的情報人員。因為如果他是政府的情報員，或者如果他分享最高機密等級的資訊，就是犯了重罪。沒有「情報員」身分的顧問，並不表示他的資訊就是錯誤或是沒有用——絕對不是這樣！但他們無法取得情報單位能得到的見解。

因此，以情報為主的分析不具有統計顯著性。這樣的分析很少能做得對[2]。為政府工作的情報員可以針對一個問題投入近乎無上限的資金，而你的顧問沒有這麼多錢。「知情」

---

2 我個人認為只有一個。請看「致謝」就知道是誰了。

的人和可以無限制接觸許多人、擁有電子和訊號情報（signals intelligence）的官方情報組織是不同的[3]。

　　好的政治顧問和不好的政治顧問的差別在於謙遜。這未必是指行為舉止很謙遜，而是他的分析中展現才智的謙遜，也就是帶有一些懷疑。如果你的顧問給你高度可信的觀點，而沒有情境分析或是機率決策樹，那他就不是謙遜的人，而且可能誇大了不具有統計顯著性的觀點。真正的專家若不是給你一些情境和監督的資料點，就是一個機率的決策樹[4]。

　　第二，在第一章中討論過的政治和地緣政治典範轉移，將與市場有關的問題，從經濟發展前緣轉移至核心。在小型、未開發的經濟體中，根據總統親戚的看法來制定商業決策，也許是合理的做法。但是在流動性最高的市場（例如 G20 開發中國家）這樣複雜的政治與經濟體系中，權力的限制條件實在太強大了。事實上，一個人脈極佳的人在這樣的經濟中，可能會以自己預設立場的偏見誤導投資人，讓投資人對不精確的預測抱持過高的信念。

　　第三，以情報為導向的預測可能會造成「**漏斗效應**」，也就是過度簡化和大量散佈少數或甚至單一來源的資訊。人

---

3 我要再次引述電影《華爾街》，蓋科責備年輕的學生巴德福克斯，並問他：「看來你老爸不是那間公司的工會代表吧？」你花錢請來的顧問可能有很多馬來西亞的情報，但是如果你要他們提供印尼的資訊，他們可能就沒辦法了。

4 我將用本書的最後三分之一篇幅介紹這樣的分析。

們若擁有可行的情報，很少只與一個末端使用者分享情報。他們強化自己情報的重要性，並將情報提供給愈多人愈好，這樣的動機會升高。這種情況代表不論預測是否完整健全，這個投資人都會輸。

如果資訊正確，市場早就已經反應過了。如果是錯的——正如 2019 年阿根廷「當地」的觀點——漏斗效應的結果是市場發生大屠殺。

第四，決策官員和市場之間是**自反關係**（reflexive relationship），也就是決策官員通常會利用市場來迫使政治對手採取行動。在歐元區危機時，希臘與德國的膽小鬼賽局（game of chicken）中，投資人若想要得到有用的情報，和決策官員談話並沒有用。兩邊都想得到全球大眾的支持，所以他們的修辭都是虛張聲勢。決策官員通常會「說一套，做一套」。因此，他們說的話——還有政治顧問說他們在房裡密談時說的話——都不能過於相信。如果你不相信企業執行長在季報會議上說的話，那為什麼要相信政府官員的話？

最後，你確定和你說話的人是專家嗎？你在財經頻道 CNBC 或彭博看到的人——你確定他知道自己在說什麼嗎？你確定他不是什麼 27 歲的年輕人，放棄博士班的課程，然後在某個情報血汗工廠賺取年薪四萬兩千美元？

我先從最後一個問題開始。

假的專家

我在奧斯汀住過六年，我很幸運在德州時認識了貝利斯·帕斯利（Bayless Parsley）。他是我人生第一份工作在地緣政治情報公司史卓佛（Stratfor）時的同事。我負責歐洲工作，他則負責北非工作。

我所謂的「工作」是任何工作。史卓佛已經有分析師負責研究撒哈拉以南的地區[5]，所以貝利斯的努力工作和熱情獲得認可並且該升職時，公司就給他北非的任務。貝利斯是個聰明、敏銳並且人際互動能力極佳的人，這些對於以情報導向的工作來說很重要。但是他是北非工作的新手。

然後，2010 年 12 月 17 日那天，穆罕默德·布瓦吉吉（Mohamed Bouazizi）自焚。這個絕望之舉啟動了阿拉伯之春…然後貝利斯·帕斯利就成名了[6]。幾個月內，所有報導這場鋪天蓋地重大危機的主要新聞機構都引述他的話。（請參

---

5 現為「非洲地緣市場」（Geomarkets Africa）的馬克·施羅德（Mark Schroeder）。
6 嘿，老兄。是真的。

見 [7,8,9,10])

三年後，2014 年 12 月，貝利斯接受廣播電台專訪時，談到他對利比亞重啟戰爭的看法時，他認為：

利比亞自 2011 年以來產油量大減。視你相信誰的說法而定，利比亞現在的每日產量是 18 萬到 35 萬桶原油。之前是 160 萬桶，而且每天出口量為 130 萬桶。所以，利比亞的錢都是從這裡來的。如果你是中央政府並且控制著人民，就很難分配財富。但這是沒有意義的論點，因為現在利比亞沒有中央政府。現在當地一團混亂。在任何時間、任何地區，不論是誰擁槍自重，就是該國事實上的統治者 [11]。

這段回應是沒有營養的話，重複說著 2014 年時所有人都已經知道的利比亞情勢。但有趣的不是這些內容。名嘴不

7 Lisa Mullins, "Who Is Leading Libya's Revolution," Public Radio International, March 21, 2011, https://www.pri.org/stories/2011-03-21/who-leading-libyas--revolution.

8 Stratfor, "Dispatch: Egyptian Elections in Doubt as Violence Returns to Tahrir," YouTube, 4:21, November 21, 2011, https://www.youtube.com/watch?v=bI7MvOvlaK8&app=desktop.

9 Mark Gollom, "Analysis: Post-Gadhafi Libya Faces Enormous Challenges," CBC News, August 23, 2011, https://www.cbc.ca/amp/1.1022710.

10 Uri Friedman, "The Libyan Stalemate Suggested by Google Earth," Yahoo! News, July 15, 2011, https://news.yahoo.com/amphtml/libyan-stalemate-suggested-google-earth-215655107.html.

11 我在網路上完全找不到這場訪談，但貝利斯提供我媒體組織所提供的音檔和信件。這是真實的內容。當時在廣播向全世界數以百萬計的聽眾播放。如果你想要一份，歡迎向我聯絡索取！Bayless Parsley, audio recording heard by author, December 20, 2014

斷在說的電視或廣播上說著沒有實質內容的東西[12]。

　　真正有趣的是，到了 2014 年 12 月，貝利斯已經離開史卓佛，當時擔任一間專營體育場和運動場地的軟體公司的業務主管。沒錯，訂購庫司庫司（couscous）是那一年我的朋友最接近北非的時候。由於他喜歡惡作劇，當新聞媒體找他訪談有關利比亞情勢時——即便他當時已經離開地緣政治顧問界，他覺得接受訪談一定會很好笑。

　　這一定是某個大學廣播電台吧！某個初生之犢沒有對我朋友貝利斯盡職調查，也就是沒有查看他的顧問公司「帕皮奇與帕利斯」（Papíc & Parsley）是不是遍及全球的電話惡作劇機構[13]。

　　錯了，那是大名鼎鼎的英國廣播公司（BBC）全球新聞。

　　我的好朋友貝利斯對英國廣播公司全球新聞廣播惡作劇，錄音向全球上億人播放[14]。

---

12 這不完全是「名嘴」的錯。我也曾多次在電視上說空洞的話。問題在於形式：你要把會撼動世界的資訊，濃縮在 30 秒的播出時間內說完。

13 你注意到這個假的顧問公司的姓氏嗎？貝利斯覺得，如果我一起拖進去，會加倍搞笑。我可不這麼覺得。我祈禱 BCA 研究公司的同事不會發現。多虧了貝利斯，我身兼地緣政治顧問公司的合夥人，針對利比亞的動盪提供空洞的評論。

14 我暫時將筆交給貝利斯，他想和我的讀者說幾句話：「我也認為必須指出，BBC 忽然聯絡上我，顯然是因為我的名字在他們的某個資料庫中。我沒有故意要騙任何人。我只是接了電話、被問及我是否願意接受訪談說明利比亞石油業的事，我就說：『當然好！』我唯一說的謊是「帕皮奇與帕斯利」公司。本書一定要寫出來，因為這樣你就是我的陰謀共犯，所以很搞笑。至於為什麼我沒有告訴 BBC 實話，其實只要在專業人脈網站領英（LinkedIn）上簡單地搜尋一下，就會顯示我在完全不同的產業工作。」

好吧，我的本意並不是要給英國廣播公司的人難看。我們都會犯錯。不過，這一整件事對消費者來說是關於世界新聞的警世故事：請小心名嘴。

記者有截稿壓力。常常上電視的人並不是記者的第一或最佳人選，而是最容易找到的人。我也曾在開拍前的來賓等待出場的休息室「綠房間」（green room）裡，主播和受訪者閒聊時，被告知要「一擊中的」。一位主播告訴我：「我們會播放希臘一團混亂的畫面，所以你的觀點要盡合符合畫面 [15]。」

媒體賣的是故事，所以這也是一個要小心的原因。如果當時的說法是新冠肺炎會奪走數以百萬計的人命，若有一位流行病學家不同意這種說法，那麼他的話就很可能不會被當成重要新聞。可能會被編輯刪掉，或是被放在文稿第 14 節，用以當作平衡的論調。記者知道如何製造以及販賣故事。不是因為某個法國城堡裡捏造出的陰謀論，而是因為故事能創造「點閱率」，由於谷歌和臉書幾乎是現在唯一的廣告途徑，所以點閱率成了他們非仰賴不可的貨幣。

記者忽略比較難吸引點閱率的觀點，創造出一個有問題的趨勢來決定誰獲得最多報導。研究顯示愈常出現在媒體的

---

15 是哪間電視台？這…我不想被告，但我想你可以猜得到。

專家，就愈不太可能產出較精確的預測。研究專家的專家菲利普・泰特拉克（Philip Tetlock）在著作《專業政治判斷》（Expert Political Judgment）中強調，經常出現在新聞媒體中的分析師，其實預測都很不準。因為媒體的目標是娛樂、點閱和吸睛，它要專家言簡意賅、能言善道、態度極端，以及高度自信。

除了和泰特拉克一樣不屑新聞媒體預測員之外，我也不屑那些公佈意見的文章。每周寫專欄的地緣政治預測員，不太可能會宣稱世界末日不會發生，或是說令所有人感到恐慌的事件不重要。

預測的煉獄中最特別的那一群人，就是不只發表自己意見的專文，而是發表對政治的建議文章。當預測員的分析沾染上政策處方，我就不會再把他們的預測當一回事了。

有人脈的人

2019 年夏季，政治博奕市場的「無協議脫歐」的機率最高達到 45%，實在是太接近平手，無法判斷（下頁圖 3.1）。無協議脫歐代表英國會斷然退出歐盟，而沒有可以管制與歐盟經濟的規範。這樣會令金融市場動盪並提高商品與服務的稅率。

那年夏天我和幾位認識的人聊過。引述親近首相官邸消

圖 3.1　無協議脫歐的瘋狂

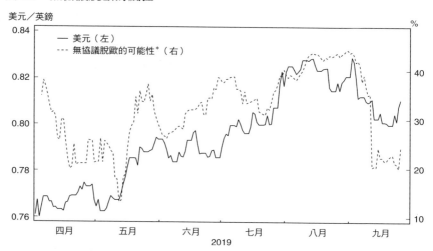

*　28 間博奕網站的平均機率。
　　資料來源：ODDSCHECKER，MACROBOND 金融。
　　獲德羅布尼集團（CLOCKTOWER GROUP）同意印製。

息的人持悲觀態度。有兩個以性格為主的理論，但都無助於預
測最後的結果。第一個是：新任首相強生（Boris Johnson）
沒有能力，所以他可能看不到大局。第二個理論是，有如拉
斯普亭（Rasputin，譯注：生於十九世紀，據稱以巫術操弄俄
國沙皇與皇后，被稱為「俄國妖僧」。）的顧問達明尼克・康
明斯（Dominic Cummings）希望英國能硬脫歐。9 月 5 日時，
強生確認了悲觀者的理論，他說他「寧願死在臭水溝裡」也
不會請求延後脫歐[16]。

16 Boris Johnson: 'I'd Rather Be Dead in a Ditch' Than Ask for a Brexit Delay,"

　　事後看來，強生的評語其實是買進的訊號。市場很快就嗅出端倪，原來他放話的重點是在別的地方，那就是「賣他自己出的書」。

　　強生對不同觀眾釋放鷹派的言論有許多好處。不論他後來採取的行動和鷹派的偏好是否一致，這些好處仍是不變的。因為他所言的偏好以及他的行動不一致，他的聲明並不具有診斷能力，而他的內閣成員對記者以及收集情報的地緣政治分析師私下表達的擔憂，同樣不具有診斷能力。

　　當時強生在玩的是三重的遊戲，非常特殊而且具有挑戰性[17]。他不只是試著和外部對手——歐盟——進行貿易談判，還有本國的對手——反對黨。他同時也試著解決保守黨內部支持「協議」或「無協議」脫歐派間的衝突。

　　英國的評論員批評強生和顧問達明尼克‧康明斯製造的亂局。我不同意這樣的批評。強生面臨的問題相當棘手。下頁圖 3.2 顯示，整個六月，脫歐黨在全國民調中領先。這個領先的態勢是政治地震，因為該黨僅六個月前才成立。由於英國採取簡單多數制，如果它贏得全國 20% 的選票，就有可

BBC News, 0:33, September 5, 2019, https://www.bbc.com/news/av/uk-politics-49601128/boris-johnson-i-d-rather-be-dead-in-a-ditch-than-ask-for-brexit-delay.

17 Robert Putnam, "Diplomacy and Domestic Politics: The Logic of Two-level Games," International Organization 42, no. 3 (Summer 1988): 427–460.

圖 3.2　強生放話真正的原因

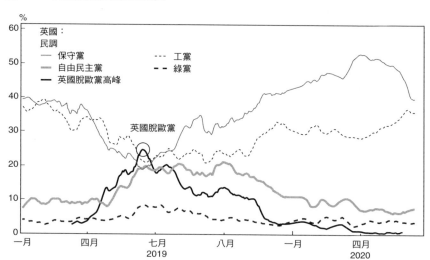

註：所有線段為雙周移動平均。
資料來源：BRITAIN ELECTS, MACROBOND。
獲德羅布尼集團（CLOCKTOWER GROUP）同意印製。

能對保守黨造成傷害。[18]

　　英國現代史上大多數時候，保守黨都受惠於簡單多數制。
傳統上，普選票都傾向意識型態的左翼。工黨、自由民主黨、
蘇格蘭民族黨、綠黨和威爾斯黨，全都在爭取各種中間偏左
的選民。脫歐黨的選票若增至 20%，可能會對保守黨造成大

---

18 英國在每一個選區進行選舉。選舉獲勝的一方，不論獲得多少支持，都會進入國會。
　沒有最低當選門檻也沒有第二回投票。因此，在傾向保守的選區中，當 60% 的選票
　被保守黨和脫歐黨平均瓜分時，還是可能投給贏得多數選票的左傾候選人。因此，各
　黨都很擔心支持者流向較小的黨派。

地震，因為他們以前從來沒能在普選贏過[19]。

　　強生的修辭——而且當地的情報顯示他是認真的——放在保守黨內部政治中來看，就合理多了。如果脫歐黨最高獲得 26% 的選票代表的是支持無協議脫歐的高峰，這表示強生面對的是超過四分之一的選民支持與歐盟斷絕關係。設法採取只有 26% 的選民支持的政策是件傻事，而且極為危險。然而，在選前的競選活動環境下這麼做卻很合理，強生可能瞭解到這就是他面臨的處境。

　　從保守黨政治的限制條件來看，強生的遊戲理論才合理；他在政治上受惠於發表鷹派的言論。從強生想要讓無協議脫歐選民少數人回到保守黨，所以強生的放話和強勢的立場很合理。等到他們再次成為保守黨選民後，強生在國會就能掌握多數席次。而結果就是這個情境，強生獨霸脫歐的議題，而脫歐黨在 2019 年 12 月 12 日的選舉中，只得到 2% 的選票而且沒有國會席次。

　　這個事件代表限制條件預測方法成功地運用在真實世界中，我將在第四章繼續說明。現在只是顯示決策官員如何做事。強生的放話，讓他更有空間可以運作通過脫歐的協議——前任首相泰瑞莎・梅伊（Theresa May）卻失敗了[20]。為

---

19 同樣民粹且右傾的英國獨立黨，2015 年最佳的表現是贏得 12.6% 的選票。
20 原本的脫歐協議失敗，因為前首相梅伊未能在 2017 年大選中獲得多數。而這就是

了實現脫歐協議，強生說服英國和全世界，他是強硬派。

六月時我得到來自倫敦的政治情報，並不認為這可能是黨的內部策略。我和幾位人脈豐沛的避險基金經理人談過，他們向我保證和親近首相官邸或甚至在官邸的人談過話。他們的看法很悲觀。大部分有人脈的政治顧問也持相同的看法：無協議脫歐的可能性大幅上升。

因為民主聯盟的反對以及他們在國會擁有十席（代表英國 2% 的人口），梅伊改變了原本的邊境保護提議——只適用於北愛爾蘭。她提出新的邊境保護提議，在後脫歐過渡期，將整個英國納入歐盟關稅聯盟中。當強生一取得國會多數後，他馬上就背叛了民主聯盟和北愛爾蘭。

不是我不相信來自親近強生新政府的情報。我真的接受內閣官員認為無協議脫歐的可能性升高。我只是忽略他們認為會發生的事。他們受限於自身的現實中，而且不知道自己無力改變。

有鑑於強生面臨的限制條件，他應該打賭提高無協議脫歐的可能性。雖然保守黨新領導者的偏好可能很激進，但不利無協議脫歐的實際限制條件仍不變——基本上就是，這樣

2019 年脫歐危機的原罪。梅伊被迫與北愛爾蘭的民主聯盟（Democratic Unionist Party，DUP）聯合，但民主聯盟對於會將北愛爾蘭從英國脫離的任何安排都非常敏感（重點是「聯盟」）。

的結果既不受民眾普遍的歡迎，在國會也沒有多數的支持。

強生的放話並不具有診斷能力。這是一個高明的競選招數，但這與他對脫歐協議最終的決定並無關係。

漏斗

你有多確定「當地」收集到的資訊能給你事件的所有面向？你確定這是獨一無二的資訊嗎？只有你有這個資訊嗎？

2019 年最熱門的新興市場投資主題就是阿根廷。毛里西歐‧馬克里（Mauricio Macri）在 2015 年 10 月 25 日的大選獲勝後，展開了一段痛苦的結構性改革期。投資人和記者最愛這種 180 度大轉變的故事，但這種事很少發生在政界。而馬克里就是這樣的故事。

每個投資人都知道那句老話，20 世紀初期，阿根廷是「全球十大富裕國之一」。1950 年時，阿根廷的人均國內生產毛額是南韓的八倍（下頁圖 3.3）。

在經歷了半個世紀的不當管理和未實現的承諾後，馬克里在 2015 年勝選時顯示即將出現大轉彎。他推動「休克療法」，帶動了經濟成長和耗盡了自己的政治資本。政府補助減少、農產品出口限制撤銷、外匯管制，以及進口限制、稅改和退休金改革。

但是這些改革的全球成長環境背景對他的政府並不友善。

圖 3.3　阿根廷——承諾 v.s. 表現

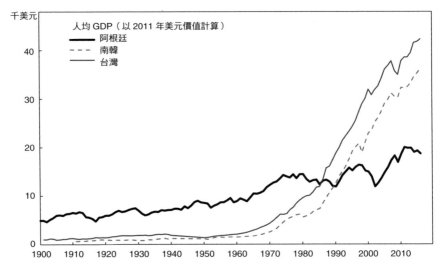

資料來源：麥迪遜專案資料庫，2018 年。
獲 BCA 研究公司（WWW.BCARESEARCH.COM）授權印製。

中國也於 2017 年實施結構性改革，政策官員偏好去槓桿，並對振興方案採取總體審慎的管理。這些改革傷害大宗商品出口商，這些出口商靠著高度槓桿跟上全球成長，因為中國對全球經濟成長年增量變化的貢獻，比美國、歐盟和日本加起來還要多。由於新興市場利用高度槓桿跟上全球成長，所以他們在 2018 和 2019 年非常不好過。

　　儘管馬克里的新政策有這些環境限制條件，2019 年金融圈的熱門話題仍是他將再度勝選，並加碼改革。和我談過的大部分投資人都有馬克里政府內部的人脈，有些人甚至能接

圖 3.4　痛苦指數不會騙人

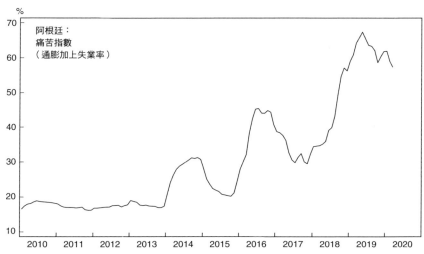

資料來源：MACROBOND 金融。
獲德羅布尼集團（CLOCKTOWER GROUP）同意印製。

觸到競選團隊。阿根廷財政部持樂觀的態度，而大部分政治顧問也確認這樣的說法。有一間顧問公司（我永遠不會說是哪一間）尤其有信心。

　　我不是阿根廷專家，因此我沒有像脫歐困境這類的故事可以解說。所以我沒有給客戶不同的觀點，這是我的疏失。但我也向客戶強調兩件事：

　　首先，2019 年阿根近的「痛苦指數」飆升（圖 3.4）。痛苦指數本身是粗略衡量政治風險的方式。主要的缺點在於，有些國家長期經歷高失業和高通膨，但未必表示它們在崩潰

的邊緣。但再加上阿根廷最近政治所帶動的改革表現黯淡無光，可以想像民眾會背棄馬克里。但是「當地的情報」顯示並非如此。

第二，我注意到三月時沒有民調這個奇怪的情況。彭博也發現了，並於六月發表一篇報導，標題為〈民調消失，阿根廷大選添變數〉[21]。我和金融業談過的人都不覺得奇怪。他們宣稱有來自阿根廷的民調，不是馬克里競選團隊就是大數據整合的民調——大數據民調也正確預測 2018 年鄰國巴西的波索納洛（Jair Bolsonaro）會勝選。

我對他們的回應感到不安，因為競選團隊幾乎總是誇大候選人的民調結果。而大數據整合的是非重複、一次性的民調，這種民調通常很難取代民調機構在特定國家選舉時定期重複做的民調。

阿根廷的情況很可疑，而且似乎沒有人在乎。當初選結果顯示艾柏托·費南德茲（Alberto Fernández）和克莉絲汀娜·費南德茲·德克曲納（Cristina Fernández de Kirchner）以 16% 的差距擊敗馬克里時，市場崩潰了。初選後的隔周，阿根廷披索兌美元重挫 26%，主要股市指數下跌逾 43%。一

---

21 Patrick Gillespie, "Argentina Election More Uncertain as Pollsters Go Dark," Bloomberg, June 26, 2019, https://www.bloomberg.com/news/articles/2019-06-26/argentina-selection-faces-more-uncertainty-as-pollsters-go-dark.

個大型避險基金光是八月就虧損 10 億美元。

接下來的幾個月，我讀到一些避險基金寫給客戶的信，試著解釋為什麼重押馬克里勝選。大部分的避險基金說都是民調黑天鵝的錯。沒有人承認他們是內部資訊的受害者，事前內部人告訴他們情況很好，還加上很有說服力的「來自現場的觀點」。

阿根廷的說法是，金融圈深信耀眼的供給端改革會克服阻礙並打垮民粹、需求帶動的政策，並拯救受困的美麗市場，然後從此過著幸福快樂的生活這樣的故事。意識型態偏見在這場大屠殺中扮演了一個角色。我差一點被趕出一間大型避險基金的辦公室，因為他們的投資長以為我是社會主義者、不相信改革，因為我竟膽敢懷疑馬克里的前景[22]。

金融圈早就準備好，只需要有當地人脈的顧問一點點的說服就夠了。這種相信情報的情況，就是「漏斗」發生的時候。雖然我沒有明確的證據，但我的理論認為，大部分看好阿根廷的人是和同樣的一小群人談話，不論是在布宜諾斯艾利斯或是國外。每次我一開口，避險基金經理人就向我保證，他們很清楚阿根廷的情況。

我和所有人一樣，喜歡在布宜諾斯艾利斯吃好吃的阿根

---

22 第 11 章中有詳述，但是請先看完其他章節。

廷牛排配馬爾貝克葡萄酒。就算沒有美食美酒，在當地收集
資訊也是值得做的事，但是要帶著客觀的眼光。但你不需要
真的身在布宜諾斯艾利斯也看得出來，阿根廷的痛苦指數非
常高。

內部人

2017 年一整年，投資人都擔心川普政府會因為兩個原因
而無法通過企業減稅。第一，共和黨無法撤銷歐記健保，證
明了共和黨全體的無能。他們調整了稅改通過的可能性，並
且以「撤銷和取代」失敗為藉口，但這根本是不同的兩回事。
另一個原因呢？是「茶黨」。

2010 年茶黨主要是反對政府揮霍無度：美國預算赤字
將近 10%，把美國拿來和希臘比較，成了脫口秀的笑料。現
在「社會主義者」歐巴馬還要擴張醫療福利給窮人。從 2010
年到 2017 年，茶黨就主導著政治權威的意見。有些人宣稱
川普的勝選就是他們的活躍導致的最終結果。

只不過，川普的競選並沒有主打縮小預算赤字。

然後還有壓倒性的證據，不同於一般人以為的，共和黨
籍總統根本沒有刪減預算赤字，他們反而擴大赤字（圖 3.5）。
當共和黨籍總統步入白宮時，美國民眾比較不擔心政府揮霍。
雖然民主黨人並不非常擔心赤字的問題，共和黨人卻只擔心

圖 3.5　共和黨籍總統擴張預算赤字

GDP 占比

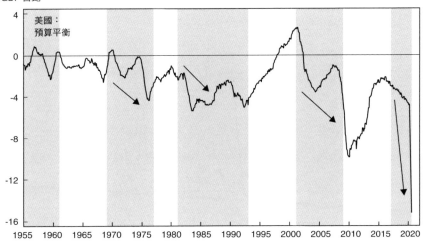

註：陰影區代表共和黨籍總統執政期間。
資料來源：MACROBOND 金融。
獲 BCA 研究公司（WWW.BCARESEARCH.COM）授權印製。

民主黨造成的赤字（下頁圖 3.6）。

　　我在 2017 年初時帶著這兩個證明理論有誤的圖表出發，
還有一個預測：企業將獲得減稅。他們會揮霍，然後再提振
興方案。投資人不想聽這種話，因為他們對茶黨的記憶猶新。
七年來共和黨選民對預算赤字激進的態度，川普要如何通過
企業減稅，而不會影響刪除支出？

　　此外，投資人記得共和黨無法撤銷歐記健保，顯示共和
黨的無能。客戶的華府人脈宣稱，共和黨的黨工反對大舉減
稅，所以沒有客戶願意相信我的預測。

圖 3.6　選民歡迎共和黨的揮霍

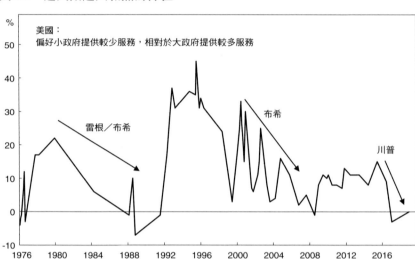

資料來源：皮尤研究。
獲 BCA 研究公司（WWW.BCARESEARCH.COM）授權印製。

　　但是減稅的證據增加，尤其是與茶黨有關聯的自由黨團
主席馬克・梅鐸斯（Mark Meadows，此時是白宮幕僚長，曾
任共和黨北卡羅萊納州眾議員）確認，稅改計畫不一定會導
致稅收不變[23]。他的默許是關鍵的指標。如果國會茶黨派系的
領導人對刪減預算很冷靜，那為什麼大家那麼大驚小怪？

　　雖然確認這個觀點，但 2017 年夏季時，當我出席在漢

---

23 Lindsay Dunsmuir et al., "Republican Meadows: Tax Plan Does Not Have to Be Revenue Neutral," Reuters, March 26, 2017, https://www.reuters.com/article/us-usaobamacare-meadows/republican-meadows-tax-plan-does-not-have-to-be-revenueneutral-idUSKBN16X0L9.

普頓一場由小型投資人、決策官員和一般「預測員」參加的聚會時，我的信念動搖了。這正是陰謀論者認為「精英會交流寶貴的資訊以維持新的世界秩序」的那種聚會。只不過，他們的資訊錯得離譜。

最後一位講者是白宮內部人士。此人（在當時）不是政府官員，但已經是很親近川普總統的人了。這位內部人繼續分享他對於政府事務優先順序的看法。我很想問他那一年裡我最堅信的一件事：企業減稅會通過，而且政府會提出振興措施，讓赤字更高。在那位內部人說完後，我馬上舉起手提出問題。而他的回應打垮了我：

「不可能。告訴你們，那個稅改絕對不可能允許提高預算赤字。聽著，我們政府負債已經超過 150 億美元了。我們的情況比希臘還糟。川普總統不可能增加負債。企業減稅唯一可能的情況是我們的預算可以抵消減稅的效應。很抱歉粉碎你的希望，但你的猜測錯得離譜。」

這真是一記重擊。我的分析多麼優雅、完整，還有圖表，哦～那兩張圖表…多麼簡潔有力！他說完後我走向他，想請他再重新考慮。彷彿改變他的主意會改變他的觀點：「馬可錯了。」

我受深打擊地離開漢普頓回家。那兒大西洋的微風、粉色的 Polo 衫和優雅的開胃菜並沒有讓我振奮。整潔乾淨的高

爾夫俱樂部還有和那些億萬富豪的閒聊，都不能提振我的精神。我走進辦公室召集團隊，告訴他們：「也許我們錯了。」是嗎？才怪！

參議院於 2017 年 12 月 19 日以 51 對 45 票通過將赤字擴大的法案。標普 500 指數的回應是一個月內飆漲 7%，於 2018 年 1 月 26 日站上高點 2872.87 點。猜對企業稅的人就能趕上這波漲勢。

至於預算赤字，自從川普總統就職以來就已經成長了近一倍。2020 年初時，在不是衰退的環境中，赤字已經達到最高點（而且多虧了兩黨都同意的新冠肺炎振興方案，預算赤字會飆高到令人頭暈的程度，我猜大約占 GDP 的 30%）。下頁圖 3.7 顯示這個情況有多驚人。圖表只顯示到新冠肺炎導致的衰退前，以免模糊了川普政府的財政揮霍程度。早在肺炎爆發前就已經是這樣了。

正常來說，預算赤字與失業率相關，因為每次衰退發生時，政府就會出手干預以抵消私人部門需求減弱的部分。自1960 年代末期以來第一次──而且比那次還要嚴重──美國政府擴大赤字，而且沒有合理的總體經濟原因。這個做法導致下次衰退來臨時，美國將沒有實施財政政策的空間，而下一次衰退來臨正好就是新冠肺炎大流行且本書付梓時。

將近十年來，茶黨滔滔不絕地說歐巴馬政府提高預算赤

圖 3.7　茶黨允許這種事

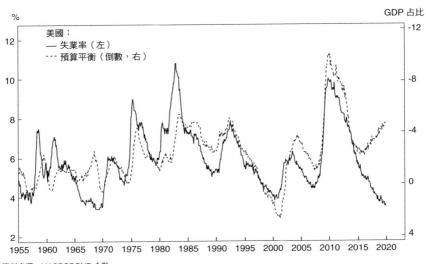

資料來源：MACROBOND 金融。
獲德羅布尼集團（CLOCKTOWER GROUP）同意印製。

字。一旦共和黨入主白宮，茶黨就改弦易轍。問題是，並不是共和黨的人偽善，而是所有決策官員都偽善。他們在限制條件的範圍內盡可能擴張，有時候導致與言論矛盾的行為。

　　這個法案通過顯示的是，像美國這樣複雜的政治體系，不能當成香蕉共和國來分析。就算是每天都和白宮聯絡的總統心腹，也會提供非常錯誤的情報。

　　至於我在漢普頓遇到的那位內部人：他經營政治顧問公司，提供投資人預測。他仍繼續宣傳他能直達天聽，繼續提供嚴重錯誤的預測，繼續待在這個產業中。不同於真正的情

報分析師，他沒有提供情境分析也不提供可能性，只有高度
基於信念的預測。

間諜

美國政府花將近 600 億美元在情報單位，其中一半是花
在中情局 24，私人公司能花得起的錢遠低於此。中情局可以根
據真正的情報來預測，因為它有非常多高品質的資料，這些
資料具有統計顯著性。中情局可以將線人的觀點比對可量化
的資料，包括財務交易和信號情報，例如監聽。

中情局的分析師可以取得交叉比對能創造的眾多資料。
即使如此，像中情局這樣具有最多高品質資料的政府情報機
構，還是會出錯。所以第二章中提到的修爾，他的工作就是
幫助中情局訓練分析師不要執著於取得更多資料。

當這些專業分析師離開公部門，他們對私人企業的價值
就變得不穩定了。就算是知名度高、已退休的決策官員或情
報人員所提供的簡報也很難說是對是錯。他們是否積極參與
你們談論的事務？他們是否能取得還在政府工作時各種幫助
他們的情報？就算是，難道告訴你不會違法嗎？他們正在寫

---

24 2013 年時，史諾登洩露的資訊確認，中情局占情報預算約三分之一。相關資訊請參
   閱：Richard McGregor, "Size of CIA's Budget Slice Revealed in Edward Snowden
   Leak," Financial Times, August 29, 2013, https://www.ft.com/content/31997218-
   10f6-11e3-b5e4-00144feabdc0。

書，還是捲起袖子來，徹夜未眠思考你問他們的問題 [25]？

這些問題都沒有答案。

部分情報人員都至少受過訓練知道他們的預測是不確定的。真正專業的情報員很謙遜，而且會專注於以情境為主的方法來分析。以情境為主的方法能讓分析師提供你（也就是客戶）一些可監督的因素。這些變數會確認或否定不同的假設或情境 [26]。這些專家不會強調他們的消息來源和觀點有多獨特。

他們會提供你一個架構讓你用來追蹤發展中的預測，並自行判斷。相較之下，不合格的分析師會強調他的「消息來源」人脈網，盡可能在預測中加入自己的看法，讓自己看起來很重要、不可或缺。因為，除了他之外，還有誰會認識總統一表三千里的親戚？

受託責任不能外包給別人

我第一次向 BCA 研究的業務團隊自我介紹時，其中一位女業務員（後來聽說她是公司裡最厲害的）問我：「你的消息是哪裡來的？你都和誰談話？」從她的語氣中，我知道不

---

25 是的，我覺得這句話很諷刺！
26 回想一下第二章中修爾的矛盾假設分析──這種關鍵資料對預測來說很實用。

能隨便回答。我沒有防備就被問到這個問題，讓我覺得很不自在，但後來我才瞭解，其實她是在幫我一個大忙。

大部分投資人認為，政治和地緣政治觀點是透過情報得到的。不論他們被錯誤的情報傷害過多少次，他們還是像鬼打牆似地要「情報」。

我從沒遇過哪個投資人聽完執行長的季度電話會議和專家的話，然後相信他們說的是實話。每次有哪間大型避險基金經理人上彭博新聞，宣稱某間公司的股票就是飆股，我一些經驗比較豐富的同事就會嗤之以鼻地說他們在「賣書」。投資人也應該這樣看待分析師與決策官員和內部人的談話。

金融圈對關於市場的廢話很敏感，但是說到華府吞雲吐霧的會談室裡的觀點，投資人卻很容易上當。

雖然是這麼說，我也不認為投資人應該把自己關在辦公室裡，不和外界聯絡，自己畫決策樹圖。他們只是需要對外面世界的一切抱持正確的質疑。我建議投資人盡可能尋求三種專家的協助：

‧**學者**：學術界有許多被低估而且不被重視的人才。與其在高級餐廳和某個西裝筆挺的地緣政治顧問，一邊享用昂貴的餐點一邊聊，倒不如寄一封電子郵件給過去 20 年來都在研究這個主題的學者。學術界很樂意和私人部門互動。不要只找名氣很大的頂尖學者，這種人發表的評論文章可能比研

究報告還要多。

要找到那種對自己的研究有熱情，而且樂意為你連結起所有線索的人。但是在把他們的觀點納入你自己的限制條件評估時要小心，不要讓真正的專家告訴你市場會怎麼做。他們根本不知道。

‧**技術官僚**：可以和退休的決策官員和內部人談，但要調整你的期望。要知道不可能創造許多穩健的資訊，以根據具有統計顯著性的情報做出預測。如果你想和前官員談，就找二級或三級技術官僚，而不是最高層。最高層人員通常都有意識型態、以政治遺產為主，而且缺乏分析師和資訊的人脈，所以不是有價值的預測者。的確，請找不知名的技術官僚，他們才知道世界是怎麼運作的，或至少他們的圈子怎麼運作。

‧**監管者**：的確有些人有針對某個產業的觀點，而且很有價值。如果你需要情報，就雇用一個專精於法規分析的雇問。這些人通常是曾在監管機構工作的人，也很瞭解這些陳舊的網路。不要相信那些自稱可以利用大數據來預測監管結果的人。我不相信，但我很希望有人能證明我錯了。

請找深諳監管機構運作方式的老手。專家的觀點都非常有用，而本章並不是要叫投資人和生意人不要尋找這類資訊。繼續聘請顧問去研究那些你沒有時間研究的事。

　　本書介紹一個用於評估觀點和情報的架構。它是一個工具，讓你能評估你所遇到最好的消息來源的觀點。你可以用這個來揭穿他們的謊話，並分辨漏斗效應觀點具有診斷性的資訊。使用限制條件架構，你就能成為更聰明的情報消費者。

　　一位投資者不能將受託責任外包給別人。最終的預測責任是在我們自己的身上。

第二部

限制條件
THE CONSTRAINTS

4章 ──政治
Politics

「雷蒙，你雖然有錢⋯但是整個軍隊都是我的。」
─法蘭克・安德伍，影集《紙牌屋》中的副總統

在《專業政治判斷》（Expert Political Judgment）一書中，菲利普・泰特拉克（Philip Tetlock）挑戰超過 20 年的心理學研究，並指出「將評論或提供政治與經濟趨勢建議」專業化的人，其實並不比任何其他人更善於預測[1]。他的結論讓我的感覺很複雜[2]。

更不用說他最喜歡的代罪羔羊──麥拉夫林集團（The McLaughlin Group）根本是辯論表演團體，只是為了提供娛樂（而且 75 歲以下的人根本不知道他們）。我不懷疑泰特拉克的結論，但我希望他能更謹慎地使用「專家」這個詞。

泰特拉克的書很令人振奮，因為這表示一般人不需要得到密室決策的內容，也可以做出可行的預測。由於專家的預測不準確，別人也很有可能做出相同的預測。這表示每個人──包括「專家」──看了我的書，就可改善預測的準確度。

他的書對像我這樣的預測者來說很不安，因為這暗示客戶找我這位專家是在浪費時間！

但泰特拉克的結論給我一些安慰：最差勁的預測者都是

---

1 Philip Tetlock, Expert Political Judgment (Princeton, NJ: Princeton University Press, 2005), 239.

2 以預測為業的人都必讀泰特拉克的書。但我有一個批評：他研究的對象並非職業政治預測人員──也就是在私人部門預測地緣政治事件的人──他研究的對象是 284 名媒體名人、智庫人士、記者和學者。我在讀報紙、讀者投書、學術研究或智庫分析時，從來不會預期能找到好的預測。他的樣本有偏頗。

那些「知道一件大事」，就以此為預測的唯一方法或理論的根據[3]。他們不是尋找對的答案，而是想爭取時間和能拯救他們理論的根據。

泰特拉克認為，經常預測準確的人是知道許多小事（他們的門路）的人，他們對整體大局抱持懷疑，不認為解釋和預測是推論，而是靈活的「特設」（ad hoc），需要拼湊各種資訊來源。[4]

如果你想要「特設」進行準確的預測，那你就買對書了。接下來會說很多！本書會提供很多方法。

本書提供的理論不多，但絕對不像那些只用一個理論就想尋找真相的人。當然，我在第二章時提到許多理論：馬克思、馬基維利、社會心理學家和中情局的情報分析手冊。這些都是出自限制條件架構中的鷹架。

在第二章中，我探討了這些理論如何幫助我建構這個架構。但是現在使用這個架構後，它所依賴的基礎支柱就沒那麼重要了。我在本章及後續的章節中將鼓勵預測員維持紀律；專注於可觀察的、真實的現象；並專注條件限制而非偏好。

「決策者個人的偏好」是不可靠的預測敘述者：會誤導

---

3 Tetlock, Expert Political Judgment, 73.
4 同3.

而且無法預測。因為偏好無法觀察，所以只能從行為中推斷。即使如此，分析師也容易犯下基本歸因謬誤，並把限制條件引導的行為錯當成實現的偏好[5]。

我希望泰特拉克同意我對限制條件的分類。接下來五個章節的方法兼容並蓄，我並不特別喜歡哪一種理論或學科。我的「法寶袋」很大，裡面有各種社會科學領域。

我先運用泰特拉克建議的「特設」的政治限制條件。限制條件各不相同，而權力是最重要的限制條件——這是我運用這個架構多年所得到的教訓。權力比財富、經濟、市場、地緣政治、人口分佈等其他條件還重要。它同時也主導著個別決策官員的偏好，尤其是因為他們要有政治資本才能追求他們的企圖。

「雷蒙，你雖然有錢⋯」

影集《紙牌屋》最好看的橋段，就是當劇中杜撰的美國副總統法蘭克・安德伍和億萬富豪商業巨擘雷蒙・特斯克對陣。法蘭克贏了，特斯克輸了。但是當他們坐在談判桌前，法蘭克放狠話：

「雷蒙，你雖然有錢⋯但整個軍隊都是我的。」

---

5 第二章回顧：基本歸因謬誤是「當分析師將真實世界的結果歸因為個人行為者的特徵、性格和情緒時所犯的錯誤。」

政治是一門實力的學問：這股力量能強迫別人去做原本傾向不去做的事。是的，金錢是實力的一個重要因素，但是不是唯一的因素。蘇聯不需要財富，用核毀滅就能威脅美國。實力，也就是政治資本，並非只是經濟學而已。

政治實力很難量化，或者對投資人來說比較重要的是和不同經濟體做比較。比較各國間的實力[6] 還比較容易。

政治資本很模稜兩可，因此更加難以評估「川普與馬克宏誰比較有能力實施政策」這種問題。

對投資人來說，這個很難量化的因素很重要。擁有充足政治資本的決策官員可以將政治資本用於不受歡迎的政策，例如結構性改革。雖然過程很痛苦，但這些政策會對經濟、國內資產，以及長期下來對該國的貨幣有正面的影響。中國的一黨獨大制度讓它有很多的政治資本，我將在本章中檢視。

新興市場的外匯交易員必須對這類實力的展現非常敏感，因為貨幣長期表現的少數指標之一，就是比較生產力水準。影響這些水準的一個關鍵因素就是，決策官員是否運用能提升生產力的政策。

我們用「J 曲線」（圖 4.1）來看結構性改革——或任何

---

6 第九章中，我將詳述為什麼單一維度的比較很危險。

圖 4.1　結構性改革的 J 曲線

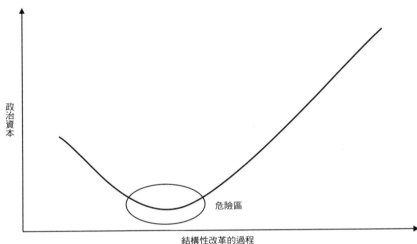

資料來源：BCA 研究公司（WWW.BCARESEARCH.COM）。
獲 BCA 研究公司（WWW.BCARESEARCH.COM）同意印製。

有爭議或不受歡迎的政策——可以幫助你理解。每當有決策官員採取這樣的政策時，就是在大量揮霍政治資本。他們這麼做就是進入「危險區」：當民眾拒絕這個政策時。2019 年的阿根廷選舉就是很好的例子。馬克里總統以為自己有足夠的政治資本來實施痛苦的改革，但他走不出危險區，最後未能連任。

如果投資人可以衡量政治資本——不只是預測決策官員何時會運用政治資本，還有這些決策的接受度多高——那麼投資人就可以判斷是否要投資或做生意。席哈克（Jacques

Chirac）撐不過 1995 年的抗議，馬克宏總統能否克服法國
2020 年的抗議？[7]

沒有一種廣為接受的衡量政治資本的方式。有些政治學
者曾試圖建構一種領導統御資本指數，但這很難操作、回測，
並應用於與市場相關的政策[8]。

簡單的政治資本指數必須使用於不同的時間、地點和政
治體制。我不使用這種一招闖江湖的指標，我使用的是特設
方法，效果很好。有很多因素可以幫助我衡量政治資本：

· **受歡迎度**：受到民眾支持的決策官員有政治資本。即
使是專制和半專制的國家也在乎歡迎度：例如沙烏地阿拉伯
——半數的人口不到 30 歲，還有中國——逾半數的人口是中
產階級——這兩個國家都在嘗試改革。

對這些政權而言，民眾的支持更加更要，因為一旦失去
信譽，結果可能比輸掉一場選舉，或是失去未來巡迴演講豐
厚的利潤還要更嚴重得多[9]。俄羅斯總統普京在 2014 年時就
大費周章地重新取得政治資本，因為烏克蘭的情勢緊張導致
他的政治支持度飆升（圖 4.2）。他在 2014 年採取的行動（成

7 可以
8 Mark Bennister et al., "Leadership Capital: Measuring the Dynamics of Leadership,"
   SSRN Electric Journal, December 15, 2013, https://papers.ssrn.com/sol3/papers.
   cfm? abstract_id=2510241.
9 民主國家勝過集權國家的一個優勢就是，民主國家傾向不流血政權轉移。

圖 4.2　併吞克里米亞後，普汀總統的政治資本飆升

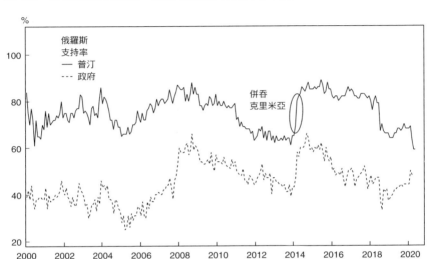

資料來源：MACROBOND 金融，列瓦達中心。
獲 BCA 研究公司（WWW.BCARESEARCH.COM）同意印製。

功），挽救他跌到數十年低點的歡迎度。

　　・**掌權的時間**：如果領導者不小心，他們掌權的時間可能會拖累受歡迎度。他們成為攻擊目標的時間愈長，人們就愈有機會在社交媒體、用選票、抗議，或更實際的方式攻擊他。待得久的人可能會失去信譽，且因此失去政治資本。因此，隨著選舉接近、他們累積的「里程數」愈久，就會變得愈厭惡風險。相較之下，不論是不是以民主的方式，剛升為領導者的人因為有「蜜月期」而有最多政治資本可揮霍。這

段短暫的時間就是追求民眾不喜歡的政策的時間[10]。

期間、時機和蜜月期的力量，視政治的領導結構而有所不同。在總統制的政治中，自相矛盾的聲音可能會有相同的影響力，總統的初始資本有多少，要視立法議員的人數而定。在國會制的政治中，國家元首通常掌控立法機構的多數。而透過政變而掌權的人，最佳的行動時機就是當反對者被壓制的時候[11]。

‧**立法議員的人數**：在民主國家採取行動的空間有多大，要視該國的法律而定。如果元首不掌握立法機構多數以通過法案，就必須爭取聯合的對象以及（少數黨政府）反對黨的支持。

‧**經濟環境**：好的經濟危機可能會幫助刺激改革，但看不出來現任的領導人是否能受惠[12]。在第三章的阿根廷範例中，阿根廷經濟危機並未讓當時的總統馬克里受惠。但是鄰國巴西的波索納洛卻得以推行退休金改革，部分原因是在他的前任總統治理下，經濟陷入深度衰退。

相同的，西班牙總理馬里亞諾‧拉霍伊（Mariano

---

10 國際貨幣基金一份 2019 年的調查顯示「現任執政者初期時採取的改革，不會影響選舉的展望」。原文請參閱：Gabriele Ciminelli et al., The Political Costs of Reforms: Fear or Reality? (Washington, DC: International Monetary Fund, 2019)。

11 還有監獄⋯或是更糟。

12 "Making Reform Happen: Structural Priorities in Times of Crisis," OECD, May 2010, https://community.oecd.org/docs/DOC-18533.

Rajoy）於 2010 年代初期推動積極的供給面改革，就是因為在 2011 年底他當選後發生的經濟危機。強勁的經濟助力有利於現任執政者的政治資本，但是危機對新上任的領導者來說也可以是好事。說到經濟，不論當下是任何人執政，民眾是可同享福不能共患難的朋友。

‧**特殊利益團體的支持**：在使用政治資本時，強大特殊利益團體的集體行動優勢高於民眾。他們可以解決搭便車問題（free－rider problem）並帶來更多資源[13]。也因此，執政者採取的政策不符合他們的利益時，他們就會是令執政者付出高昂代價的對手。採取困難的改革或政策的決策官員，必須使用充份的政治資本才能打敗任何反對的利益團體。

‧**全球的趨勢**：政治環境通常會透過滲透（osmosis）作用或稱為「區域權變因素」（regional contingency factor）[14]蔓延。許多國家在二十世紀的第三波民主化過程中成為民主國家。民主在拉丁美洲國家的散佈亦有區域模式。全球趨勢的現實往往也代表那些採取全球趨勢政策的領導者，比較容易贏得大選。

---

13 Mancur Olson, The Logic of Collective Action: Public Goods and the Theory of Groups (Cambridge, MA: Harvard University Press, 1965).
14 Samuel P. Huntington, The Third Wave: Democratization in the Late Twentieth Century (Norman: University of Oklahoma Press, 1991).

……但是強生的言論

在第三章中強生的難題，揭示了這些政治限制條件的運作。強生於 2019 年 7 月 24 日成為英國首相。他承接的是一個與北愛民主聯盟合作的不穩定聯合政府，以及一個撤回的協議，使倫敦的物流大打結——都會區的活動讓聯合政府可以配合小小的北愛爾蘭政黨。強生也面臨強勢興起的脫歐黨，威脅搶走保守黨的中間偏右選民。

強生利用強勢的修辭解決了右翼的挑戰。他的言論向死忠的脫歐支持者傳達了他才是這份工作的不二人選，最後讓他們歸隊回到保守黨。不過，預測者只算到骨牌效應的第一步：強生說「我寧願死在臭水溝裡」的言論。因為他們隨便研究所做出的預測，使得市場上打賭無協議脫歐的機會大幅升高。

預測者該如何反應首相官邸的談話？

如果在分析中納入政治限制條件，那麼分析師在判斷無協議脫歐的可能性時就會忽略強生的言論。因為多重政治限制條件，使他無法實現自己宣稱偏好的結果。

·**受歡迎程度**：民眾不支持無協議脫歐的結果。事實上，有些民調顯示已經有「後悔脫歐」（Bregret）的情況，愈來愈多選民反對脫歐（圖 4.3）。2019 年 8 月時，只有 38% 的

圖 4.3　「後悔脫歐」是限制條件

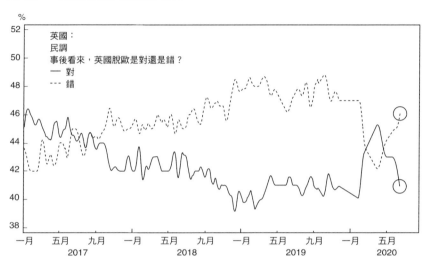

註：兩者皆以兩周移動平均顯示。
資料來源：YOUGOV、國家社會研究中心、MACROBOND。
獲 BCA 研究公司（WWW.BCARESEARCH.COM）同意印製。

民眾認為無協議脫歐的結果是「好事」或是「可接受」[15]。

　・**執政的時間**：以臨時首相來說，立即採取不受民眾歡迎的大規模政策，是愚蠢的行為。16 萬保守黨員選出了強生，他們的年齡中位數是 60 歲[16]。他的黨不想盡快採取任何行動，更不用說政策。強生不是剛獲得選民任命的行政首長，他才剛承接了前首相梅伊不穩定的政府。結果，他承接了時

---

15 Matthew Smith, "By 48% to 35% Britons Would Rather Have No Deal and No Corbyn," YouGov, August 17, 2019, https://yougov.co.uk/topics/politics/articles-reports/2019/08/17/48-35-britons-would-rather-have-no-deal-and-no-cor.
16 大約。

間上的劣勢，因為黨已經執政了一段時間；而還有另一個劣勢是聯合政府不穩定。

・**經濟環境**：雖然 2019 年中的經濟本身穩定，英鎊匯率一整年都和脫歐談判同步。民眾已經習慣了政府對無協議脫歐的恐嚇。沮喪的民眾可能會將任何負面經濟衝擊怪罪到新手強生政府的頭上。

・**國會議員的人數**：國會多數是「決定性因素」，即支點條件限制（fulcrum constraint）[17]。到了 2019 年 8 月，保守黨已經失去了多數黨地位。他們和少數黨組成的聯合政府一起管理國家，這在國會制的民主國家中是最弱的選項。2017 年的選舉過後，國會 650 席中，從國會最多有 327 位國會議員，降到強生接手時只有 298 位國會議員 [18]。不過強生很幸運，有兩個政治限制條件很可能不會限制他的行動：

・**特殊利益團體的支持**：企業一直都高聲反對無協議脫歐。但是話說回來，它們根本是反脫歐，因此看不出來哪一方的傾向對強生來說比較重要。

・**全球趨勢**：令英國媒體驚訝的是，2016 年公投後，其

---

17 當限制條件強大到令所有其他因素屈服時，我稱之為「支點」（fulcrum）。這是預測員應該注意的限制條件，因為如果條件改變，整個分析可能就要跟著調整。用修爾的話來說就是，這是所有變數中最具有診斷能力的一個。

18 保守黨多數崩潰，因為強生「解決黨鞭」──也就是趕走──21 名「不聽話的」保守黨員投票支持繼續延後脫歐的法案，而不是當時的「第 50 條」大限。

他歐盟國家都沒有認真思考過脫歐的問題。只有在大西洋彼岸才得到川普政府的支持。川普政府真的會支持無協議脫歐嗎？也許會。整體而言，全球趨勢對國內政治是否有影響並不清楚。這個因素沒有用。

強生面對無協議脫歐的四大限制條件，有些是他將開除不聽話的保守黨員造成的。所以，他針對無協議脫歐的言論，放在保守黨的政治環境中聽起來最合理，因為這可以合理解釋強生可能會說一套（無協議）做一套（軟性外交）。不論強生政府的偏好如何，無協議脫歐的政治限制條件太強大。

投資人應該在 2019 年夏季時作多英鎊。從 8 月 1 日到年底的報酬率達 9%，以流動性高的貨幣市場來說是很不錯的報酬。限制條件很強大、實質而且持續。無協議的機率低於 10%，很可能更低。

我套用至強生處境的特設分析方法，衡量短期內的政治資本，並允許投資人在決策官員任職的期間預測政策，而不是在卸任後。

還有一個方法可以衡量較長期的政治限制條件，這需要中間選民定理（median voter theorem）。

中間選民定理

2015 年底時，我在金融業發生認知不協調（cognitive

dissonance）的情況。脫歐公投在即，當時美國總統候選人川普在共和黨初選時民調領先。但是我大部分的客戶想談的卻是 2017 年的法國和荷蘭選舉。倫敦有一位避險基金經理人翻過我的整疊圖表後丟在一旁。圖表中有很多資料顯示英國脫歐和川普當選的機率比市場共識來得高。那位經理人說：「我們的電話民調顯示，英國不太可能會脫歐。你還有什麼資料？」[19]

到了 2015 年底，柯林頓原本遠高於川普的民調縮小至「誤差範圍」，就像脫歐公投的「留下」原先領先「退出」一樣。但是投資人對英美即將到來的兩個投票太過自滿。[20]

投資人「跟著事件走」。新聞報導引導著他們的旅程，並提供一連串過時的疑歐論，同時忽略這兩個英語系國家的民粹主義高漲。

但我的警示觀點是以中間選民定理為主。

---

19 我要完全揭露：我並沒有正確預測脫歐或川普當選。但我給這兩個事件高於市場共識的機率，投資人只需要知道這一點，就可以成為地緣政治大贏家。在 2016 年 11 月 1 日為 BCA 研究（索取即可得）所做的分析中，我給川普當選 40% 的可能性。高於奈特・席瓦（極佳）的 538（FiveThirtyEight）評估的 29%、《紐約時報》的〈結論〉給川普 15%，普林斯頓選舉聯盟（Princeton Election Consortium）認為的 7%，或是⋯《赫芬頓郵報》預測川普當選機率 2%。請參閱第 11 章的重要概念，也是本書英文書名《地緣政治大贏家》的原因。

20 的確，投資人有很好的理由把注意力放在荷蘭，而不是法國。荷蘭民粹主義的自由黨（Party for Freedom）在選舉前大幅領先，但是一年後才要選舉，而歐洲的移民危機無法持續下去。最後，移民危機給自由黨強勁助力的理論證實是正確的。當移民危機減弱，自由黨的支持度也變弱了。

　　1950 年代發展出來的中間選民定理，是政治學中少數系統化的理論之一 [21]。這個定理假設，若要贏得選舉或持續掌權，政黨和政治人物的政策要貼近中間選民。1950 年代的經驗確認也挑戰過這個理論。因此學術界的支持者已經減少。但就投資來說，我覺得這非常好用，因為它就像難以量化的政治資本一樣，所以是政治上的限制條件。或者至少這個定理讓我找到它。

　　而南方的法國民粹主義者瑪麗·勒龐（Marine Le Pen）的民調很高。預測太過高估她的選情。在 2017 年法國大選前喊作多歐元的決定，是我職業生涯中看過最佳的地緣政治大贏家的範例。詳細資訊請參閱第 11 章。

　　使用中間選民定理做分析，需要三個主要的假設：

　　· **選民的偏好為「單峰」**（single-peaked），意思就是選民偏好一個政策結果高於所有其他可能的結果。這個假設很難實現。完全看不出來這個偏好是否為真。

　　· **偏好只考量單一政策層面**。舉例來說，選民不是支持

---

21 不要告訴學政治的朋友，其實是經濟學家哈羅德·霍特林（Harold Hotelling）於 1929 年的文章「競爭中的穩定性」（Stability in Competition）中提出中間選民定理。這篇文章其實著重在企業的決策制定，他的一句評論在一個世紀後看來仍有先見之明。原文請參閱：Harold Hotelling, "Stability in Competition," Economic Journal 39 (1929): 41–57。至於這個概念後來被應用於政治學，請參閱：Duncan Black, "On the Rationale of Group Decision-making," Journal of Political Economy 56 (1948): 23–34; and Anthony Downs, An Economic Theory of Democracy (New York: Harper Collins, 1957)。

就是反對槍枝管制立法，或是希望政府在經濟上扮演更重要
或更不重要的角色。每一次選舉，中間選民在這個單一政策
層面上做決定。這個假設是否有效也很難確認。

　· 政治人物想要取得或保留政治資本更甚於一切，包
括一致的政策和積極的社會結果，也許這是三個假設中最難
的 [22]。

　正如任何理論，中間選民定理的危險在於應用理論會將
現實簡化得面目全非。這個定理假定，為了贏得和維持權力，
決策官員應該遵循三個步驟：

　1. 找出當天的主要議題。

　2. 確認中間選民對議題的立場。

　3. 逐漸接近中間選民的立場，並在這個過程中領先對手。

　川普總統成功地看出 2016 年大選的中心議題：全球化
對決經濟國族主義（economic nationalism）。他接下來確認
了美國選民在這兩個極端的立場。令許多學究感到震驚的是，
美國中間選民對全球化（自由貿易和移民）的支持度比他們
以為的低很多 [23]。

---

22 我開玩笑的！
23 脫歐公投投出「退出」的結果也確認了同樣的情況：在公投時，中間選民比原先以為
　的更不支持歐盟成員國資格。

最後，川普迎合正確的中間選民立場，並贏得大選。

川普反全球化的競選言論，大致上與 1992 年共和黨初選時挑戰現任總統老布希的派特‧布坎南（Pat Buchanan）的言論一致。布坎南落選顯示美國的中間選民於 1992 年轉向至全球化。比爾‧柯林頓是支持全球化的民主黨員，則贏得了那年大選（雖然他也有自己的民粹觀點）。另一個看待中間選民的方式，是把他們當成一個國家的政治時代精神（zeitgeist）。溫和的布坎南在 1992 年沒有機會勝選，但是 24 年後，粗野的實境秀主持人卻贏了。

中間選民定理也很適合用來預測結果，因為它能迫使所有決策官員轉向至中間立場，他們才不會變成政治的局外人。

下頁圖 4.4 闡明了這個概念。利用左派、右派經濟觀點做為某個選舉最明顯的主題（假設的單一層面），第一張圖呈現的是中間選民定理的規律。在這個情境中，中間選民選擇中立路線，而左派與右派的候選人往中間移動以贏得中間選民的支持。在此情境中，在「放任」和「管理」的經濟模式中，中間選民支持平衡的政策。

第二張圖顯示可能是造成 1990 年代供給端政策的原因：中間選民往右移動。

在全世界的政界，左傾的政黨在 1980 年代末期和 1990 年代採取中間偏右的經濟政策：比爾‧柯林頓的美國民主黨、

圖 4.4　中間選民定理的運作

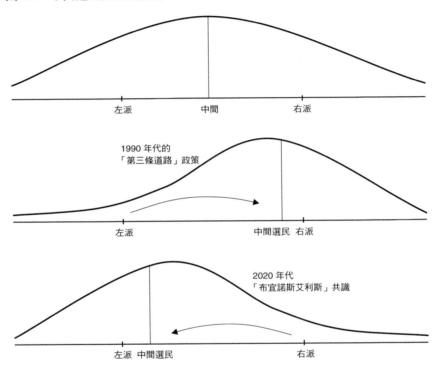

東尼・布萊爾的英國工黨、傑拉德・施羅德的德國社會民主黨、保羅・基汀的澳洲勞工黨、尚・克雷登的加拿大自由黨，還有羅曼諾・普羅迪的義大利民主黨，全都往右靠攏，採取較「放任式」經濟觀點。這稱之為「第三條道路」（Third Way）的政策。

即使是新興市場也跟隨著 1990 年代的意識型態共識，

朝向放任式經濟和正統的財政與貨幣政策；印度於 1991 年
經濟自由化，鄧小平於 1992 年「南巡」也確立了中國傾向
市場的改革。

中間選民，以及決策官員為迎合中間選民，在上述的改
變中扮演要角。比起個別決策官員的偏好，中間選民是預測
市場行為更有效的指標。所以，如果要預測政策就要著重於
中間選民，而非決策官員。如果中間選民改變偏好，這表示
所有政黨，不只是執政黨，都會做出回應並轉向中間選民。

2015 年時我提醒客戶，最激進的放任式經濟的支持者，
也就是美國和英國，最有可能被民粹主義所控制。美國與英
國的中間選民遠離放任式資本主義，轉向別的意識型態。在
歐洲，中間選民很平靜，只是緩緩朝向放任式經濟模型。不
同於金融同業，我當時並不擔心法國和荷蘭大選。但我以中
間選民為主的分析預測，脫歐和美國大選比較可能是市場的
催化劑。

長期預期：歡迎來到布宜諾斯艾利斯共識！

2020 年全球低成長、通縮，還有因為新冠肺炎大流行造
成的嚴重衰退大環境下，經濟政策的鐘擺朝向左移動。有些
人感到很意外，美國和英國是這個全球性趨勢的先驅。中產
階級貧窮化加上債務超級循環，讓這兩個經濟體的選民轉向

至左派[24]。不論選民去哪裡，決策官員很快就會跟上。

就算表面上是「右翼」的川普和強生也是。

川普採行了放任式經濟的什麼宗旨？是謹慎的財政政策？自由貿易？不干預自由市場？獨立的中央銀行？同樣的問題也可以拿來問卡麥隆（David Cameron）卸任後的英國保守黨，並且得到同樣否定的答案，不過程度比較沒那麼高。

決策官員脫離傳統的保守政黨修辭，顯示典範轉移正在進行中，而中間選民這個支點限制條件就是掌舵者[25]。

另一個中間選民左偏影響力的跡象，就是反對黨的行為。英美兩國的左翼政黨沒有往中間靠攏以搶先川普和強生。他們以為 2020 的中間選民比較中間偏左。他們預測中間選民願意實驗失落已久的需求帶動的政策。這些人包括柏尼・桑德斯（Bernie Sanders）、伊莉莎白・華倫（Elizabeth Warren）和傑洛米・柯賓（Elizabeth Warren）…全都是左翼。

就算是在競選一路上都表現出是中間路線的拜登（Joe Biden），只不過是和自許為社會主義者相較之下走中間路線

---

24 數十年來，債務超級循環讓家庭以信貸來補足停滯不成長的實質所得，直到 2010 年信貸緊縮。

25 至於為什麼中間選民脫離傳統的右翼政策：也許在這個長期停滯、通縮和新冠肺炎導致衰退的新世界中，放任式的政策已不再是最佳的政策了。但我認為中間選民偏好的轉移，本質上是世代衝突。2020 年時，是美國史上第一次出現千禧世代的中間選民。由於痛苦的經濟大環境定義了千禧世代，尤其是 Z 世代成年人的經驗，從此中間選民的經濟政策只會更左傾。

而已。但他競選政見是對高所得家庭與企業、資本利得和經理人紅利增稅。他也提出方案鼓勵勞工組工會，並在所有新的貿易協議中納入勞工保障和環保標準（基本上就是川普的國族保護主義的政治正確版）。這不完全是「民主社會主義」（democratic socialism），但增稅和保護勞工的政策是大膽的競選策略。八年前，學究們都會稱其為社會主義。

美國與英國的中間選民於 2016 年已經大聲表達意見了。到了 2020 年，這兩個國家採取不再是放任式正統（laissez faire-orthodoxy）的民粹經濟政策，正是中間選民偏好的政策類型[26]。因此，這兩個國家都不太可能出現有利市場的政策。用大部分選民能瞭解的話說：我不會期望保羅‧萊恩（Paul Ryan）重返政壇[27]。

數十年後，當史學家編纂 2020 年的歷史時，我預測他們會說是新冠肺炎削弱了放任式經濟。等到新冠肺炎危機爆發時，時代精神已經轉向了。決策官員和選民都已經準備好接受非正統的政策。美國對肺炎大流行的財政和貨幣政策反

---

26 如果還有人懷疑這些政黨的政策脫離放任式經濟的話，可以想一想傳統的保守派對川普當選時的哀嘆：「當你存在的理由不再是『我如何堅持有限的政府和經濟自由？』，而變成了『該如何在選舉周期內再保住多數？』時，你就變成了你自己所反對的對象。」原文請參閱：Jeff Flake, Conscience of a Conservative: A Rejection of Destructive Politics and a Return to Principle (Random House, 2017), 13。

27 萊恩是川普的企業減稅擘劃者，也是眾議院前議長。我想給萊恩議長一個建議，就是等需求帶動的政策衝過頭時，就像所有鐘擺終究會擺盪回來一樣，屆時他再站出來當救世主。這需要 10 到 15 年，但只有這個辦法了。

應的立法效率，只有那些沒有一個架構可以描述中間選民的
經濟政策立場的人才會覺得意外。

　　對比這次疫情，貨幣和財政政策的反應在 2008 和 2009
年的危機中如天壤之別。

　　2009 年時，美國的立法議員花了近五個月時間才通
過財政振興方案。「美國復甦與再投資法案」（American
Recovery and Reinvestment Act，ARRA）的規模，是 2009
年國內生產毛額的 5.4%。在參議院只有三位共和黨議員的支
持就通過了。在眾議院，不是每一位共和黨議員都投給這個
法案。國會總計有 214 位共和黨員對此法案投下反對票。

　　2009 年缺乏兩黨的合作並不只是政治上的小問題。如果
你是注意 2009 年政策反應的投資人，黨對於美國復甦與再
投資法案嚴格的規定，是一個重要的資訊。由於這個法案製
造了太多的怨恨，這顯示接下來不會再有振興法案。

　　11 年後，美國的中間選民現在會公開考量以前會被認為
是「社會主義」的政策，顯示時代精神已經非常不同了。新
冠肺炎補助、紓困和經濟保障法案（Coronavirus Aid, Relief,
and Economic Security Act，CARES Act）在共和黨於 3 月
18 日提出時，一開始是一兆美元，一周後就爆增了一倍。法
案的構想、通過，然後增加一倍金額的速度，比任何人想像

的還要快。

新冠肺炎補助、紓困和經濟保障法案的規模不只比美國復甦與再投資法案高出一倍多，是 2019 年國內生產毛額的 11.2%，而且通過時沒有反對票。參議院以 96 比 0 的多數通過法院。眾議院以口頭表決；在過程中，唯一反對者是肯塔基州眾議員湯瑪士‧梅西（Thomas Massie），他遭遇現代版的淋焦油、撒羽毛的酷刑凌遲，包括川普總統也這麼對待他。

短期內，令人困惑的政策變數掩蓋了選民的中間傾向。執政聯合、不公平重新劃分選區的結果，以及個別政黨的政策特權，全都掩蓋了中間選民長期的影響力。舉例來說，川普總統因為訴諸長期中間選民的偏好而贏得選戰。他的政見是反貿易、反現有制度。然而他到 2020 年 2 月唯一顯著的立法成就，就是有利企業的保守派減稅。而減稅並不符合中間選民的偏好。

2017 年通過的減稅，結果到了 2018 年 11 月反而讓共和黨很難說服選舉人團，正如中間選民定理會預測這樣的結果。共和黨的國會候選人競選連任時，放棄了 2018 年的減稅議題，因為全國各地的選民都非常憤怒。之前提到的保羅‧萊恩看到不祥之兆，就搶先退出了。

這個情況顯示，中間選民定理短期內有彈性讓政策脫離中間選民的偏好，但長期就不行了。美國選民正在經歷一次

重大的意識型態的鐘擺震盪。但是不清楚這樣的改變是否會刺激全球跟著往同方向變動。以所得不均以及社會流動性的指標來看，美國的情況仍是全球最糟的（下頁圖 4.5），「中產階級的人口占比」指標也一樣（下頁圖 4.6）。

對投資人來說，這些資料顯示，就算川普連任美國總統，相對於其他國家，美國擁抱放任式政策的時代已經結束了。川普 2016 年的選舉、桑德斯和華倫角逐候選人資格，以及川普政府採取的一些政策，全都顯示決策官員在回應中間選民。而美國的中間選民要求意識型態另一端的管理、左傾、重回需求帶動的政策。

當然，共和黨與民主黨人仍將持續針對那些非經濟、顯著兩極化的議題爭吵，例如墮胎、槍枝管制、氣候變遷、俄羅斯、種族不平等以及川普總統的行為。但是兩黨都採納了非正統的財政與貨幣政策，他們對新冠肺炎造成的災難所做的回應就是明證。

我在 2020 年第一季寫稿時，還有一個問題就是決策官員將如何回應新冠肺炎導致的衰退。我預測往左移動的中間選民將是支點限制條件，限制著決策官員的回應選擇。就算有將近 15% 的國內生產毛額投入各種振興措施，我相信投資人應該會更預期政府對經濟進行更多干預，廣泛來說，不只是新冠肺炎大流行，還有其他未來的情境。（我在該年六月

圖 4.5　在衡量所得不均與社會流動性時，美國是異數

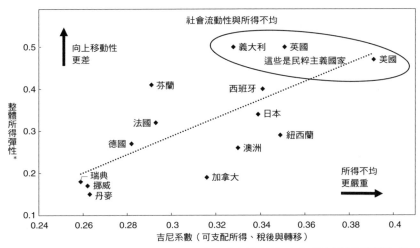

* 整體所得彈性是指子女的所得彈性相較於父母的所得彈性。彈性較高代表的是子女的所得高度依賴父母的所得，隱含低社會流動性。
　資料來源：科拉克（2001 年）和經濟和作開發組織。
　獲 BCA 研究公司（WWW.BCARESEARCH.COM）同意印製。

圖 4.6　在衡量中產階級時，美國是異數

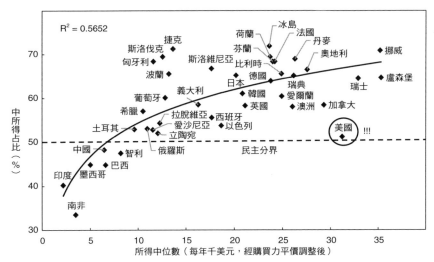

資料來源：經濟和作開發組織，2019 年。
獲德羅布尼集團（CLOCKTOWER GROUP）同意印製。

底最後一次編輯本書稿件時，市場再次對「新冠肺炎補助、紓困和經濟保障法」是否會有新的振興措施感到恐慌。這顯示投資人仍不瞭解決策官員的反應已有大幅變化。中間選民已經說話了。政界沒有人反對進一步推出振興方案。因此，我預期會再多 1.5 到 3 兆美元的振興措施，除了補充已經耗盡的「新冠肺炎補助、紓困和經濟保障法」的資金，還有可能的基礎建設法案——到 2020 年底，美國預算赤字將達到國內生產毛額的 30%。）

　　就算新冠肺炎造成的衰退嚴重但短暫，我從一開始就預期決策官員會拚盡所有人力，並像 2008 年一樣回應危機。川普總統於 2016 年勝選時，失業率為 4.7%，這是相當低的數字，而美國選民選擇一位電視實境節目主持人當總統，因為他們仍對於所得不均、全球化和經濟復甦疲弱感到不滿。川普和他的對手都不會等著看美國選民 2024 年會選誰。相反的，他們會採取一連串更非正統的政策來刺激經濟，以搶占先機。

　　我將這種脫離華盛頓共識的放任式政策稱為布宜諾斯艾利斯共識。「華盛頓共識」只是用來統稱定義 1980 到 2010 年代的政策。這裡的「華盛頓」是指華盛頓特區，負責推行政策建議的兩個機構——世界銀行和國際貨幣基金，總部就在華府。

「共識」是指由一連串想把民主從經濟政策拿掉的政策所定義的。獨立的中央銀行系統、反周期性財政政策、放任式的立法框架…這些政策有一個共同點：將民選官員從經濟政策中脫離。

別誤會我的意思。我這麼說的態度是中立的。既然你不會用「民主」的方式來開飛機，為什麼要讓選民參與央行或財政政策的運作？但是最熱衷於遵守華盛頓共識的國家，也就是美國和英國，政府鐘擺已經盪回到民粹主義。民主正在想辦法回到經濟政策中。

為什麼是布宜諾斯艾利斯？阿根廷和這種民粹反撲有什麼關係？只有一個關係，那就是阿根廷數十年來一直深受民粹主義決策制定所苦。在 2019 年的選舉後又恢復民粹主義，還有哪個城市比布宜諾斯艾利斯更適合取代華府，成為新的統稱用語？

「布宜諾斯艾利斯共識」所代表的民粹主義強調「成長最重要」的心態有個缺點，那就是美國的所有經濟層面可能進一步向左靠攏。美國決策官員的整體行為反映的是中間選民的經濟偏好。如果 2016 年後的政策轉彎持續至 2020 年以後，那麼美國可能會是第一個行動的國家，刺激全球脫離放任式的政策（下頁圖 4.7）——脫離華盛頓共識，朝向布宜諾斯艾利斯共識。這樣的轉變會衝擊許多政策。

圖 4.7 布宜諾斯艾利斯共識即將來臨

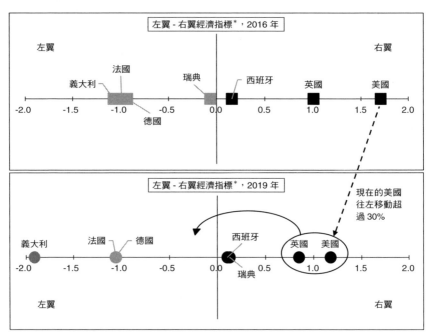

* 以等量加權計算五種標準化項目：勞工保護指數、政府歲入占國內生產毛額的百分比、按平均薪資計算的綜合平均所得稅率、吉尼系數重新分配效益，以及經商便利度排名。
資料來源：經濟合作開發組織、世界銀行、BCA 研究公司（WWW.BCARESEARCH.COM）、德羅布尼集團計算。
獲德羅布尼集團同意印製。

　　未來的十年，我預期會有更多非正統財政與貨幣政策，反壟斷案件增加、進一步財政寬鬆、選擇性的監管當局施壓，以及對資本利得和高所得納稅人課徵更多稅。如果你擔心 2021 年會發生驚人的財政懸崖，不必擔心了。決策官員會用更多財政振興方案來減緩情況。

　　從華盛頓共識轉為布宜諾斯艾利斯共識，將主導未來十

年的市場走勢。這個轉變比美中地緣政治競賽、歐洲一體化的風險，以及技術轉變來得更重要。所有資產都將受到財政和貨幣政策大洪水的影響。

這樣左傾的動作會為美國股市周期性超越全球的漲勢敲響喪鐘。美股獲利空間和估值已在歷史高點，長期投資人可能會開始看壞美國資產多年走勢。美元可能會在 2020 年觸頂，接下來會長期走貶。尤其是如果新冠肺炎導致的衰退雖然嚴重但是短暫，就更會是如此，因為投資人開始瞭解情況。

衰退一結束，用來振興美國經濟的大批振興方案的錢就會逃向其他股市，因為投資人會到不靠印鈔票來創造成長的經濟體中追求報酬。我對美股仍持絕對樂觀態度，但我會利用 2020 年的「擾動」來重新調整到歐洲、日本和新興市場股市，這是十年的策略性資產配置。

不論 2020 年大選是誰勝選，上面這一段是我的預測以及給投資人的建議。中間選民是政治市場上的定價者；但長期來說，政治人物只是價格接受者。

沒有選票的國家的中間選民定理：中國有中間選民嗎？

中間選民定理是個大框架，用來衡量長期的政策走向。但只適用於民主國家嗎？

不一定。在評估北韓領導人金正恩的政策時，中間選民

定理就沒有用。但奇怪卻又合理的是，非民主方式選出來的
領導人，也應該注意國家的中間⋯公民的偏好。

　　1991 年蘇聯瓦解，令中國的決策官員感到非常不安；如
果蘇聯會倒，那麼中國也會。官員知道如果他們會有這樣的
想法，那麼中國的中間公民也會有這樣的想法。

　　中國在 1991 年只部份採納傾向市場的改革開放——中
國在天安門廣場後才縮回共產主義的殼裡。不穩定的情勢迫
使中國共產黨重新思考它對民主管理、意識型態、經濟發展
和外交政策的態度。雖然一開始黨內有許多不同的聲音，最
終是新保守主義的派系贏了。

　　黨員在中國共青團的《中國青年日報》中發表觀點。標
題為〈蘇聯垮台後的策略性選擇與實務性回應〉，這篇文章
點出共產黨最大的威脅是對自己的無知[28]。該報認為，中國共
產黨沒有從革命政黨轉型為統治政黨，導致諸如大躍進和文
化大革命這些災難。有鑑於蘇聯解體，當務之急就是進行逐
步、具建設性的改革，以確保社會穩定和更高經濟生產力。

　　幾年後，那時的中國共產黨總書記江澤民將黨的間接經
驗摘要成他的理論「三個代表」：

---

28 Department of Thought and Theory, "China's Realistic Response and Strategic
　　Choices after the Great Changes of the Soviet Union," China Youth Daily, July 31,
　　2006, http://m.wyzxwk.com/content.php?classid=13™id=7392.

‧要始終代表中國先進社會生產力的發展要求

‧要始終代表中國先進文化的前進方向

‧要始終代表中國最廣大人民的根本利益〔加重語氣〕[29]。

「三個代表」是以漸近式的方式接近中國中間公民的立場，意圖是避免落入和蘇聯一樣的命運。

如下頁圖 4.8 所示，中國的 2018 年國內生產毛額成長相對於財富水準，使中國可能陷入可怕的中等收入陷阱[30]。大部分在 1970 年代成長率減緩的拉丁美洲國家，獨裁的政權無法持續。蘇聯也一樣，人均國內生產毛額成長於 1970 年代陷入停滯。從這些國家的歷史與經驗中，中國共產黨的領導人瞭解，如果中國陷入中等中收陷阱，很可能會遭遇相同的命運。所以官員採取預防措施。

自 2017 年以來，中國的決策官員採取一些痛苦的結構性改革。當已開發國家正朝向布宜諾斯艾利斯共識（這是民

---

29 Jason Buhi, "Foreign Policy and the Chinese Constitutions During the Hu Jintao Administration," Boston College International and Comparative Law Review 37, no. 2 (Spring 2014): 253, http://ezproxy.lapl.org/login?url=https://search-proquest-com.ezproxy.lapl .org/docview/1663666068?accountid=6749.

30 中華人民共和國國務院發展研究中心，原文請參閱：China 2030: Building a Modern, Harmonious, and Creative Society (Washington, DC: World Bank, 2013), https://www.worldbank.org/content/dam/Worldbank/document/China-2030-complete.pdf

圖 4.8 可怕的中等收入陷阱

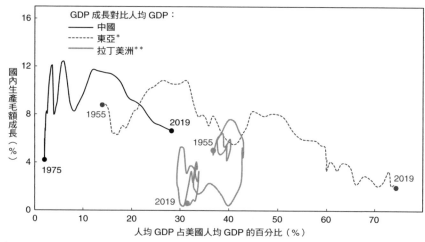

* 日本、南韓與台灣平均。
** 阿根廷、巴西與墨西哥平均。
註：所有線段皆以五年移動平均平滑顯示。
資料來源：BCA 研究會議委員會總經濟數據庫。
獲 BCA 研究公司（WWW.BCARESEARCH.COM）同意印製。

粹主義比較好聽的說法）前進時，北京則是採取金融和總體審慎的改革以抑制成長。中國在打擊導致揮霍的各省獨立徵稅來源和影子銀行。相較於歐美這樣大撒錢做振興，就連中國對新冠肺炎大流行的回應也很保守。

　　這些改革顯示中國的決策官員相信——尤其是在面臨中國的人口劣勢時——確保持續成長最好的辦法就是提升生產力。為了達到這個目標，中國簡化了資本配置，確保私人企業比沒有生產力的國營企業更能取得資本。

　　這個做法能不能持續到 2020 年以後，考驗著決策官員是否瞭解他們面臨的限制條件——中國的中間公民可以挾持他們的政治資本，而且偏好在全球衰退時不要被甩在一旁不理。為了保住權力，決策官員在面臨新冠肺炎大流行時，終究必須放棄痛苦的改革以刺激經濟。但在本書寫作時，他們仍固執地確保不動產價格持平。

　　為什麼？北京再次利用短期大量的政治資本以取得長期的獲益。雖然不動產振興方案是再次啟動經濟最有效率的辦法，但如果習近平承諾讓充斥中產階級的沿海城市不動產價格上揚，長期下來會造成政治風險。價格會導致大量願意表達意見的民眾組成反對一黨制的政府。整個情況可能會演變成像香港一樣的抗議行動[31]。中國的決策官員持續強調習的箴言：「房子是用來住的、不是用來炒的」，這可能會不利於經濟迅速復甦。

　　中間公民的憂慮也迫使習政府啟動反貪腐政策、抑制污染和節約措施，改變一胎化政策和戶口登記制度[32]。

　　這些措施顯示中國的領導人瞭解中國不穩定的情勢。中

31　不動產價格飆至歷史高點，使千禧世代和 Z 世代的香港人買不起房子，導致抗議群眾的憤怒和動盪。原文請參閱：Alexandra Stevenson and Jin Wu, "Tiny Apartments and Punishing Work Hours: The Economic Roots of Hong Kong's Protests," New York Times, July 22, 2019, https://www.nytimes.com/interactive/2019/07/22/world/asia/hong-kong-housing-inequality.html。

32　為了減少污染，決策官員關閉污染最嚴重城市的所有工廠。

圖 4.9　中國正在關鍵的中產階級分水嶺

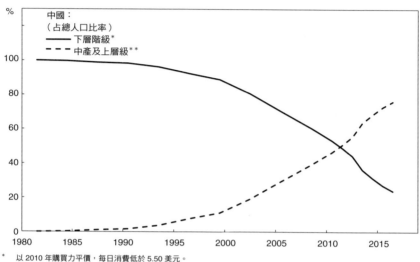

*　以 2010 年購買力平價，每日消費低於 5.50 美元。
**　以 2010 年購買力平價，每日消費高於 5.50 美元。
　　資料來源：世界銀行。
　　獲德羅布尼集團（CLOCKTOWER GROUP）同意印製。

產階級占中國人口一大部分，而且持續增加。到 2017 年為
止，中產階級占人口逾 50%（圖 4.9），財富水準已超越南韓
和臺灣從獨裁轉型民主時（圖 4.10）。因為不可能投票和進
行民調，所以最能代表中國中間公民的就是中產階級的支持。

　　民眾的支持是預測中國未來政策可靠的工具，所以預測
人員可以將此視為預測中國政府行為的主要限制條件。如果
決策官員完全不受中產階級的限制，他們可以在每次經濟轉

圖 4.10　中國沿海省份已準備好接受民主

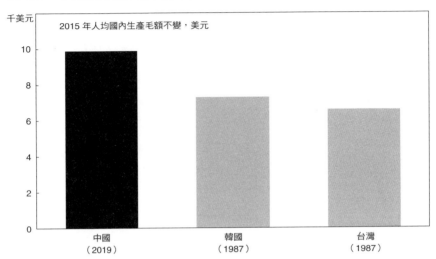

資料來源：牛津經濟學。
獲德羅布尼集團（CLOCKTOWER GROUP）同意印製。

彎時就採取振興方案。他們會沒有多少動力或壓力實施 2017
到 2020 年自己造成的經濟減緩。

　　中間選民定理有一個原則不適用於中國：短期競爭。中
國的決策官員回應「選民」是很好的自保措施，但他們不必
擔心反對黨比他們更厲害。北京必須滿足公民對於乾淨的空
氣和誠實的官員訴求，但中國沒有別的政黨在一旁等著提供
選民更乾淨的空氣和更誠實的官員。

　　中國的領導者沒有短期競爭者，所以他們有餘裕可以實

施一些短期會造成痛苦但長期下來會有收穫的政策;他們比較不受制於「掌權時間」的限制條件。

但中國的彈性是有限的。如果整個體制崩解,那這些都不算數。只要中國共黨產掌權,它就比沒有效率的民主國家更能採取痛苦的政策——但是他的政策改革道路比有效率的民主制更困難。

在創造有效的民主制度時,財富水準很重要。如果我用自由之家(Freedom House)的分數來衡量民主的效率,1 分代表最有效率,7 分代表最沒有效率,那麼財富和民主的品質之間的關聯就很明顯。

但圖 4.11 對中國來說並不利。這張圖並不表示因果。由於人均國內生產毛額略低於 1 萬美元——而且許多大型沿海省份遠高於此——中國正在最有效率的民主國家之下。這表示很快就會有由下而上的壓力要求更好的政治代表,尤其是如果決策官員因為經濟、金融或疫病大流行的危機而失去信譽時更是如此。

對中國的決策官員來說,2020 年代是關鍵的十年。中國正在經歷結構性改革將經濟進一步自由化。但同時北京也在鞏固更多的權力而犧牲了各省。但對西方國家卻無法接受政治集中化和經濟自由化,這甚至很不合邏輯,這個組合對學術界來說卻很熟悉。山繆・杭亭頓(Samuel Huntington)

圖 4.11　財富支持有效的民主

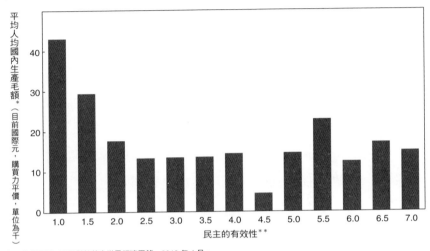

* 　資料來源：國際貨幣基金世界經濟展望，2019 年 4 月。
** 資料來源：自由之家（2019），民主的有效性是政治權利和公民自由相同權重平均的指標，1 代表最自由的國家，7 代表最不自由。
　　獲 BCA 研究公司（WWW.BCARESEARCH.COM）同意印製。

的《變動社會的政治秩序》（Political Order in Changing Societies）書中提出警告，不要在經濟和社會現代化的時候太快政治自由化，因為那可能會導致崩解。

　　由於中國不民主的政治結構，就受歡迎度和掌權時間這兩個限制條件上來說，決策官員有更多的空間，但是沒那麼多。文化大革命和大躍進的年代早就結束了。雖然說法仍不變，但中國共產黨的領導者比西方評論員認為的更受制於公民的要求。

　　北京持續統治最大的威脅在於，當它的權力愈集中，就

愈無法用地方省政府當代罪羔羊。中央政府把經濟管理不當、貪腐、污染，甚至是新冠肺炎的反應太慢推給省政府官員。而當中央政府強化權力時，就不再能推卸責任給省政府官員。

如果中國愈來愈大量而且要求愈來愈多的中產階級是2020年的限制條件，那麼北京要如何決定與美國競爭的優先順序？使用限制條件架構的分析所預測的結果並不令人興奮，而且也不符合共識。就像1980年代過後的美國職籃打架一樣，不再令人血脈賁張⋯因為已經不會再發生這種事了⋯中國的中產階級會迫使中國脫離地緣政治刺激。它會向內退縮，退出與美國的競爭。

2019和2020年的證據顯示，中產階級已經讓北京縮手不再兇狠地與美國對戰。中國對香港的抗議者克制，拒絕重挫學生抗議行為。北京允許當地執法當局去處理動盪，不把手伸進去。對國外，北京暗示退出與美國的競爭，同意第一階段的協議——由於北京允許白宮維持對大部分中國出口商品關稅，這可以說是投降。

自從川普總統執政以來，中國也避免和美國在中南海發生軍事衝突。雖然持續發生一些事件，但都是小事而且比歐巴馬總統時期更不頻繁。

中國的行動顯示川普總統打到中國的痛處了：創造財富，尤其是中產階級。北京讓步是因為讓中產階級滿意，比稱霸

全球來得更重要。「三個代表」仍有效，但全都和毛主義或把中國變成全球霸主無關。

中國當然想要稱霸東亞並擴張全球影響力。但為中產階級提供經濟成長才是首要任務，因為這是北京採取任何規模行動的限制條件。任何妨礙北京提供中產階級財富的力量——包括試圖挑戰美國全球霸主的地位——都是次要的。

中國的中間公民對決策官員行動的限制條件，就是中國對美國霸權反抗的限制。只有經濟成長、生產力成長以及逃脫中等收入陷阱仍是北京的中心目標，中國的擴張就會有限制。

諷刺的是，這也表代對全球秩序及和平最大的風險，就是美國誤判中國的意圖，而不是中國真正的侵略行動。我的限制條件架構顯示北京比美國決策官員以為的更受到限制。中國的領導人擔心成長的路徑，以及價值曲線上升的可持續性。如果美國在貿易和經濟事務上把中國逼得太緊，將會威脅到中國的主要目標：擺脫中等收入陷阱。這時中國就必須以侵略性的行動回應。

本章摘要

政治限制條件與誰的實力最強有關，所以政治限制條件是地緣政治預測的起點。這是最不酷炫，但也是最具約束性

並因此最顯著的條件。若要判斷某個情勢的政治限制條件，預測員不需要分析債券殖利率和信貸違約交換合約（credit default swap，CDS）的價格、比較兩個敵對軍力的戰鬥序列，或是研究歷史與地緣政治。國內政治決定了決策官員行動的空間，不論是國際或是黨內衝突都一樣。

政治資本和中間選民的概念有助於解析出國內政策背後的推動政治限制條件。政治資本很難衡量，因為它是「特設」的方法。沒有一個大的理論，而是視情況而定，謹慎的預測員會視每個案例不同來運用。它缺乏衡量的一致性，代表比較研究不足——暫時是這樣。我希望在不久的將來，有人可以提供回測、可採行的政治資本指標，可不限時間和空間加以運用。

相較於政治資本，中間選民定理比較能量化，因此是金融從業人員比較能接受的概念。在許多情況下，中間選民的偏好是有用、比較容易管理的政治資本的代表。讓分析師在思考一國的長期政策路徑時，專注於中間選民。

在政治的市場中，中間選民是訂價者，政客是價格接受者。

5 章

───經濟與市場
The Economy and the Market

「我以前想，如果有轉世這回事，我想投胎當總統或教宗，或是打擊率 .400 的棒球打擊手。但是現在我想轉世成為債券市場，因為這樣可以嚇到所有人。」

───詹姆士‧卡維爾，柯林頓競選策略分析師
1993 年對《華爾街日報》的說法

　　我第一次經歷總體經濟與市場限制條件的時間很早，是在我七歲那一年。1989 年時，南斯拉夫最後一任總理安特・馬可維奇（Ante Marković）正在盡全力不要讓國家分崩離析。他所面對的不只是國家制憲共和政體不斷上升的民族主義：馬可維奇處於典型的新興市場國際收支危機的中央。

　　在第一章中，我解釋過南斯拉夫是冷戰中的騎士，在資本主義與共產主義的棋奕中行動：整個國家在利用地緣政治。貝爾格萊德採取親近雙方的外交政策，同時腳踏北約—華沙公約裂縫的兩邊。南斯拉夫不只是和東、西雙方都是朋友，還提供「全球南方」[1] 工程知識，南斯拉夫將這些技術出口以賺取利潤豐厚的外匯。

　　可惜的是，南斯拉夫平衡的做法並沒有成功，外部的衝擊使得經濟變得不穩定。1970 年代的石油危機衝擊南斯拉夫和石油進口國。然後是 1980 年代，南韓的競爭者也搶進工程外包產業的利潤。最後，紡織業面臨新興亞洲市場的競爭。

　　南斯拉夫面對這些衝擊的方式，是向資本主義敲門借糖。它沒有調整進口和投資，以配合新的現實。它沒有採取撙節措施、用鷹派的貨幣政策（即升息）打擊國幣貶值和通膨的雙惡。相反的，南斯拉夫向西方國家的朋友借錢。不像其他

1　「全球南方」指的是南斯拉夫共同創立的「不結盟運動」，以及中東的石油國家。

共產國家一樣卡在伊朗的鐵幕後，南斯拉夫累積了大量的外債，讓國民可以寅吃卯糧。

1980 年代末期，好日子過完了。國際社會開始不願意借錢給不負責任的借款人。戈巴契夫的改革讓冷戰緩和，南斯拉夫的地緣政治價值減弱，而且也無法向資本主義國家保證會實施撙節政策。

1988 年，因為面臨物價上揚和迪納爾貶值，政府只好放鬆所得管制。1988 年最後一季，名目薪資每個月上升 5%。到了 1989 年 9 月，實質薪資在八個月內增加了 20%。989 年第四季，消費者物價通膨年率達到 13,000%[2]。南斯拉夫進入可怕的薪資物價螺旋。

到了 1989 年底，馬可維奇總理試圖終結危機。除夕夜時，他採取新的貨幣緊盯德國馬克、撙節、企業私有化和薪資凍漲政策。他也指示南斯拉夫國家銀行停止印鈔票。

通膨終於在 1990 年結束，降到 0。馬可維奇採取撙節的這一步犧牲棋奏效了！

這是以重大犧牲換取的勝利。撙節導致經濟產出崩盤。結果為計劃制憲以成立共和國的民粹主義者，奠定了分裂主

---

2 OECD Economic Surveys: Yugoslavia 1989–1990 (Paris: OECD Publishing, 1990), https://read.oecd-ilibrary.org/economics/oecd-economic-surveys-yugoslavia-1990_ eco_surveysyucs-1990-en#page3.

義和族群衝突基礎。塞爾維亞的米洛塞維奇很快就指示央行不要理會聯邦政府，繼續印鈔票以提供他競選資金。當通膨回來時，中間選民的偏好就是責怪負責的技術官僚：馬可維奇。

雖然當年我只有七歲，但仍清楚地記得這段期間。我都還沒換牙，就已經知道通膨是什麼了。西方的市場共識認為，南斯拉夫解體是因為族群仇恨。是的，的確有很多族群仇恨。但是對許多人來說，族群對他們的身分認同並不是非常重要。至少沒有那麼重要，孩子們在身分認同戰線上並沒有注意到這一點。當時我父親得向我解釋，塞爾維亞人是什麼，而不是南斯拉夫人。我有些同學不論是克羅埃西亞人、斯洛維尼亞人或是波士尼亞人，他們也有類似的經歷。

自從離開南斯拉夫後，我在幾個有種族和派系緊張的地方生活、就學和工作過。但沒有一個地方發生過我的出生地發生的流血事件。為什麼？

1989 ／ 1990 年，經濟合作開發組織對南斯拉夫的經濟調查很複雜[3]。作者群沒有提供民族主義和族群緊張正在興起，但他們對經濟危機擴大的解讀充滿著警告。南斯拉夫有

---

3 我要向經濟合作開發組織的研究員致敬！他們的經濟調查是任何想要快速瞭解某個國家的人最棒的資訊來源之一。他們的檔案庫裡的舊調查可供調閱，對任何研究歷史經濟與金融危機的學生來說，都是不可或缺的資料。

許多的問題，沒錯，族群間的緊張是其中之一，但是總體經濟環境限制了聯邦政府可用來解決這些問題的政治資本。

如果南斯拉夫的總體經濟和市場限制條件不同，也許它的故事就不會在 1991 年劃下句點[4]。像馬可維奇這樣的改革者可能會有更多的空間，贏得聯邦軍力的忠誠，並打擊民族主義者。可惜，我們永遠不會知道。

進退兩難

地緣政治分析最大的挑戰之一在於，預測員通常並不熟悉經濟和金融。或者更糟的是：他們知道的夠多，可以運用分析工具，但是沒有足夠的專業能力安全地運用分析工具。我所謂的「安全」是指沒有任何事出差錯，導致危機和預測搞得他們灰頭土臉。

歐元區危機證明了預測員知識不足的後果。在整個主權債務危機期間（2010 到 2015 年），金融媒體不斷報導邊緣經濟體（愛爾蘭、義大利、希臘、西班牙和葡萄牙）的債務水準、赤字和公債殖利率升高。但是這些報導都沒有考量揮霍無度的「邊緣國家」和「核心」出口導向經濟體的共生關係：本來應該是撙節的北歐經濟體會拒絕拯救共同的貨幣。

---

4 也許它的籃球隊會在 1992 年的夢幻球隊好好打一場！這是值得寫一本書的主題⋯

　　末日言論預測員沒有考量到歐洲貨幣聯盟瓦解的限制條件。他們只看偏好：決策官員應該會務實地希望退出歐元區，或是再把一個成員踢出去。

　　不論邊緣經濟體如何掙扎存生，歐元同盟背後深層的地緣政治邏輯仍維持不變。歐元同盟並沒有創造如離心力般的力量，把各國拋往不同的方向，相反的，經濟與金融其實具有向心力，維持歐元區的存續。

　　在本章中，我將探討兩個限制條件：**總體經濟和金融，或是說市場。**

　　喬治‧索羅斯（George Soros）稱這兩者是自反關係（reflexive relationship），也就是投資人的感受會改變經濟基本面[5]。雖然兩者互相影響，但這兩個限制條件是分開的。

　　總體經濟限制條件：為了找出總體經濟限制條件，我靠的是經濟基本面：成長的主要動力為何？生產力高嗎，還是大部分的成長來自勞動成長？經濟是否有結構性失衡——長期失業和就業不足、管制過多、國內產業保護主義、財富不均？經常帳是否平衡？如果不平衡，原因是太依賴出口（例如出口大宗商品）還是太多進口產品和資金？國內總體經濟

---

5 George Soros, The Alchemy of Finance (New Jersey: Wiley, 1987)。自反性的另一個範例就是貨幣及利率。一國的貨幣強勢升值，就算是因為投機性質以及短期的資金流入，也會令央行降低利率。低利率創造良性循環有助於經濟成長，自反性質持續，因此貨幣會再進一步升值。

政策鼓勵創造性破壞和競爭的程度為何？

　　這些都是大一經濟學系的學生會學著提出並回答的問題。我使用總體經濟基本面就像醫生使用健康指標一樣（血液、心跳等等）。單一警示，例如膽固醇偏高，很容易分開來處理。醫生會指示：去跑步機上跑一跑，然後別再吃飽和脂肪了。但是如果有多個指標都脫離常軌，醫生就會指示病患做更多事。就像醫生一樣，如果我的診斷問題發現夠多意外的答案，我就會更仔細調查以找到根源（我在第九章對印度的評估就是這個程序的範例）。

　　金融限制條件：一個國家可能很長一段時間的總體經濟基本面很差，但投資人的熱情可以讓經濟繼續撐下去。投資人的資金流入會掩蓋潛在的問題，就像止痛藥會掩飾發燒一樣。

　　希臘不是在 2010 年一夕間變成生產力低落、債臺高築、低成長的經濟體。其結構性衰落是從 1990 年代開始的。然而投資人仍忽略基本面而大買其資產，尤其是債市。投資人的熱情讓決策官員變得自滿。

　　因此，運作正常的市場所扮演的角色就是限制決策官員，使他們維持紀律，但投資人並不會總是鼓勵這樣的環境。而

圖 5.1　熟睡的市場

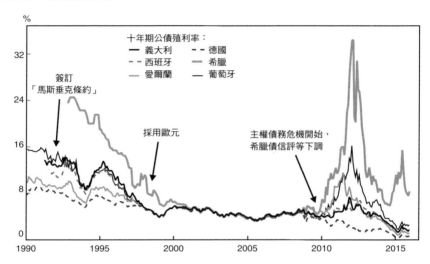

資料來源：MACROBOND 金融。
獲 BCA 研究公司（WWW.BCARESEARCH.COM）同意印製。

且市場並不理性，並由言論所驅動[6]。這些言論可以讓恐懼加劇令跌勢惡化，也可以放大狂熱的程度。

　　在 2000 年代時，地中海歐洲這一邊的投資人慶祝歐元區的成立而大舉買入各成員國的債市。大舉買公債導致殖利率趨同，決策官員什麼也不必做就得到獎勵（圖 5.1）。市場沒有扮演好自己的角色。當市場從夢中醒來驚叫。債券殖利

---

6 Robert J. Shiller, Narrative Economics: How Stories Go Viral & Drive Major Economic
　　Events (Princeton, NJ: Princeton University Press, 2019).

率的衝擊可能比飛彈還要大。

我將在本章調查總體與市場的限制條件，將每一個條件套用到歐元區危機。我會說明為何總體經濟基本面和市場力量，是任何國家偏好退出歐元區的限制條件——儘管當時市場的共識認為，這樣的因素鼓勵各國退出歐盟。大部分的投資人和財經記者認為，市場就像是離心力，終究會讓歐洲各國分崩離析。他們之所以做出這個結論是因為他們過度強調決策官員對退出歐元區的偏好，尤其是希臘。

基本面的運作：德國問題

經濟是決策官員的直接限制條件。高通膨與失業率可能一起導致痛苦指數升高，就像阿根廷的情況一樣[7]。然而預測員需要看的不只是直接的原因，還要考慮比較微妙的隱含的情況。歐元區分析師所犯下最嚴重的錯誤之一，就是誤解了德國與歐洲地中海經濟體的權力動態。

自拿破崙戰敗以來，「德國問題」一直是歐洲的中心地緣政治兩難。1789 年法國大革命的動亂之後，巴黎新的精英面臨兩難：他們需要發展一個制度，來控制不再因為君主而團結的異質性國家[8]。答案就是一個新的統治模式：民族主義。

---

7 請參閱第三章。
8 這段期間，法國境內只有 12~13% 的民眾說的是法蘭西島（Île-de-France）法語。原
　文請參閱：Eric Hobsbawm, Nations and Nationalism Since 1780, 2nd ed. (Cambridge:

接下來的一百年，國家機關的重心放在「把鄉下人變成法國人」，這是歷史學家尤金・韋柏（Eugen Weber）的說法[9]。

很遺憾，對巴黎的精英來說，法國這個國家的建立會因為德國的成立而結束。正如民族主義鼓勵法國的鄉下人成為法國人一樣，民族主義也鼓勵散佈在三十幾個主權國家的鄉下人最終成為德國人。

德國於 1871 年的統一，在歐洲地理中心創造了一個經濟與人口超級強權。由於國土大小和國家的潛力，從一開始就讓相對較弱的鄰國對其產生懷疑和恐懼。德國的領導者知道各國對其不信任，因此試圖追求平衡歐陸其他國家的力量，以防止出現反德國家團結，尤其是由法國領導的勢力。

德國兩度選擇以武力來回答自己的問題，但兩次都失敗了，而且第二次差點把自己的國家整個瓦解。雖然德國是個令人畏懼的國家，但仍不敵歐陸所有國家團結起來對付它。

對德國來說，和可能會成為對手的國家團結——也就是成立歐盟和歐洲貨幣聯盟——是解決德國問題的另一條道路。

不同於一般人認為的，德國創造歐元並不是為了削弱其他歐洲經濟體。學究指出，歐洲央行（European Central

Cambridge University Press, 1997)。

9 Eugen Weber, Peasants into Frenchmen: The Modernization of Rural France (1870–1914) (Stanford, CA: Stanford University Press, 1976)。

Bank，ECB）總部位於法蘭克福，就是「條頓人陰謀」（Teuton conspiracy）的證明。並非如此。德國要求歐洲央行要在法蘭克福，是因為德國失去了自己的貨幣，所以希望以此為慰藉。（譯注：條頓人是古日爾曼人的一個分支。）

　　歐洲貨幣聯盟成立，歐盟才能運作。沒有共同的貨幣，一個沒有貿易邊界的共同市場就無法成立。為什麼？因為讓本國貨幣貶值以獲得競爭優勢的吸引力太大了。如果每次義大利經濟變弱，就可以透過讓里拉貶值 15%，其貿易夥伴最終必須對義大利祭出關稅，而歐洲統合的計畫就完了。

　　為了避免歐洲國家透過貨幣貶值來取得競爭優勢，歐洲經濟共同體（European Economic Community，EEC）的成員並沒有立即尋找共同貨幣的解決方法。一開始歐洲經濟共同體創造一種複雜的貨幣掛鉤機制（稱之為「蛇形浮動」〔snake in the tunnel〕）。當這個機制沒有用，就會將歐洲所有貨幣緊盯德國馬克。但是這個解決辦法給了德國央行太大的權力來決定歐洲的貨幣政策。

　　這些最初嘗試穩定歐盟經濟的措施顯示的是，第三次嘗試方案的目標，也就是歐元的目標，並非讓德國受惠，而是要約束德國對歐洲貨幣政策的權力。只不過德國還是從中受惠就是了。

　　德國將其貨幣與其他歐元區貨幣掛鉤，使得德國馬克兌

圖 5.2　德國稀釋了德國馬克

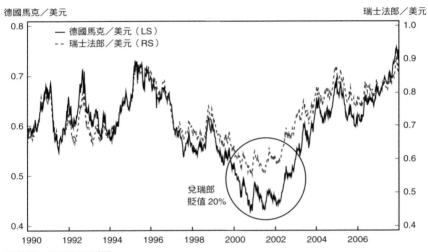

德國馬克／美元　　　　　　　　　　　　　　　　　瑞士法郎／美元

資料來源：MACROBOND 金融。
獲 BCA 研究公司（WWW.BCARESEARCH.COM）同意印製。

競爭貨幣貶值了將近 20%（圖 5.2）。你可以把歐元想像成貨幣的奶昔。德國加入香甜的義大利、法國和西班牙的香蕉口味貨幣，稀釋了德國馬克濃濃的蛋白質粉味道。把德國馬克從奶昔中取出，德國商品忽然間就增值至少 20%，沒人知道最高會增值百分之多少。

　　1990 年代的德國經濟亟需改革。到了 2000 年代初期，一個過度監管的勞動市場和東歐鄰國加入歐盟，促使柏林當局與工會談判一個改革方案，稱為哈茲四（Hartz IV）改革。這些改革導致德國失業率大幅下滑，並穩定國內生產毛額的

圖 5.3　德國為歐元區做好準備

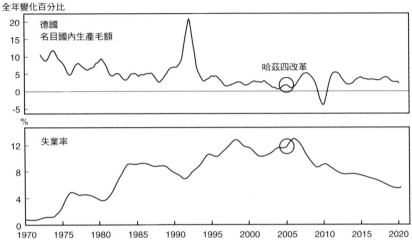

全年變化百分比

德國
名目國內生產毛額

哈茲四改革

失業率

資料來源：MACROBOND 金融。
獲 BCA 研究公司（WWW.BCARESEARCH.COM）同意印製。

成長（圖 5.3）。

　　不同於歐洲其他國家的是，德國並沒有浪費 21 世紀初期
的幾年。它捲起袖子來進行痛苦的改革。德國刪減長期失業
福利，並引進短期替代工作。哈茲改革的長期效應是失業率
大幅降低，從 2002 年 1 月的高峰 11.5% 降至目前周期結束
時的 4.9%。改革也鼓勵薪資成長穩定上升（雖然比生產力成
長的步調緩慢）──儘管傳統的觀點認為改革會造成相反的
效果。

　　2010 年歐元區危機開始時，德國沒有選擇只好紓困地中

圖 5.4　德國需要歐洲

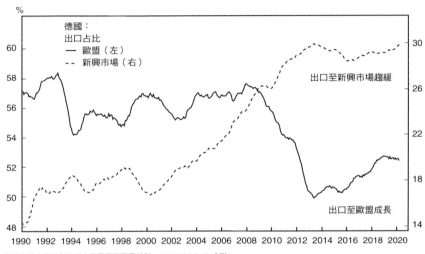

資料來源：國際貨幣基金貿易國際貿易統計、MACROBOND 金融。
獲 BCA 研究公司（WWW.BCARESEARCH.COM）同意印製。

海的國家。柏林花了 20 年的時間為貨幣聯盟做準備，調整德國出口導向的經濟以求成功。按照計畫，德國的經濟極為依賴出口。2010 年時，德國的出口對象有 55% 是歐盟國家。

　　雖然出口至諸如中國等新興市場正在增加，但當時只占總出口的 28%（圖 5.4）。德國對歐元區國家的依賴──占總出口的 42% ──在 2010 年時限制決策官員讓別國退出歐元區，就算他們很想這麼做也不行。

　　經濟依賴歐盟國家，是德國退出歐元區的支點限制條件，而且愈來愈強。以德國的人口分佈來看，其經濟不太可能找

到新的顧客群。德國的出生率為每名婦女生育 1.46 個孩子，而且普遍反移民的政策，使得德國的內需不太可能飆升。在可預見的未來，德國經濟必須依賴出口，而且是出口至歐洲。

美國和中國的貿易保護主義升高，以及第四章中提到的改革使得中國的成長減緩加劇，這表示德國甩不掉歐盟的夥伴及其共同市場。德國面臨左右為難的局面：依賴歐盟的顧客，而且找不到新的顧客。

2010 全年，財經媒體忽略這些讓德國無法退出歐元區的基本面總體經濟限制條件。也許媒體的沉默是記者懶惰的症狀，但是報導也偏頗傾向疑歐論。英國媒體尤其傾斜，將自己的疑歐論投射到德國民眾與決策官員。「德國疑歐論升高」這句話變成總部位於倫敦的一大堆報刊在（現在看來是可悲又錯誤的）報導的簡略表達法。

若要更精準地預測德國的行為，學究只需要看民調即可。德國的中間選民沒有多久就發現，他們的的福利和共同貨幣區的福利直接相連（圖 5.5）。德國的決策官員，就連疑歐派的官員，也很快就跟上而且核准一個又一個的紓困。

德國中間選民轉向最親歐立場，這趟奇特歷程的高峰是總理梅克爾（Angela Merkel）積極推動將歐元區的債務共同化，而大部分的學究原本認為柏林絕對不會這麼做。馬克宏－梅克爾提議的「歐洲復甦基金」（European Recovery

圖 5.5　德國高度支持歐元區

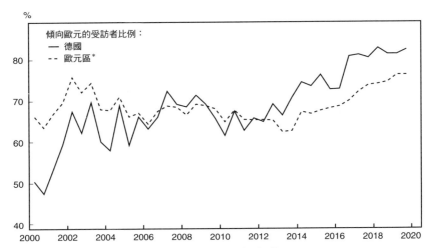

*　希臘、德國、西班牙、法國、義大利、葡萄牙、比利時、荷蘭和奧地利平均。
　　資料來源：歐洲趨勢調查、MACROBOND 金融。
　　獲 BCA 研究公司（WWW.BCARESEARCH.COM）同意印製。

Fund）就算是「節儉四國」（frugal four）奧地利、丹麥、
荷蘭及瑞典反對，也很可能在 2020 年通過。（譯按：歐洲
27 國於 2020 年 12 月 10 日就總計 1.8 兆歐元的七年預算和
復甦基金達成共識，並於 2021 年 6 月 28 日發放首筆現金 8
億歐元給 16 個歐盟國家，包括法國、德國、丹麥、愛沙尼亞
和捷克。）

　　梅克爾早就瞭解到的是：歐洲要靠自己。在一個多極化
的世界裡，歐洲主權國家要抗衡中國、俄羅斯、印度、伊朗，

還有，沒錯，就是美國，除了歐洲整合別無他法。而美國與英國的疑歐派學究沒有瞭解到的是，歐洲的決策官員和選民…客氣點的說法就是，他們不是笨蛋。

　　歐盟若是解體，會讓諸如瑞典、荷蘭和西班牙這些曾經是稱霸全球的帝國，現在頂多是活生生的博物館這類國家，在 21 世紀的大國博奕中變成跑龍套的小角色。就連德國、法國和義大利，也很難在以洲為單位的強權時代，只顧及自己國家的利益。

　　雖然我覺得梅克爾從歐元區危機一開始就考慮這個地緣政治必要性，但是直到川普當選才刺激了以謹慎聞名的梅克爾採取激烈的行動。2017 年 5 月，梅克爾在西西里島的七大工業國高峰會時與川普會面。在那場會議中，川普指責德國與美國大規模的貿易順差，還把梅克爾視為競爭對手。

　　高峰會後，梅克爾很快就飛回德國並直奔慕尼黑的啤酒館，向基督教社會聯盟（Christian Social Union，CSU）宣佈：「我們可以完全依賴其他人的時代已經結束了…」[10]。她選擇的演說地點和對象很明顯。

　　基督教社會聯盟是梅克爾的基督教民主聯盟（Christian

---

10 Matthey Karnitschnig, "What Angela Merkel meant at the Munich beer hall, Politico, May 28, 2017. https://www.politico.eu/article/what-angela-merkel-meant-at-themunich-beer-hall/

Democratic Union，CDU）的姐妹黨，而且在歐元區危機時一直持疑歐論，該黨的國會議員經常投票反對總理對個別紓困的決定。梅克爾的意圖是直搗保守的巴伐利亞，並讓她的盟友中大部分疑歐洲派人士知道，歐洲除了團結別無其他選擇。

我不覺得接下來的十年，歐洲整合會有什麼風險。可能會發生小型的危機然後危機結束，義大利一直都是潛在的麻煩來源，但是地緣政治的必要性很清楚：歐洲團結，不然它就會變得不重要。歐洲並不是從錯誤的烏托邦幻想中整合。歐洲並不是為了血腥的過去而尋求更親近的結盟。各主權國家是因為其弱點以及恐懼而整合，而且沒錯，要整合就要放棄主權。

聯盟通常因為弱點而團結，長期來說最能持續下去。畢竟美國最初的 13 個殖民地就是因為恐懼英國最終將再次入侵而團結。而瑞士這個多民族的小地方團結，就是因為如果不團結，就會被強大的鄰國瓜分。

歐洲團結是持續爭論的話題，投資人未來十年配置資產到歐洲將可獲利。是的，歐洲也會採取布宜諾斯艾利斯政策，但我懷疑遠離放任式管理的鐘擺，震盪的程度會像美國那麼用力、那麼快。

希臘退出歐元區：流著奶與蜜之地？

德國經濟上限制條件的另一面，就是希臘。整個危機的過程中，評論者認為希臘應該退出歐元區、讓貨幣貶值、讓所有債務違約，才能平順地走出最初的衝擊。諾貝爾經濟學獎得主保羅・克魯曼（Paul Krugman）就敦促雅典當局退出歐元區[11]。

同為經濟學家，也是歐洲最小心眼的漢斯－華納・辛恩（Hans－Werner Sinn），在 2015 年希臘危機最高峰時撰寫一篇投稿，呼籲團結[12]。

希臘人並不在意那些投書者。相反的，隨著危機發展，希臘對留在歐元區的支持度穩定升高（圖 5.6）。

那…希臘人是笨蛋嗎？

絕對不是！不同於那些學究的地方在於，希臘人是真的住在希臘。他們知道如果沒有歐盟成員國資格，他們就只是巴爾幹半島的一個國家而已。

經濟學家呼籲「希臘脫歐」，是在「其他條件不變的情況下」的世界裡，但這種事只存在於社會科學的實驗室裡。在這個怪異的環境中，不論是退出歐元區前或退出後，希臘

---

11 Paul Krugman, "Ending Greece's Bleeding," New York Times, July 6, 2015, https://www.nytimes.com/2015/07/06/opinion/paul-krugman-ending-greeces-bleeding.html.

12 Hans-Werner Sinn, "Why Greece Should Leave the Eurozone," New York Times, July 24, 2015, https://www.nytimes.com/2015/07/25/opinion/why-greece-should-leavethe-eurozone.html.

圖 5.6　希臘真傻，竟然不同意著名經濟學家的話

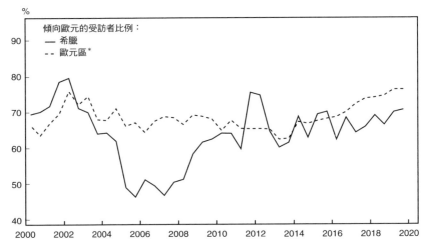

* 希臘、德國、西班牙、法國、義大利、葡萄牙、比利時、荷蘭和奧地利平均。
資料來源：歐洲趨勢調查、MACROBOND 金融。
獲 BCA 研究公司（WWW.BCARESEARCH.COM）同意印製。

都不會有政治風險，而所有管理希臘脫歐的決策官員都是經濟學博士（而且肯定也有《紐約時報》的那位投書專欄作家）。但是這個論點是個理論，所以在試算表裡執行起來才會最有效。

　　責怪希臘的貨幣造成經濟不具有競爭力，是個以稻草人來嚇唬人的論點。貨幣是稻草人，結構才是希臘真正的問題。不論是否留在歐元區，希臘都亟需結構性改革。希臘脫歐後，若要受惠於較弱的貨幣，那麼希臘就必須獲得外國直接投資。但是這個可能性不高，因為希臘後續的政治不穩定性，就已

經排除了退出歐元區。

希臘的出口收入也很少。在 2010 年之前的 15 年內，希臘失去了幾乎所有的主要出口對象，以前主要以出口服飾、配件和紡織品為主。該國的出口項目變得非常不多元化，只剩下石油提煉一個而已。

專精於這一項不只是因為加入歐元區而已，同時還有全球化和亞洲供應商的競爭。即使希臘產品貶值 50%，可能也克服不了亞洲生產商的勞動成本優勢。亞洲的經濟體獨占廉價手工產品，這以前正是希臘的主要出口產品。

2015 年的製造業占希臘總出口只有 28%（而礦業相關就占約三分之一），相較之下 2001 年時高達近 50%。出口量的減少顯示希臘沒有製造業的基礎，所以無法受惠於貨幣貶值的優勢。

在脫歐之後，希臘的決策官員可能會實施有利市場的結構性改革，以吸引尋求貨幣貶值獲利機會的外資。但如果希臘的決策官員願意承受政策徹底改變造成的痛苦，那他們就會著重於改革，而不是脫歐了。

也許我的後見之明聽起來很有道理，但是在 2015 年時，那些呼籲希臘脫歐的學究認為阿根廷是成功分離的範例。在 2020 年看來很好笑，但是我們認真地來看待這個論點。阿根廷的例子根本不適用於希臘，因為在 2001 年，布宜諾斯艾

利斯所處的全球環境，比希臘在 2015 年所處的環境還要好得多。阿根廷是大宗商品出口國，很幸運地可以在 2001 年大宗商品經歷前所未有的牛市時，以債務違約和貨幣貶值來解決經濟危機。

希臘在 2015 年脫歐的總體經濟環境糟得多。全球貿易在當時以及現在都在持續減少。同樣的，尤其是和阿根廷在 2001 年的情況相比，希臘貨幣貶值並不會對歐元或是德拉克馬幣造成多大的幫助。

希臘不同於阿根廷，它的能源完全依賴進口。2015 年時，希臘所需的能源有約 64% 是進口的。因為對能源進口的依賴，貨幣貶值可能導致任何與能源有關產品的價格立即飆漲…所以是除了沙灘的沙子以外，其他全都漲。甚至是食品價格也會因為運輸和生產成本而升高。

在受到高度支持的穩定政治領導下，通膨會在短期內飆升。但希臘的民粹主義政府可能會慌了手腳而大印鈔票，把國家推向與南斯拉夫在 1989 年經歷的相同惡性通膨。

我假設希臘政府會驚慌然後想用印鈔票來走出危機，因為希臘的公職就業人數和公部門支出很高。政府維持中間選民的支持以及政治資本最簡單的方式就是印德拉克馬幣。為了安撫選民，政府會維持津貼和公職的薪水與較高的進口成本與直線飆升的物價一致。希臘有超過五成的家庭所得仰賴

津貼。如第四章中討論過的，決定政策走向的中間選民可不
會乖乖地被通膨衝擊給打倒。

不論有沒有通膨，觀光業只占希臘國內生產毛額的 9%，
而且貨幣貶值可能可以再提高占比。但是更多的觀光收入對
希臘來說並非最佳的結果。觀光的附加價值低，而且對國家
的生產成長沒有多大的貢獻。而且對吸收就業的能力有限。

最後希臘並沒有退出歐元區。由齊普拉斯（Alexis
Tsipras）領導的民粹政府，啟動了學究之前宣稱絕對不會發
生的痛苦的結構性改革。這是個驚人的結果，因為齊普拉斯
總理領導的「激進左翼聯盟」（SYRIZA）在 2015 年時是疑
歐派。但是他在實質限制條件下被迫放棄疑歐，拉緊國家的
腰帶，扛起改革與撙節的十字架。這個十字架被傳遞給總理
米佐塔基斯（Kyriakos Mitsotakis），他現在仍扛著這個重擔。

自從改革以來，希臘的單位勞工成本已相對降至與歐元
區其他地方一致。雖然還是很高，但是沒有高太多（圖 5.7），
大幅降低了自 2000 年以來累積的競爭力差距。希臘完成了
痛苦的預算整合，這是大部分評論員都認為不可能的。主要
預算平衡（扣除支付負債的利息）從 2009 年的赤字 10% 到
2019 年的盈餘 4%（圖 5.8）。

若是在其他國家，這樣的財政調整早就會讓國家分崩離
析。但是希臘撐住了，多虧了強大的經濟限制條件讓該國無

圖 5.7 辛苦的工作都完成了，為什麼要退出？

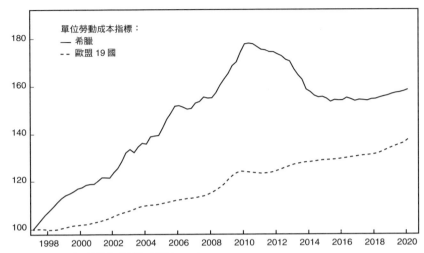

註：兩筆資料皆以四個季度移動平均顯示，且皆以 1997 年 =100。
資料來源：經濟合作開發組織、MACROBOND 金融。
獲 BCA 研究公司（WWW.BCARESEARCH.COM）同意印製。

圖 5.8 強力財政調整

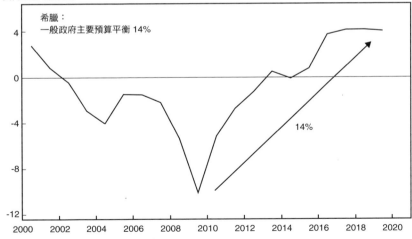

資料來源：國際貨幣基金、MACROBOND 金融。
獲 BCA 研究公司（WWW.BCARESEARCH.COM）同意印製。

法選擇「輕鬆的退路」，否則這條路會導致希臘以重大犧牲來換取勝利，以希臘來說還真是恰當的形容。因為大部分的負債是由公部門所持有且利率可談判，所以希臘所支付的利息只占國內生產毛額的 3.5%，與美國和整個歐元區一致。

呼籲希臘脫歐的學究和經濟學家懂的比希臘中間選民還少。希臘公民和決策官員非常清楚，他們不是活在「其他條件相同的情況下」這樣理論性的夢想之地。他們生活在希臘。

歐元區的主權債務危機顯示，經濟與市場的限制條件會互相影響，迫使決策官員走上使用以偏好為主的分析難以預測的道路。就算是像齊普拉斯這樣的托洛斯基（Trotskyite）共產主義者是最不可能選擇柴契爾路線的政治人物，最後在面對限制條件的情況下也選擇了柴契爾的供給端改革。實質限制條件迫使決策官員走上阻礙最小的道路。

預測員應該記住，從投資人的制高點很難看到這條路。2010 年時，市場的共識不認為柏林會允許歐洲央行直接購買政府公債，更不用說十年後的 2020 年，歐洲議會竟會代表地中海與東歐的歐盟成員國發行共同債務。2015 年時，希臘成功調整預算平衡幅度為國內生產毛額的 5%，絕對出乎市場共識的意料。

在這兩個情況下，驅動民眾意見的分析師並沒有考量經濟與市場的限制條件。他們沒有調整自己的預算方法。至

於 2020 年，學究和高談闊論的分析師還是預期義大利會脫歐、德國陷入民粹主義，以及泛歐即時全額自動清算系統（TARGET2）機制會讓人類毀滅 [13]。

地緣政治與經濟：貿易戰能持續嗎？

預測員低估經濟與市場限制條件的另一個事件，就是美中貿易戰。

市場有愈來愈多的共識認為，中國與美國註定會重複 20 世紀的冷戰。在這個假設中，貿易爭端是地緣政治冰山的一角。

至少就投資界來說，我在這個共識產生的過程中扮演了一個角色，我在 2012 年 9 月發表的〈東亞的權力與政治：冷戰 2.0 ？〉（Power and Politics in East Asia: Cold War 2.0?）。過去十年來有很長一段時間，我在 2011 年時於 BCA 研究公司開辦的投資策略刊物《地緣政治策略》（Geopolitical Strategy），操作的根據是地緣政治風險正在從中東轉往東亞的理論。

各種與投資人有關的風險，當時正在從風險正在降低的

---

13 沒聽過泛歐即時全額自動清算系統機制嗎？很好，這不會造成歐元區瓦解，我提到的任何其他情境也不會。在本章最後一節，我將詳細闡述泛歐即時全額自動清算系統機制對歐元區來說一點也不危險。

地區，轉移到很快就會升高的地區，這對投資人來說是個警訊。而中國就在地緣政治風險升高的地區。這個理論仍有效，但潛在的「矽幕」（Silicon Curtain）並不自動等於資本主義分叉為兩個區域。中國與美國之間的貿易、資本流動和人員往來將繼續，甚至可能增加。

兩國決策官員的偏好的確變得愈來愈具有衝突性。中國的民族主義情緒正在高漲，而北京可能煽風點火，以轉移愈來愈多的中產階級的注意力，讓他們不要去注意國內的問題。在美國，新的麥卡錫主義（McCarthyism）正在逼近，還有對中鷹派尋找任何理由以禁止或限制與中國的經濟互動，甚至是單純的互動也不行[14]。

儘管兩國有自己的偏好，但是被全球秩序多極化所強化的總體經濟限制條件，將會防止資本主義分成兩條路線。

這和資助國防支出完全沒有關係，但美國的遊說份子加入了這一個條款以保護國內產業不被中國製造的電動公車傷害。否則中國的軍隊就可以透過公車監視美國公民…如果公車真的是中國製造的。其實公車是在美國製造的！這個條款

---

[14] 並非所有以國家安全而帶動的貿易保護主義都是麥卡錫主義。有很多理由要確保重要產品的供給安全。然而一些美國遊說團體已經把「國家安全」當成一體適用的用語，以設法讓對自己有利的法案通過。美國對中國過度反應的情況中，我個人最喜歡的例子是國會於 2020 年通過國防撥款法案。其中一個條款限制美國的城市採購中國製造的巴士和鐵路車廂。

影響最大的中國公司「打造夢想（比亞迪）」（Build Your Dreams，BYD）的工廠在伊利諾州和加州。如果爆發戰爭，美國大可以將工廠國有化，然後取得中國所知的資料。

權力動態與古希臘：理論的中場

1897 年在德國的帝國國會大廈大會場（Reichstag）演說時，德國的外交部長布洛（Bernhard von Bülow）宣稱，該讓德國「得到應有的地位了」[15]。當時正在辯論德國對東亞的政策。布洛很快就在威廉二世皇帝（Kaiser Wilhelm II）的統治下升任總理，並讓德國的外交政策從現實政策（Realpolitik）轉型為世界政策（Weltpolitik）。雖然俾斯麥發展現實政策以謹慎平衡全球的權力，但布洛和威廉二世則是利用世界政策，透過侵略性的外交與貿易政策來重劃現狀。

在這個稱為「修昔底德陷阱」（Thucydides Trap）的歷史悲劇中，德意志帝國加入了一長串挑戰者的行列，從雅典一直到 2020 年的中國都是挑戰者。[16]

世界史的學生會知道這背後的概念。這個名稱是取自希臘史學家修昔底德和他著名的《伯羅奔尼撒戰爭史》（History

---

15 "Bernhard von Bülow on Germany's 'Place in the Sun,'" German Historical Institute 3 (1897): 1074–1083, http://germanhistorydocs.ghi-dc.org/pdf/eng/607_Buelow_Place %20in%20the%20Sun_111.pdf

16 Graham Allison, Destined for War: Can America and China Escape Thucydides's Trap? (New York: Houghton Mifflin Harcourt, 2017).

of the Peloponnesian War）[17]。修昔底德解釋為何斯巴達和雅典會開戰，但是不同於當代的學者，他並沒有將戰爭道德化或是指責眾神。相反的，他很簡略的描述了原因：剛崛起的雅典和原本的霸主斯巴達，因為長期的不信任，最後沒有別的辦法只好開戰。國際關係學者葛拉罕・艾利森（Graham Allison）認為，現有的強權與挑戰者之間的互動，幾乎總是會走向衝突。

他的調查發現，十六次中有十二次會爆發軍事衝突。而沒有發生衝突的四次中，有三次是因為霸權過度期的兩個國家有共同深厚的文化關係，而且都尊重當時的體制[18]。在這些案例中，在過度期間，新的管理者執行的是相同的世界體制。四個沒有發生戰爭的案例最後一個，就是美蘇冷戰。

是什麼導致兩個競爭強權陷入修昔底德陷阱？當守成的強國站在權力的高峰時，其影響勢力範圍維持不變。相對於高點的勢力下滑，導致「帝國過度擴張」。為了應對這樣的問題，強權或是帝國勢力錯誤的加倍設法維持已經承擔不了的現狀。

玩過「戰國風雲」（Risk）桌遊的人，就很清楚這種動態。

---

17 Thucydides, History of the Peloponnesian War (London: Penguin Classics, 1972).
18 這三次分別是 16 世紀西班牙取代葡萄牙、20 世紀美國取代英國，以及 21 世紀德國興起成為歐洲的地區霸主。

守成的強國已經掌握一個洲。在戰國風雲中，控制一個洲的人可以得到一個福利：每次轉角就可以增兵。守成的強國不會允許任何人在某個洲站穩腳步。它會侵蝕別人相對的勢力。地區霸權是朝向全球霸權的跳板。這讓原本沒有大本營的挑戰者得到一個大本營，並且提供物質資源以保護其大本營（並且在每次轉角都能增兵）。

即使挑戰者的意圖有限而且很克制（不過挑戰者通常野心勃勃而且非常自負），霸權也會因此覺得受到威脅。「大國政治的悲劇」在於，守成的強國反對的不是挑戰者的意圖，而是其能力。挑戰者的意圖不重要，對霸權來說重要的是挑戰者的能力是真實的而且不會改變，而意圖則是感受而且短暫的 [19]。

相對獲益：在多極的世界裡，為何貿易戰會失敗

挑戰者總是會有內在邏輯將自己的野心合理化。2020 年以中國來說，精英階級認為國家已逆轉幾個世紀以來的情勢。2020 年的中國究竟是挑戰者還是守成者，要視歷史的角度而定。21 世紀的中國是過去 300 年來現況的「挑戰者」。

但卻是過去四千年以來的「已確立的」強權。市場對中

---

19 John Mearsheimer, The Tragedy of Great Power Politics (New York: W.W. Norton & Company, 2001).

國的共識是採取長期觀點。因此，它不需要聽從現有的全球現況。畢竟當代的環境是，其他西方帝國主義者「挑戰」已確立的獨裁中國秩序。

為了將全球影響力的野心進一步合理化，中國稱自己與全球經濟的相關性至少與美國一樣，因此在全球治理中應該有更大的發言權。雖然 2020 年的美國占全球經濟的比重仍較大，但過去 20 年來，中國也為全球生產毛額的成長貢獻了 23%，相較之下美國只有 13%。長期下來，中國的經濟需求將有更大的影響力。

正如中國想奪取權勢，川普總統積極的貿易政策在政治理論的背景中也很合理──某個程度上來說。

現實的政治理論專注於相對的獲益，而非所有關係中的絕對獲利，包括貿易在內。貿易帶來經濟繁榮，繁榮帶來累積經濟盈餘，經濟盈餘帶來軍事支出、研究與發展。但兩個只在乎相對獲益的對手國會創造出零和遊戲，同時也沒有合作的空間。這是一個「囚犯困境」，可能造成次佳的經濟結果，因為雙方都選擇不要合作。

圖 5.9 顯示國家的貿易行為的相對獲益計算。在缺乏地緣政治的情況下，因為無法在國內生產（Q0）以滿足需求，

圖 5.9　多極世界中的貿易戰

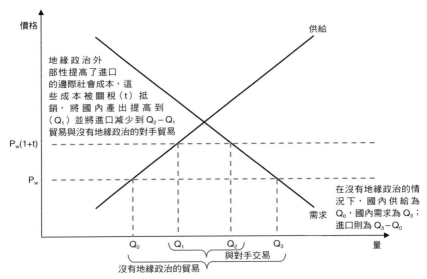

獲德羅布尼集團（CLOCKTOWER GROUP）同意印製。

透過貿易（Q3 – Q0）滿足需求（Q3）[20]。

　　但是地緣政治的外部性，例如與其他國家的競爭，會提高進口的邊際社會成本。貿易讓競爭對手從貿易中獲得更多，並且「追趕上」地緣政治能力。因此貿易國會用關稅 (t) 來消除這樣的外部性，將國內產出提升至 Q1，將需求降至 Q2。進口降至 Q2 – Q1，在沒有地緣政治的世界中，這只是他們

20　圖 5.9 是修改是喬安・哥瓦（Joanne Gowa）和愛德華 D. 曼斯菲德（Edward D. Mansfield）的「權力政治與國際貿易」 "Power Politics and International Trade," American Political Science Review 87, no. 2 (June 1993): 409。

實力的一小部分。

結果呢？在一個兩個強權對決的兩極世界中，相對貿易獲益會主導情勢。

那麼單極世界又如何？在單極世界中只有一個強權，這個強權會放鬆戒心，因為不太會出現競爭對手。正如政治學家鄧肯‧斯奈德（Duncan Snidal）在一篇 1991 年的報告中說的：

當全球體系一設立完成，霸權就會與較小的國家協議。霸權比較在乎的是絕對的獲益，（但是）較小的國家則較在意相對的獲益，所以和他們談判並不容易。有利於小國的合作安排，會導致相對的霸權衰弱。由於有利於小國的利益分配不均有助於它們趕上霸權行為者，這也會降低他們對霸權行為者所施加的相對獲利的重量。

與此同時，主導勢力相對下滑，會提升霸權國家相對於其他國家的獲利，尤其是新興的挑戰者。產生的淨結果就是最大參與者面臨愈來愈大的壓力要改變現有體制，以獲得更大的合作利益[21]。

---

21 Duncan Snidal, "Relative Gains and the Pattern of International Cooperation," American Political Science Review 85, no. 3 (September 1991): 720.

　　當單極霸權設立了全球體系後，較小的國家一開始較在乎的是相對的獲益，因為它們比霸權對國家安全更為敏感。霸權擁有龐大的勢力，所以對安全的需求比較放鬆。對各國來說重要性不同，就能解釋為什麼老布希、柯林頓和小布希全都和中國作「不好的生意」。

　　斯奈德寫於將近 30 年前，卻中肯的描述現在的美中貿易戰。他也預測，隨著美國愈來愈注意到相對的得失，就會對原本的安排感到不滿。斯奈德以為他描述的是未來十年的無政治狀態。但他和其他政治學者在 1990 年代初期所寫的情況，低估了美國的勢力。美國霸權的「單極時刻」在當時還沒有結束；而是才剛開始！因此，斯奈德所描述的情況，花了 30 年才實現。

　　在預測從美國霸權轉移的過度時期可能的情勢時，大部的投資人都仰賴冷戰模式，因為那是過去 50 年來世界唯一不是單極化的期間。此外，冷戰提供一個簡單、兩極的權力分佈，很容易透過賽局理論來產生模型。如果立即發生兩極的情況，那麼斯奈德文章的節錄就足以分析了。

　　美國與中國會將世界分為兩個陣營，正如美國和蘇聯那樣。美國會完全放棄全球化，在中國周圍佈下嚴格的「矽幕」，並強迫盟友跟隨美國的腳步。北京與華府的許多決策官員都很可能會傾向這樣的結果。

但是人類歷史大部份的時候都是被多個國家的權力多極分佈的情況所決定的,而不是單極的情勢。

美蘇冷戰並不適用於類比 2020 年的世界。在多極的世界中,斯奈德的結論說:「不合作的國家會落後其他願意合作而相對獲利最大的國家。因此,當你的競爭對手在多邊相對獲利的世界中合作,合作是最佳的防禦(也是最佳的攻擊)」。斯奈德透過建立正式的模型顯示,當參與者數目從原本的兩個增加時,對相對獲利的敏感度就會降低。每增加一個新的參與者,各國就會使絕對獲益最大化,以便在更多參與者的情況下維持競爭優勢[22]。

美中關係並非真空狀態,全球的大環境會加以調整,而 2020 年的世界是個多極的世界,歐盟、俄羅斯、印度、伊朗、土耳其、墨西哥和巴西全都是主要的經濟和地緣政治參與者。在一個多極的世界裡,經濟限制條件的表現不同於在兩極或單極的世界中。

「多極」指的是在地緣政治權力的分佈中,一或兩個強大的參與者已不再占據多數。後 2010 年的世界正在往更多元的方向發展。歐洲和日本都是龐大的經濟體和軍事能力。

---

22 原文請參閱 Snidal, "Relative Gains and the Pattern of International Cooperation," 722。我沒有詳細介紹斯奈德非常傑出的賽局理論或是正式的模型,因為內容非常複雜而且詳細。但我鼓勵有興趣的讀者自己去瀏覽這個研究。

即使在地緣政治權力上被印度超越，俄羅斯仍是龐大的軍事力量。伊朗、土耳其、墨西哥和巴西都在愈來愈複雜和混亂的世界中維持性獨立性。

　　一個多極的世界是最沒有秩序也是最不穩定的世界體制，原因有三個：

　　·數學：多極有助於創造更多可能「發生衝突的雙方」並導致衝突。在一個單極的世界裡，只有一個國家決定行為準則。衝突是有可能的，但只有當霸權允許衝突時才會發生。在一個兩極的世界裡，衝突是有可能發生的，但必須與兩個主要強權形成的軸一致才行。而在多極的世界中，盟友不斷地轉向，並產生新的衝突雙方。各國不需要獲得全球性的規則制定者的允許就能發生衝突。

　　·缺乏合作：在多極世界中，全球合作會受挫，因為有更多「否決者」（veto players），或是行為者有足夠的勢力可以打擊全球的提議。多極與法制民主會面臨相同的劣勢：比在集中化權力結構中有更多的制衡。任何一者都可能阻礙單一合作的努力。在有壓力的時期，例如當積極的新興強權使用武力，或是當世界面臨經濟危機或疫病大流行時，缺乏全球性的合作，代價非常高。

　　·錯誤：在一個單極與兩極的世界中，因為具有獨立能力可以採取行動的團體比較少，所以同時擲出的骰子數量有

限。因此，大規模悲劇性錯誤的機率相對較低，複雜、公式化的交戰規則關係可以減輕後果。

　　美蘇相互保證毀滅就是這樣的一個關係。但是在一個多極化的世界中，一個隨機的事件，例如暗殺政要，就有可能啟動世界大戰 [23]。多極體制更傾向發生意外也更動態，因此難以預測。

　　下頁圖 5.10 已針對多極世界做調整。除了強調輸給其他強權的交易外，其他都與圖 5.9 一樣。在一個多極世界中，國家考慮課徵關稅以降低與競爭對手交易的邊際社會成本，就是這個損失的交易的原因。在川普時代與中國之間的貿易戰大環境下，這個缺口包含所有賣給中國的歐洲空中巴士和巴西的大豆以取代美國的出口。對中國來說，這個缺口包含所有亞洲其他地區生產並運送到美國的機械、電子和資本財。美國與中國在多極世界中損失的貿易，就是支點限制條件，讓雙方不會爆發全面的貿易戰。

　　華府在剛開始與發生中國齟齬時，可以誘騙盟友利用獲利極佳的貿易損失（Q3 − Q0）−（Q2 − Q1）。但是實地研究顯示，美國的盟友，包括歐洲、日本、南韓、臺灣等，都會

---

23 向我的祖國塞爾維亞致敬！

圖 5.10　多極世界中的貿易戰

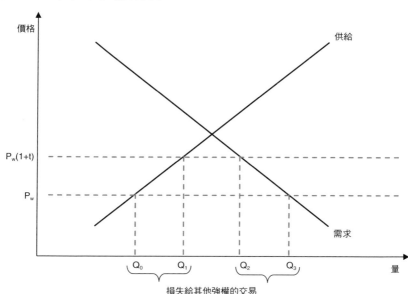

獲德羅布尼集團（CLOCKTOWER GROUP）同意印製。

忽視團結的訴求。在兩極化的體制中創造聯盟，會對雙邊貿
易流動產生大規模、具有統計顯著性的影響，但這樣的關係
在多極的大環境中卻會減弱[24]。

　　除非美國能採取真誠的外交手段，加強與盟友的關係並
實施貿易制裁——如果川普連任就不太可能，否則美國自利
的盟友就會繼續與中國貿易。美國無法將中國排除於全球體

---

24 Gowa, "Power Politics," 409.

制外，中國也無法實現習近平吹噓的「自給自足」。

第一次和第二次世界大戰都是這個觀點的歷史前例。前兩次證明了經濟上的限制條件可以也已經否決了地緣政治的需要和決策官員的偏好。

世界大戰：多極世界中的經濟限制條件

1896 年時，英國最暢銷的手冊是《德國製造》（Made in Germany）中描繪一個可怕的景象：「一個巨大的商業國家正在興起並威脅我們的繁榮，和我們爭奪世界貿易」[25]。作者 E.E. 威廉斯敦促讀者：「在你家中四處看看，你的孩子在嬰兒房裡的所有玩具、娃娃和童話書，全都是德國製造的：不對，你最喜歡的（愛國）報紙的內容，也是出自同一個地方」。威廉斯稍後寫道，關稅就是解答，而且關稅「會讓德國屈服，乞求我們的寬恕」[26]。

到了 1890 年代，英國政府知道德國是最大的國安威脅。1898 和 1900 年的德國海軍法啟動大規模的海軍建設，唯一的目的就是讓德帝國脫離日德蘭北島的地理限制。到了 1902 年，皇家海軍大臣就注意到「龐大的新德國海軍已經精細地

25 Ernest Edwin Williams, Made in Germany, reprinted ed. (Ithaca: Cornell University Press, 1896), https://archive.org/details/cu31924031247830.
26 引述自原文：Margaret MacMillan, The War That Ended Peace (Toronto: Allen Lane, 2014)。

建立了，目的是要與我國開戰」[27]。

　　為了防禦德國的威脅，倫敦於 1904 年與法國簽署了一些協議，稱為誠摯協定（Entente Cordiale）。德國立即於 1905 年的第一次摩洛哥危機時測試這個協定，結果只是激怒英法聯盟。法國與英國於 1907 年拉攏蘇俄斯，建立了「三國協約」（Triple Entente）。

　　以後見之明來看，這個聯盟的組成，是解決德國於 1871 年統一後快速興起的解決辦法。但我不會低估這些地緣政治事件的規模及其巧思。英法要在 1904 年組織聯盟，就必須放下五百多年來的衝突，過去這些衝突都是以流血來解決的。兩者的聯盟顯示著結構性的轉變———一種他們違背歷史、根深蒂固的敵意和意識形態而進行的轉變[28]。

　　政治和歷史學家都同意，地緣政治的敵意很少造成冷戰期間發生的兩邊經濟關係。實地研究與正式的模型都的顯示，即使是競爭對手和戰爭時期也會進行貿易[29]。

　　英國與德國之間的確有經濟往來，貿易穩定增加直到第

---

27 Peter Liberman, "Trading with the Enemy: Security and Relative Economic Gains," International Security 21, no. 1 (Summer 1996): 147–175.

28 France and Russia overcame even greater bitterness due to the ideological differences between a republic founded on a violent uprising against its aristocracy – France – and an aristocratic authoritarian regime – Russia.

29 法國與俄羅斯克服的意識型態差異更大，因為一邊是透過暴力反抗貴族而建立的共和國，也就是法國，而另一邊是貴族專制的政權，也就是俄羅斯。

圖 5.11　與德國貿易的盟友……

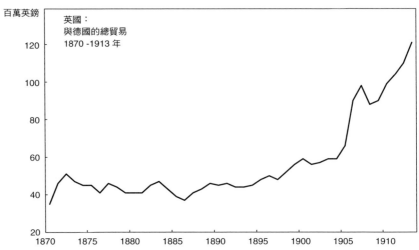

資料來源：B.R. MITCHELL, INTERNATIONAL HISTORICAL STATISTICS: EUROPE, 1750 -1988。
獲德羅布尼集團（CLOCKTOWER GROUP）同意印製。

一次世界大戰爆發（圖 5.11）。因為英國的放任式經濟意識
型態而可以忽略經濟往來。又或者倫敦憂心防禦較弱的殖民
地（如果英國轉為保護主義，就是防禦程度最弱的殖民地）。

　　這些論點足以解釋英國與世隔絕的行為，但是無法解釋
為何在同一段時間內，俄羅斯和法國也都增加與德帝國的貿
易（下頁圖 5.12）。若非天真的決策官員對即將爆發的戰爭
視而不見，導致這三個國家都與敵人進行貿易——從戰爭預
知的經驗記錄來看不太可能，就是他們無法承受失去與德國

圖5.12　直到第一次世界大戰前

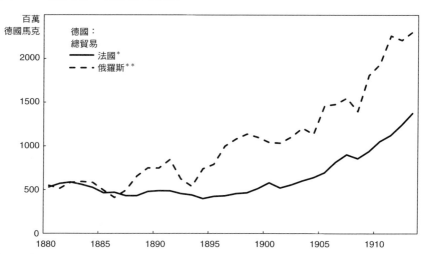

* 包括阿爾及利亞和突尼西亞，直到 1897 年。
** 包括芬蘭直到 1897 年。
　資料來源：MITCHELL, INTERNATIONAL HISTORICAL STATISTICS: EUROPE, 1750 -1988。
　獲德羅布尼集團（CLOCKTOWER GROUP）同意印製。

貿易的收益，而且進入了其他國家的口袋。盟友之間都擔心
絕對貿易利益被其他盟友拿走。這樣的憂心讓他們繼續與敵
人貿易。

　　第二次世界大戰前，也發生過類似的情況。美日關係於
1930 年代惡化，而日本於 1931 年入侵滿洲。1934 年時，
日本退出太平洋勢力平衡的基石——1922 年的華盛頓海軍
條約（1922 Washington Naval Treaty），並開始大規模建
設海軍。1937 年時日本入侵中國。儘管這些行為是清楚而且

圖 5.13　日本與美國持續貿易直到戰爭爆發

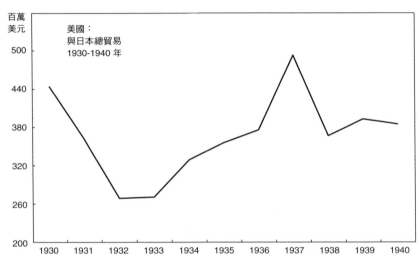

資料來源：B.R. MITCHELL, INTERNATIONAL HISTORICAL STATISTICS: THE AMERICAS, 1750 -1988。
獲德羅布尼集團（CLOCKTOWER GROUP）同意印製。

已經存在的危險，美仍持續與日本貿易，一直到 1941 年 7
月 26 日──日本完成入侵印度支那（圖 5.13）。12 月 7 日，
日本對美國發動攻擊。

　　分析師可能會把這些貿易模式歸因於決策官員的無能，
而不是刻意這麼做，既然如此，世界各國的領袖就會從過去
的事件中學到教訓。正是因為決策官員的疏忽導致第一和第
二次世界大戰，他們在新的世紀就不會（或不應該）犯下相
同的錯誤。

　　但我對於這種 20 世紀初和中期決策官員（相較於現在的領袖）搞不清楚狀況的觀點持懷疑的態度。限制條件架構讓分析師尋找系統性的原因以解釋領袖的行為，而不是把意外的行為說成是異數或偏好就這麼算了。

　　政治理論解釋了雖然威脅很明顯，但倫敦與華府會繼續與敵人貿易的原因。多極經濟的限制條件系統性的本質，代表決策官員對相對的經濟利益較不敏感。由於聯盟會變化且難以約束盟友的行為，所以多極化使得國家面臨集體行動的問題。

　　以美國和中國來說，川普總統加劇了這種強制的自我依賴，因為他傾向繞過多邊外交手段，專注到甚至是執著於重商主義的權力措施（即美國貿易赤字）。如果反中的貿易政策包括對盟友貿易關係寬大的措施，這個方式可以創造一個反北京的「自願聯盟」。

　　但是因為對貿易赤字的憂慮，川普政府沒有以財務獎勵美國的盟友。在歷經兩年對歐盟、日本和加拿大課徵關稅和威脅後，川普政府已經向全世界表達，舊的聯盟和合作道路是可以修正的。

　　我預測兩個可能的情況：

　　· 嘗試損害控制：美國的領導者會發現他們的系統性多極經濟限制條件，並持續與中國貿易，不過會有限制和變化。

然而這樣的貿易並不會減少地緣政治緊張，也不會阻止軍事衝突。事實上，就算美中貿易仍穩定，軍事衝突的可能性仍可能會增加。

．**情況加劇**：美國的領導者沒有正確評估他們所處的多極世界，並將圖 5.10 中突顯的貿易利益拱手讓給經濟上的競爭對手，例如歐洲和日本。這個貿易上的轉變會讓美國和中國，在其他條件不變的情況下，變得更窮，進一步強化權力的多極分佈。

限制條件架構認為極有可能是第一個情境。

川普總統的第一階段協議，是對世界多極本質的巨大讓步[30]。所以他在 2020 年 2 月 18 日的推文也是如此，他在推文中大肆抨擊自己政府的提議，要減少美國出售噴射引擎和其他航空零件給中國。川普批判自己眾所皆知的反商傾向，原因是：

我們不會犧牲自己國家的企業⋯藉口是假的國安議題。必須是真正的國安議題才行。而我認為大家太過火了。我要企業能做生意。我是說，我桌上的一些資料與國家安全毫無關係，包括晶片製造商和其他。所以，我們放棄這些，然後呢？他們會去別的國家製造晶片，或是去中國或別的地方製

---

30 在第一階段協議中，川普總統同意放鬆現有的關稅並暫緩已計畫向消費性產品課徵關稅。中國方面則是保證不會將貿易轉向美國的盟友。

造[31]。

轉述我最喜歡的電影中最喜歡的一句臺詞：長期間來看，決策官員的無知率會降到零。實質限制條件，例如波音將中國的生意拱手讓給空中巴士，是一個約束機制（disciplining mechanism），迫使決策官員退回到阻力最小的道路。在一個多極的世界中，貿易戰的經濟限制條件比在任何其他制度中更有約束力。因此，美中貿易戰無法持續下去。在 2020 年代投資人有許多事要擔心，但是貿易戰並非其中之一。

本章摘要

不切實際的預測員和學究通常會引述經濟與市場限制條件，但他們極少在分析中提到特定的阻礙。經濟和金融需要某種程度的專業能力，但這些名嘴不一定具備這些能力。

限制條件是按照凱因斯的名言運作的：「如果你欠銀行 100 英鎊，那你就麻煩大了。但如果你欠銀行 100 萬英鎊，那就是銀行的麻煩大了。」《經濟學人》後來還加了一句必然的推論：「如果你欠銀行 10 億英鎊，那大家都會麻煩大

31 Jeff Mason and Makini Brice, "Trump Blasts Proposed US Restrictions on Sale of Jet Parts to China," Reuters, February 18, 2020, https://www.reuters.com/article/us-usatrade-china/trump-blasts-proposed-restrictions-on-china-trade-wants-china-to-buy-u-sjet-engines-idUSKBN20C1ZV.

了。」

在多極的世界裡，如果任何一個國家發生像希臘債務危機那麼嚴重的問題，對所有其他勢力都會有負面衝擊，不論勢力大小都一樣。而原因並沒有那麼清楚。在歐元區危機期間，演繹推理一直搞錯了複雜的關係網路。希臘脫歐會導致整個歐元區瓦解，這樣會危及德國的經濟模型。因為擔心骨牌效應，德國的決策官員終究會「不計代價」確保其經濟不要崩潰。

至於 2020 年，預測員仍錯誤地使用總體和金融來預測地緣政治事件。專家通常會引述歐元區泛歐即時全額自動清算系統失衡的狀況，說這是貨幣聯盟註定失敗的跡象 [32]。2010 年時，TARGET2 的銀行業失衡高達 0.3 兆歐元。到了 2020 年，數字已經接近 1.5 兆歐元。

在承認市場與經濟限制條件影響的現實環境中，泛歐即時全額自動清算系統機制並不是分裂性的力量。這反而是令歐洲國家團結的支柱 [33]。

失衡情況加劇，代表因為歐洲央行大舉購入義大利債務導致德國的「義大利歐元」資產曝險飆升。與此同時，義大

---

32 泛歐即時全額自動清算系統的縮寫是 TARGET2，由歐元區所操作。它會將與這個貨幣聯盟的貨幣政策操作還有銀行間商業交易相關的支付加以清算。
33 我的朋友也是前同事達瓦・喬希（Dhaval Joshi）是 BCA 的首席歐洲策略分析師首先提出這個論點。

利投資人將錢存在德國的銀行裡，代表銀行欠他們「德國歐元」。以這樣的泛歐即時全額自動清算系統失衡的情況來看，損失最大的會是放款機構，而不是債務人。

歐元區瓦解最大的受災戶會是德國，因為這相當於義大利已宣布破產並且取消所有還款計畫。這可能會再度刺激柏林調解，並且對更大的財政整合進行讓步，而德國在 2020年夏季就是這麼做的。

預測員的分析誤用經濟和市場，除了專業度不足外，還有其他原因：

· **知識過期**：時間就是金錢，除了學界外，沒什麼人有時間去辯論泛歐即時全額自動清算系統機制的詳細。使用經濟和金融來預測地緣政治，需要的不只是這個領域的一點知識，還需要持續更新所知。

假設限制條件與決策官員的關係是 1:1：分析人員也經常從單一經濟或市場限制條件，線性推測決策官員的行為。正如本章討論的，其他決策官員、限制條件和市場影響者，都會確保這個關係絕非線性。下是兩個這種簡化預測的範例：

例 1：在面對歐元區主權債務危機導致的債市動亂時，德國鷹派貨幣政策的傾向會拖垮這個貨幣聯盟。

例 2：川普總統的保護主義以及針對中國的強烈國家安

全議題，會導致美國企業失去重要的出口市場。

這兩個預測都錯了，因為都誤解了決策官員與其限制條件的互動。偏好最終會屈服於限制條件，所以德國的決策官員接受了鴿派的歐洲央行貨幣政策，而且跨過了他們自己設定的每一條紅線（圖 5.14），而減緩了債市的動亂。川普總統與中國談成貿易協議，讓北京承諾買進更多美國貨，這會導致美中貿易關係的擴張，而非終結。

·**缺少細微的感知**：分析師通常不會考慮較不顯眼但可以發現的全球性危機。在債務危機期間，很多學究說希臘應該退出歐元區，因為各種在彭博系統的螢幕上可以很容易製成圖表的變數，例如債券殖利率、赤字和償債時程等等。但是希臘的問題比螢幕上顯示的更深層。這些是結構性、基本面的問題。最終希臘人瞭解這一點，所以他們沒有選擇「輕鬆的退場方式」，也就是脫離歐元區。

·**末日式的警語**：2008 年的大衰退，讓投資人、記者和評論者認識了一大堆末日字母組合，例如 MBS（mortgage－backed securities，即房貸抵押證券）和 CDO（collateralized debt obligations，即擔保債權憑證）。新冠肺炎導致的衰退也一樣，字母組合多到我們跟不上。但是大

圖 5.14　事關歐元區的存亡，絕對不要以為會有什麼紅線

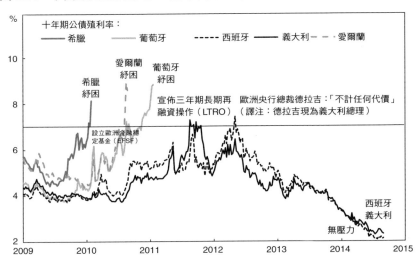

資料來源：路透資料流。
獲 BCA 研究公司（WWW.BCARESEARCH.COM）同意印製。

家還是繼續尋找新的、末日般的複雜技術性首字母縮寫[34]。那些尋找末日的人根本不知道自己在找的是什麼。但是因為確認的偏誤，他們通常會在經濟和金融中找到，因為這是很適合發展過於技術性、末日騎士的術語。

　　這種對末日預測的傾向，解釋了為什麼我在本章的兩個例子──歐元區危機與美中貿易戰──顯示經濟和市場限制條件會迫使決策官員採取結束危機的行為，而不是深化危機。

---

34 之前提到的泛歐即時全額自動清算系統機制符合上述所有的末日條件，所以它定期會出現在不可名之的「現代啟示錄」部落格（發音類似「gyro wedge」）。

　　我相信新冠肺炎大流行也是一次這樣的危機。在第八章中，我假定持續「壓平曲線」這樣的緩和策略要付出的代價實在太高，可能會導致經濟蕭條。這個代價令人望而生畏，尤其是相對於病毒帶來的客觀危險而言，將迫使決策官員改變策略。因此，政治人物對新冠肺炎的反應是另一個例子，說明經濟和市場會限制決策行為。

　　限制條件無法保證決策官員一定會做對的事，或是阻力最小的道路一定會通往天堂。致命的總體經濟環境通常會導致破產，所以我在本章一開頭就談到南斯拉夫的悲劇。市場回應若缺乏對限制條件敏感度，通常會延緩必要的修正政策，而拖延只會加劇未來的危機。如果是在新冠肺炎大流行時發生這樣的拖延，會導致經濟蕭條；舉例來說，如果我說錯了，而重新實施封鎖。如果是這樣，讀者可以把本書的書頁拿來……你知道的。

6章　———地緣政治
Geopolitics

「統治東歐者即可控制心臟地帶；
統治心臟地帶著即可控制世界島；
統治世界島者即控制世界。」

———海爾福德・約翰・麥金德（Sir Halford John Mackinder）爵士

是的，本書雖然是關於預測地緣政治，但我沒有用「地緣政治」開場，一直到第六章才出現。書都讀了一半，你可能會很洩氣地納悶：「地緣政治」到底是什麼？也許更令你困惑的是：在限制條件的重要性階級中，我卻選擇將地緣政治置於政治、經濟和金融之下。

地緣政治是個模糊的領域。大部分的人把這當成籠統的用語，以表達國際關係。對投資專業人士來說，地緣政治隱含著未知、無結構、令人不舒服的質變項（qualitative variable），硬是出現在對數字執著的職業中。

地緣政治分析師宣稱，這是是未來的最終仲裁者，因為它處理的是不變的、普遍的變項（也就是自然的條件、人口和地理）。分析師使用地緣政治水晶球自信地預測未來：一種地勢以立體呈現的可觸摸等高線圖。他們的預測相當於最厲害的靈媒所表現出的確定性或嚴重性。

波蘭的未來情勢嚴峻，因為它注定再次被貪婪的鄰國瓜分。加拿大嚴寒的氣候報告，將被其區域主義和高昂的基礎建設成本撕毀。而美國會永遠過著幸福快樂的日子。它將永遠是個帝國，因為它受到兩個海洋的保護、有可航行的河流，以及豐饒的天然資源。這些聽起來很熟悉嗎？地緣政治思想家之間盛行這種決定論。

我父親用許多政治不正確的東歐刻板印象，讓我認識到

地緣政治——「韓國人很悍，馬可…他們很悍」，還有足球（和運動有關，但仍是政治不正確的刻板印象）——「德國人很有紀律，永遠不會累，而且能施壓一整晚」。他把每個國家的外交政策（或足球策略）簡化成一些不會改變的特徵。

義大利人採取守勢—— catenaccio ——因為他們就算攻擊也救不了自己。英國人傳高球到中場，並且以大塊頭的前鋒為目標。美國人踢足球態度很天真、認真，只有新世界的勢力才會這樣，不懼怕也不知道自己一定會被擊敗。荷蘭人的「足球總數」（totaalvoetbal）策略經過演練而且很科學，正如他們加入全球供應鏈那樣。而南斯拉夫…我們踢足球時有巴西人的創意和熱情，再加上阿根廷人的悲喜劇。藍軍（Plavi）隨時都有可能會打敗（或是輸給）任何一隊。

我對足球的熱情最終變淡了，但是由上而下、地緣政治的心態卻一直留在我心中。而足球，尤其是國際足球，重要的是制度。一個球隊可以有多個超級巨星，但如果他們不盡快融合以打進像世界盃這樣重要的比賽，那麼就算是有最多明星的球隊也會丟臉。為了加快融合的過程，國家隊採用一種特定的方法可以很容易就讓球員準備好。

我記得小時候看父親坐在一個小咖啡桌邊，吞雲吐霧的樣子就像一棟冒著煙的摩天大樓，判定（球賽才剛開始十分

鐘）哪一隊會贏、原因和贏多少。我會反駁他，並指出球員
的水準、重要球員的名字，還有他們在西班牙、義大利或英
格蘭的足球隊的戰績。但這些對我父親來說都不重要。他「讀
過」總體資訊然後就做出預測。雖然我覺得很煩，但通常他
說對的次數比說錯的還要多。

　　我父親對於由上而下的足球障礙充滿了熱情，讓我迷上
了總體觀點，但是為喬治・弗里德曼（George Friedman）
工作時教會我如何把這觀點運用在足球以外的場域。弗里德
曼於 1996 年成立地緣政治情報公司史卓佛 [1]。當時是最不適
合成立地緣政治分析公司的時候。美國正處於強權的高峰，
全球情勢正好，極少有人在乎地緣政治風險。但是諸如弗里
德曼和伊恩・布雷默（Ian Bremmer）這樣有遠見的人，在
1998 年成立了歐亞集團，看到了市場的效率不佳，並且想要
以嚴格的分析來填補。

　　我在史卓佛學會如何讀新聞、忽略「球員的水準」，並
專注於制度。為喬治工作比和我爸一起看足球時更煩。他固
執地指出地緣政治關係的系統性本質、忽略我努力研究好幾
周的雜亂細節，然後做出預測的結論。同樣的，他常常是對
的。

---

1 喬治於 2015 年離開史卓佛，成立「地緣政治未來」（Geopolitical Futures）。

不同於我在公司的同事，我並不反抗喬治的「闖入」程序。在完成了德州大學的比較政治學博士課程後，我已經能接受系統性的世界觀了。而且在足球策略的環境中長大，我不怕忽略個別主控球員並專注於整個策略[2]。

地緣政治既精簡又具有預測性，因為它假設國家受制於或得利於其地理環境。對學術界來說，地緣政治太過精簡。而且教授們說得沒錯！山區的地形加上不同的民族語言，使阿富汗和波士尼亞幾個世紀以來不斷陷入衝突，但是瑞士也有類似的地形地勢和民族與語言的異質性，卻沒有這樣的問題。

地理並非注定。也不是不可變的。1588 年時，西班牙無敵艦隊航行渡過英吉利海峽困難重重，到了 1940 到 1941 年納粹空軍飛越投彈時就容易多了。美國在 1825 年完成伊利運河前也沒那麼容易航行。14 世紀的葡萄牙因為黑死病而陷入赤貧，使得人民投入航海導致內陸村鎮的人口大減。誰想得到不到一個世紀，農業產出仍少量的小國葡萄牙會開啟大航海時代，並在 1494 年和土地更豐饒的鄰國西班牙一起瓜

---

2 後來我的熱情改為籃球，如果我是看籃球長大，不知道我還會不會是這樣的思想家。籃球遠比足球更受到個別明星球員的主導，因為球場比較小，而且每一隊只有五個人，以地緣政治的術語來說就是，允許更多單極或多極勢力的動態。因此主控球員——假設是喬丹或小飛俠——可以控制比賽，用他想要的方式讓球隊贏球。從我喜歡上籃球，沒那麼喜歡足球後，我發現雖然球隊的制度重要性較低，但球隊的化學作用可能在籃球中更重要。這是個可以寫一本書的主題。

分地球。

　　所以，在閱讀我在本章的介紹時，請記住僅靠地緣政治分析無法精確預測。

　　我會寫本書是因為我從來沒有因為我父親和喬治簡略的分析方法而不滿。對決策官員來說，限制條件絕對不只是地理因素和強權的地緣政治，我在歐元區危機時發現了這一點。若要正確預測那場危機，我必須瞭解國內政治、經濟和金融市場。這場危機讓一個數千年來充滿地緣政治衝突的洲陸，對危機置之不理、克服危機，然後差一點重劃歐洲的地圖。隨著經濟改革如海嘯般襲捲而來，歐洲克服了地理、人口分佈和「可航行河流」的問題[3]。

　　但是地緣政治的確是重要的變項，而投資人有時候會忽略，有時候則會過於執著而排除了其他的變項。我在本章的目標是幫助投資人找到不真實卻能創造大贏家的中間地帶。

地緣政治理論的起源

　　地緣政治的理論根據很薄弱。地緣政治之父只有兩個人：艾佛瑞德・賽爾・馬漢（Alfred Thayer Mahan）和海爾福德・

---

3 有些人認為歐洲注定會完蛋，因為可航行的河流都流入不同的海。拜託，放把火燒死我算了。

麥金德（Halford Mackinder）。他們都一生致力於闡明強權的「大策略」：未言明但具有影響力的地緣政治規則是根基於地理環境，而各國就是根據地理環境產生出日常外交政策。

馬漢是美國海軍上將，是海軍戰爭學院（Naval War College）的講師。對他來說，美國的規則，或是說大策略，就是打造一個主導各海洋的海軍——海洋是全球「共同的」。海洋對現代貿易和經濟來說不可或缺，因此這是取得「硬實力」[4]。硬實力是「（民族國家、聯盟等的）力量，其特色是對國際關係採取強制性措施，通常涉及軍事行動 [語氣加強]」[5]。

強大的海軍是強國的決定性特色，因為強大的海軍能賦予軍事優勢地位以控制重要的貿易路線，並確保全球商業的運作符合其利益。如果這聽起來很像 21 世紀美國的大策略，那是因為馬漢在 20 世紀初影響了美國決策官員。老羅斯福總統（Theodore Roosevelt）認同馬漢的思想，包括建設巴拿馬運河。馬漢的《海權對歷史的影響》（The Influence of Sea Power upon History），以及英國策略學者類似的著作，為英

---

4 Alfred Thayer Mahan, The Interest of America in Sea Power: Present and Future (Boston: Little, Brown and Company, 1918).
5 另一種實力則是「軟」實力，一國仰賴文化或經濟說服力而非軍事脅迫。Oxford English Dictionary, s.v. "hard power," accessed March 6, 2020, https://www-oed-com.ezproxy.lapl.org/view/Entry/84122?redirectedFrom=hard+power#eid69704699。

德海軍競賽提供一個歷史性和策略性架構，導致了後來的第
一次世界大戰[6]。

英國地理學者麥金德的主要研究範圍是歐亞大陸，而非
海洋[7]。以他的觀點，歐亞大陸有足夠的天然資源（俄羅斯）、
人口（中國）、財富（歐洲）和防禦海軍軍力的地理緩衝（周
圍的海洋），可以自給自足。因此，任何強權若能掌控歐亞
大陸，或是用麥金德的話來說就是「世界島」，就不需要海軍，
自然就能成為超級強權。

政治顧問圈傾向過度強調：地緣政治是全球性事件的主
要因果機制。這個主題本身就會被放大，略懂整體地緣政治
的人可以在星期一提供客戶有關加拿大政治的建議、星期二
有關全球能源、星期三有關中東情勢。在預測時，地緣政治
無遠弗屆的性質，讓人能投入最少的工作就能提供最多的價
值。這是略懂一二的人採取的捷徑。

對通才而言，政治分析（請參閱第四章）太過強調整體
大環境，並且需要很多研究和相關知識。的確，這是最強大
因此具有預測性的限制條件，但分析師需要瞭解義大利與巴

6 Mahan, The Influence of Sea Power upon History (1660–1783), 15th ed. (Boston: Little, Brown and Company, 1949).

7 Halford John Mackinder, Democratic Ideals and Reality: A Study in the Politics of Reconstruction, 15th ed. (Washington, DC: National Defense University Press, 1996).

西的選舉制度的不同。

經濟與金融市場（第五章）需要專門的知識，政治顧問產業大部分的分析師都沒有這方面的能力或是能力不足。它也需要相同專家級的理解，不只是不同的經濟體，還有資產類別、貨幣政策和銀行體系。

相較之下，地緣政治就像是預測時一站購足的商店。這是分析界的速食——採用生產線情報的方式來預測。我最喜歡的快樂餐預測包括：波蘭決策官員總是近乎偏執，因為他們就位於北歐平原；美國永遠是避險天堂，因為它旁邊的兩個海洋[8]；中國永遠不可能取得全球影響力，因為它的西邊有西藏高原、北邊有戈壁沙漠、東邊有「第一島鏈」。

只靠地緣政治而不懂其他，就像開車只用後照鏡和全球衛星導航，而擋風玻璃卻是一片漆黑。駕駛知道自己到過哪些地方和他的目的地，但他對於前方的狀況卻一無所知。

儘管有此限制，地緣政治仍是架構中強大的限制條件，在大部分國際事件中有其角色。

前幾章對英國脫歐的糾葛、中國國內政治、歐元區危機和美中貿易戰的評估，如果不瞭解地緣政治就無法做這些評估。但是擁護者可能會說，我們仍不清楚地緣政治是否就是

---

8 別忘了，空軍和海軍是不能相提並論的。

每一個事件中，決策官員的支點限制條件。

而我現在要談的兩個情境，瞭解其地緣政治仍是預測的關鍵。這兩個情境就是：美國大策略以及俄羅斯的對外軍事干預。

川普主義

每位美國總統，不論是否有意，都曾在任期內設法建構一個外交政策「主義」。但幾乎沒有一份文件闡述這個情況。是學者和記者從演講、政策決策、行政資源分配和修辭，拼湊出這些想法。

2017 年時，川普剛就任總統。然而他的行為和言論讓政治評論員能大致瞭解他的政策走向。川普主義有三大主軸：

·**交易主義**：長期聯盟和在國外的承諾，對美國的「底線」必須清楚、立即而且有可計算的利益。因此，日本和南韓應該多注意與美國聯盟的利益，而北約則是消耗美國的資源。因此，所有的聯盟和美國的承諾都是可以改變的。你想要得到保護？那就「付錢吧」。

·**重商主義**：美國沒有永遠的盟友，只有貿易平衡必須是正的。為了追求這個理想，川普總統對中國發動貿易戰；用延長關稅戰威脅加拿大和墨西哥，並指出德國、南韓和日本可能是接下來貿易行動的對象。任何與美國之間有顯著貿

易順差國家，都是華府瞄準的對象。

　·**國族主義**：在就職演說中，川普總統說「所有國家都有權將自己的利益置於優先」，以及美國「不會將自己的方式強加於人」。這一點和小布希和歐巴馬政府的外交政策意識型態極為不同。川普的外交政策有一個不同的意識型態：國族主義（nationalism）。

　以上這些教條創造了「川普主義」，北約和歐盟對美國來說不只是小麻煩，而是會對美國利益造成重大傷害。如果這變成了主動、持續的教條，那麼這對西方國家及其全球性的機構的負面態度，就標注著美國外交政策思維的重大轉變。難怪華府的體制反抗這樣的轉變，並發動許多社論抨擊[9]！

　但北約和歐盟阻礙川普的國族主義意識型態的教條。這些是國際性的組織，為了已決定的共同目標而聚集主權國家。

---

9 Constanze Stelzenmüller, "At Last: The Trump Doctrine, Revealed," The Brookings Institution, June 5, 2017, https://www.brookings.edu/blog/order-from-chaos/2017/06/ 05/at-last-the-trump-doctrine-revealed/; Amy Zegart, "The Self-inflicted Demise of American Power," The Atlantic, July 12, 2018, https://www. theatlantic.com/international/ archive/2018/07/trump-nato-summit/565034/; Eliot A. Cohen, "America's Long Goodbye – The Real Crisis of the Trump Era," Foreign Affairs, January/February 2019, https://www.foreignaffairs.com/ articles/united-states/long-term-disaster-trump-foreignpolicy; Jeffrey Goldberg, "A Senior White House Official Defines the Trump Doctrine: 'We're America, Bitch'," The Atlantic, June 11, 2018, https://www.theatlantic.com/politics/ archive/2018/06/a-senior-white-house-official-defines-the-trump-doctrinewere-america-bitch/562511/; and for a much more positive reaction to the doctrine: Michael Anton, "The Trump Doctrine," Foreign Policy, April 20, 2019, https:// foreignpolicy.com/2019/04/20/the-trump-doctrine-big-think-america-first-nationalism

因為這個共同的目標，和美國立即、國內和經濟目標沒有關係，所以這兩個組織威脅到美國的利益。

北約是美國在海外的承諾，但是卻沒什麼實質的回報。這樣的失衡狀態並非新的齟齬。歐巴馬總統曾抱怨，北約成員國沒有為共同防禦支付自己該支付的部份（國內生產毛額的 2% 用於國防）。歐巴馬的策略是哄騙歐洲的盟友提高國防支出；北約的存續一直都不是問題。但川普看不出美國為德國的國防付錢對美國有什麼好處，尤其是德國對美國有很大的貿易順差。

歐盟的經常帳大致都是盈餘，而且和美國有貿易順差。對川普政府來說，歐盟是競爭對手，也許更甚於俄羅斯，因為從純商主義的角度來看，俄國雖非朋友但也非敵人。

川普的外交政策是基於瞭解這個多極世界，而且美國的地緣政治重要性正在下滑。資料支持這個假設，而川普主義在這方面來說與歐巴馬總統一致。但兩者都承認，美國已不能再單方面行動，而且必須減少美國對全世界的責任。

但是歐巴馬追求的是，仰賴盟友和超國家（supranational）組織來提升美國的勢力，而川普追求的是地緣政治去槓桿。這樣的去槓桿再加上重商主義，可能導致美國傳統的盟友更努力尋求美國的認同，就像川普的假設。或可能把美國傳統的盟友推離華府的軌道。

　　如果新的教條把盟友逼出美國自 1945 年以來就維持的歐美關係的軌道，那麼這些國家就會追求其他的經濟和安全關係，以避免美國不再承諾其安全造成的損失。他們可能會訴諸公然的敵意。日本、南韓為了抵銷可能的關稅和美國的軍事保護，會與中國更友好，以實現安全和經濟需求。

　　沒有美國的支持，日韓就需與中國建立更密切的關係以避免發生衝突，以及得到新的消費者市場。同樣的情況也會發生在歐洲，在美中貿易衝突時，德國和其他國家亟欲取代美國，多賣一點產品給中國，就如我在第五章所討論的。

　　川普主義的結論就是導致美國的外交政策將歐亞推向一種整合——未必是盟友關係——而這正是麥金德所憂心的。因為歐亞合作最終可能發展出自己的動態，這個過程直接違反美國大策略的中心教義：防止任何單一勢力主導歐亞。

　　川普、支持者和他的顧問可能相信 20 世紀已經結束。北約已不再有需要防衛的敵人，也難怪北約開始有身分認同危機。

　　但地理環境並沒有變。美國仍距離歐亞大陸很遠，而歐亞大陸仍是「世界島」。川普主義忽略整個 20 世紀，美國必須干涉歐洲事務兩次和亞洲事務三次，都付出了血和財富的巨大代價，以防止歐亞大陸在單一霸權中統一。美國在二戰後設立了幾個國際組織，以確保自己不必再干涉歐洲以防止

世界島稱霸 [10]。亞太的安全與商業體系也具有相同的作用。

這些泛洋聯盟和組織並非已消失的過去所留下的殘餘，而是持續試著管理無法改變的洲陸地理環境。川普主義威脅會破壞美國霸權的必要性。如果完全依照他的做法，就會終結美國稱霸全球舞台。

川普總統很可能追求他的教條到最後，尤其是如果他連任第二任期，因此不受制於為追求連任的中間選民限制條件。然而這不太可能，因為地緣政治對川普主義的限制條件太廣泛了。雖然不是很明確，但川普主義令人想起了 1939 年的「莫洛托夫─里賓特洛甫條約」（Molotov-Ribbentrop Pact，譯注：又稱「蘇德互不侵犯條約」）：歐亞大陸結合，運用其人力、天然和技術資源以對付美國。

上次發生這種情況時，美國折損了 40 萬人以確保美國的安全。美國若失去了歐亞的定錨，也就是北約和歐洲的盟友，對美國霸權會造成太大的衝擊。也會終結自 1492 年以來，西方主導世界的地緣政治既成現實。

這個潛在的世界島形成川普主義採取行動的支點限制條件。這就是為什麼儘管川普說出他的偏好，但他仍說支持北約的共同防衛協議，即第五條款 [11]。世界島的威脅導致 2017

---

10 這些組織包括北約和歐盟，以及聯合國、國際貨幣基金和其他組織。
11 Jacob Pramuk, "Trump Endorses NATO's Mutual Defense Pact in Poland, After

年 12 月的國安策略對泛太平洋衝突的立場較為緩和，而不是像川普總統原本指出的立場。

策略稱北約聯盟是「我們勝過競爭者的一大優勢」，並稱「美國仍致力於維護華盛頓公約的第五條款」[12]。雖然國安策略的方向並不能保證地緣政治限制條件會永久鎖定川普的外交政策，但確實指出限制條件會影響決策官員的決策。

三年後，大部分撰寫 2017 年 12 月國安策略的人都已被白宮解雇。儘管如此，這個架構顯示就算他們的繼任者是意識型態思想家，但地緣政治限制條件的力量仍會將決策官員維持在泛大西洋大策略的主要規範內。實質的限制條件，即地緣政治，終究會勝過意識型態，也就是國族主義。

俄羅斯的限制條件

克里米亞半島在 2014 年 2 到 4 月間被俄羅斯併吞。這是二戰以來歐洲首次發生領土被併吞的情況。當時投資人的心中想：「俄羅斯何時會前進到什麼程度？」

併吞後一個月，爆發了頓巴斯戰爭（Donbas War）。頓巴斯是烏克蘭東部的一個地區，頓涅茲河（Donets River）即

Failing to Do So on First Europe Trip," CNBC, July 6, 2017, https://www.cnbc.com/2017/07/ 06/trump-us-stands-firmly-behind-nato-article-5.html.

12 Donald J. Trump, National Security Strategy of the United States of America, December 2017, https://www.whitehouse.gov/wp-content/uploads/2017/12/NSS-Final-12-18-2017-0905-2.pdf

流經此地。俄羅斯民族在該地區的兩個州（oblast）是主要少數民族，盧干斯克州（Luhansk）和頓內茲克州（Donetsk）。該區大部分的人，包括烏克蘭族，說的都是俄語。

俄羅斯攻擊烏克蘭又支持頓巴斯的叛軍，莫斯科此舉似乎很偽善。但這些行動並非不理性或是無法解釋的。俄羅斯干涉克里米亞，和導致其他強權採取干預行動的地緣政治限制條件不可缺少的部分。地緣政治也決定了它在頓巴斯的行動。俄羅斯的克里米亞軍事干預，是它支點地緣政治限制條件的症狀：莫斯科沒有什麼能提供給這些成員。

莫斯科的主要地緣政治焦點，是後蘇聯的地盤，而最重要的就是烏克蘭。由於俄羅斯出口在後蘇聯區域以外的地方沒有競爭力，莫斯科創造了一個關稅同盟，以保護這個經濟區域，而且最終變成了更完整的歐亞聯盟。聯盟的目標是鞏固並組織化俄羅斯的影響力。沒有了烏克蘭，歐亞聯盟就會縮回到俄羅斯和中亞一些極小的經濟體和高加索地區。為了實現其目標，莫斯科需要烏克蘭。

烏克蘭是俄羅斯的歐亞聯盟計畫的骨幹，有幾個原因。2014 年時，烏克蘭是俄羅斯非能源出口的主要目的地，也是俄國的金融和非金融業的主要市場。烏克蘭在人口方面，其民族和語言都很接近俄羅斯，讓大國很容易就能補充一直無法增加的人口。烏克蘭是俄國與北約成員國之間的地理緩衝

區。

　　克里米亞是俄羅斯黑海艦隊總部的所在地，並提供莫斯科在黑海策略性的錨點（但由於黑海東岸有新羅西斯克港，所以這個錨的關鍵性質其實是被誇大了）。考量到烏克蘭對俄羅斯的重要性，莫斯科的軍事干預似乎很合理。

　　但這的確提出兩個有關莫斯科策略轉變的問題。2005年的橙色革命（Orange Revolution）使親西方的政府在基輔掌權時，莫斯科並沒有以軍事回應。相反的，莫斯科採取持久戰，它用政治與經濟壓力耐心地破壞親西方的政府，直到2010 年大戰：名義上親俄的維克多·亞努科維奇（Viktor Yanukovych）勝選。莫斯科不以軍事手段即（成功地）干預。那麼為何莫斯科覺得 2014 年時有必須採取軍事行動？

　　答案在於身在俄羅斯的影響勢力範圍內的吸引力，或是沒有吸引力。俄羅斯提供其勢力範圍內國家三個成員福利：

　　· **地理**：受俄羅斯保護的國家都在前俄羅斯帝國／蘇聯的邊界上，歷史上來說，這些都是莫斯科的安全緩衝。地理上來說，他們的所在地介於重要的山脈（高加索、喀爾巴阡和天山山脈）與莫斯科之間。由於這些山區地形位於非俄羅斯邊界的一邊，所以最少阻礙的貿易路線就是通過莫斯科。這個以俄羅斯為中心的貿易流動，對大宗商品出口國如哈薩克、土庫曼、烏茲別克和亞塞拜然來說更是如此，但是對烏

克蘭來說則不然。

　·**天然資源**：對非大宗商品製造國的前蘇聯成員國而言，俄羅斯提供便宜的能源，但政治代價卻很高。必須以等價交換的讓步來換取低價格。

　·**保護費**：俄羅斯提供前蘇聯成員國安全，不受外部威脅、國內威脅，甚至是彼此的威脅[13]。從這個大環境來看，俄羅斯對烏克蘭的軍事干預向其他受保護國家釋出訊號，俄國會保護政府精英不受國內動盪的威脅。亞努科維奇雖然被罷黜，但多虧了俄羅斯，他仍活得很好[14]。

　雖然克里米亞的軍事策略能讓其他依賴俄羅斯勢力的國家感到安心，但卻讓部分烏克蘭人反對進行俄羅斯的勢力範圍。雖然媒體將烏克蘭呈現為親東方與親西方態度各半，但事實其實更微妙。2010 年的大選並未呈現選民對東／西偏好的分裂態度。還有其他的原因（複雜的變項）影響著投票給「親俄」候選人的公民。結果，親西方的公民其實多更多，這是簡單、單一面向的民調分析沒有指出的。

　維克多·亞努科維奇並非因為他親俄而贏得 2010 年的

---

13 以亞美尼亞和亞塞拜然來說，俄羅斯很高調保護雙方不受彼此的傷害。
14 但不清楚他是否還可以使用黃金馬桶。

大選；他贏得大選是因為他競選主軸是務實、親烏克蘭政見，以加入歐盟和訴求選民合作[15]。的確，他在烏克蘭東部贏得的選票較多，但如果他沒有軟化加入歐盟的立場，就無法打敗親西方的候選人。

從俄羅斯的角度來看，受保護國的親西方偏好令人憂心，因為莫斯科無法提供加入歐盟能帶來的經濟或社會發展的規模。烏克蘭逾十年來一直想加入歐盟和北約，但加入北約的機率一直不高[16]。

雖然歐盟有許多的缺點，但它一直以來都能創造財富和改善政府治理。加入歐盟的過程很困難，需要實施痛苦的結構性改革，但也能提供進入歐盟龐大的市場，並邀請西方投資人前來候選國尋找機會。歐盟成員國資格，就算只是候選的地位，也表示國家進行了重要的清理門戶獲得認可。

俄羅斯就無法提供相同的條件。俄羅斯勢力成員國無法提供同等的福利，從烏克蘭相對於兩個前共產同儕波蘭和羅馬尼亞的經濟表現即很明顯（圖 6.1）。對烏克蘭來說，後蘇聯時代是一場「你本來能成為競爭者」的悲劇。

---

15 畢竟他有專業的競選策略分析師保羅・馬納福特（Paul Manafort）提供的服務。

16 許多西方的莫斯科支持者指責，俄羅斯對歐盟和美國的積略性態度是因為他們想要將烏克蘭納入北約中。這是錯誤的。雖然美國一度認真考慮過，但是在 2008 年布加勒斯特高峰會（Bucharest summit）時被德國否決，六年後克里米亞被併吞。換句話說，歐巴馬和小布希政府想要怎樣並不重要。德國堅決反對烏克蘭加入北約。普京總統知道，卻還是入侵烏克蘭。但是莫斯科自己助長了這個理論，是為了將干預行動合理化。

圖 6.1　烏克蘭：歐洲的阿根廷？

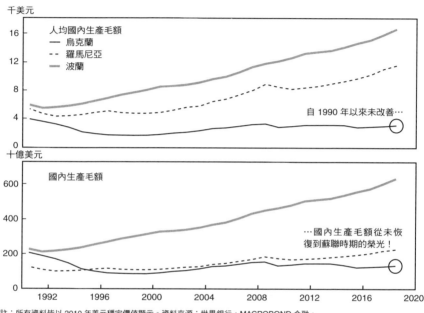

千美元

人均國內生產毛額
—— 烏克蘭
---- 羅馬尼亞
—— 波蘭

自 1990 年以來未改善…

十億美元

國內生產毛額

…國內生產毛額從未恢
復到蘇聯時期的榮光！

註：所有資料皆以 2010 年美元穩定價值顯示。資料來源：世界銀行，MACROBOND 金融。
獲 BCA 研究公司（WWW.BCARESEARCH.COM）同意印製。

　　俄羅斯訴諸軍事干預烏克蘭，因為成為俄羅斯勢力成員，
不如成為歐盟的成員國。

　　「加值」勢力範圍的失衡，是俄羅斯無法改變的限制條
件，迫使莫斯科走上僅剩的選擇中最少阻礙的道路：軍事入
侵。相較於歐盟的多種福利，俄國沒有多少選擇可以吸引烏
克蘭。這些廉價的福利弱化俄羅斯經濟，以及俄羅斯提供給
受保護國的價值。借用一句俗話說，俄羅斯沒有紅蘿蔔，只
好用棍子了。

　　隨著俄羅斯深化在烏克蘭的軍事行動，評論員不知道莫斯科是否會直接干預，在被叛軍占領的頓巴斯建立一座陸橋通往克里米亞 [17]。想要這樣的一座橋就需要進行別的軍事干預，以奪下大城市馬里烏波爾。

　　有三個主要的限制條件讓俄羅斯無法進一步採取行動：

　　·經濟：歐洲，尤其是德國的經濟優於俄羅斯（下頁圖6.2）。俄羅斯依賴歐洲國家對其天然氣的需求，更甚於歐洲對俄羅斯的供給依賴。理論上，歐洲可完全不需要俄羅斯的天然氣，進一步降低天然氣的品質。德國和其他核心歐洲國家主要使用天然氣取暖，而不是用於發電或工業。但對俄羅斯來說遺憾的是，歐洲國家有很多其他選擇，例如電暖器和毯子。

　　·政治：俄羅斯的領導者不能假設中間選民對普京的偏好會永遠持續下去，尤其是該國的貨幣和經濟在 2015 年時變化。俄羅斯民粹給領導者一張空白支票可以尋求侵略性的外交政策，並非根植於歷史證據。事實上，俄羅斯在民眾支持失敗的軍事行動上歷史並不佳：19 世紀中葉的克里米里戰爭、1904 到 1905 年的俄日戰爭、第一次世界大戰、1980

---

17 Steven Pifer, "The Mariupol Line: Russia's Land Bridge to Crimea," The Brookings Institution, March 19, 2015, https://www.brookings.edu/blog/order-from-chaos/2015/ 03/19/the-mariupol-line-russias-land-bridge-to-crimea

圖 6.2　德國掐住了俄羅斯的管線

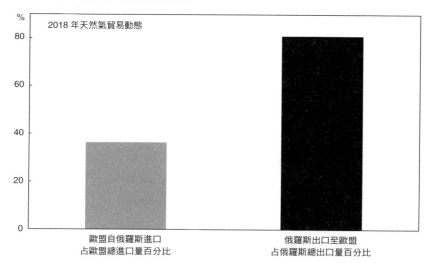

資料來源：2019 年英國石油全球能源統計檢視。
獲 BCA 研究公司（WWW.BCARESEARCH.COM）同意印製。

年代的阿富汗戰爭，以及 1990 年代初期的第一次車臣戰爭。

以「掌權時限」為限制條件，可能會預測，這些戰爭損失和拖延的戰事，最終會導致民意反撲。尤其是加上經濟痛苦時，（就算不是爆發革命）這些會導致國內政治危機。

・**地緣政治**：大致看一下烏克蘭 2015 年的地圖，就可以看出親俄派的反叛不太成功。兩邊的界線在 2020 年時仍維持相同。即使在以俄羅斯民族和說俄語為主的頓內茲克州和盧干斯克州，反叛者真正取得的土地只占不到 50%。

俄羅斯的表現不佳，是東烏克蘭人口和地理的關係。俄

羅斯族和說俄語的人加起來雖然是多數，但都集中在高密度
的市中心。鄉間主要是說烏克蘭語的人，因此對親俄的叛變
者來說，城市以外的軍事行動較不容易。整體而言，是人和
土地限制了親俄的叛變者只能取得烏克蘭 5% 的土地。

俄羅斯只拿下 5% 就停手，而且沒有採取更積極的手段以
建造通往克里米亞的陸橋，以推進至烏克蘭其他地方（這是
學究們當時的預測）的原因有兩個。要不是俄羅斯是個能力
不足的第三世界勢力，（甚至是在自己的邊界上也）無法策
動成功的叛變，或是限制條件只允許莫斯科做這個決定。

普京總統及其幕僚瞭解，如果他們在充滿敵意的土地上
真的展開軍事衝突必須付出的代價。敵方勢力和懷有敵意的
當地居民會以叛變的方式威脅補給線。

就算我接受傳統的觀點，認為俄羅斯的軍隊非常厲害，
但只因為能力的擴張就推論俄羅斯可以輕易擊敗烏克蘭，就
是暴露了缺乏軍事戰略敏銳度的結論。地理和人口在烏克蘭
很重要。在最近征服的遠距離內確保補線線對任何軍隊來說
都是一項挑戰，尤其是俄羅斯 50 多年來從未經歷過類似的戰
爭。

我估計，要建立通往克里米亞的陸橋，軍事行動將需要
六到十萬名俄羅斯士兵進行最初的入侵、確保補給線並安撫
當地居民。入侵整個烏克蘭將需要超過二十萬名俄羅斯士兵。

這種實力的展示會使俄羅斯的軍事和經濟負擔過重，正好落入其西方對手的手中。

兩個限制因素阻礙了俄羅斯採取更多的軍事行動：其勢力範圍的地理和自身的硬實力能力，這與蘇聯的輝煌時代相去甚遠。

由於烏克蘭的僵局和取得頓巴斯的土地太微不足道，普京總統轉向打擊伊斯蘭恐怖主義。2015 年 9 月 30 日，俄羅斯開始對敘利亞進行軍事干預。俄羅斯國家控制的電視台也必須優雅地將報導的內容，從莫斯科在地緣政治上受到限制以及其軍事實力不足的戰區，轉為報導沒有這些問題的戰區。

本章摘要

當我在史卓佛工作時，我最喜歡喬治・弗里德曼所做的分析是關於歐巴馬總統任期的一篇文章。那是 2008 年底時，歐巴馬（Barack Obama）贏得大選。喬治分析歐巴馬接下來四年執政期間將會採取的外交政策。主要變數是歐巴馬將如何處理駐伊拉克軍隊，他是否會對俄羅斯採取緩和政策，以及他是否會關閉關塔那摩灣監獄。

喬治在給客戶的信中主題令人有點失望：歐巴馬將保留小布希大部分的政策。軍隊不會像民眾希望的那樣迅速撤出伊拉克、與俄羅斯的緩和政策不會奏效、關塔那摩灣將繼續

運作。

　　哦，仇恨郵件湧入的景象真驚人。保守的客戶被激怒了。嬉皮自由派的歐巴馬沒有資格與鷹派保守派相提並論！他當然會讓美國夾著尾巴放棄伊拉克！他當然會與俄羅斯和解[18]！他當然會把恐怖分子從關塔那摩監獄放出來！同時，自由派客戶認為喬治在欺騙他們。歐巴馬怎麼可能追隨差勁總統的腳步？

　　地緣政治限制了歐巴馬兌現他的競選承諾，就像它迫使小布希走上阻礙最小的道路一樣，這在他的就職典禮上成為歐巴馬的負擔。慷慨激昂的仇恨郵件顯示，我們的讀者無法超越他們的政治和意識形態框架。地緣政治限制條件並不會區分政黨標籤。

　　雖然地緣政治是一個強大的限制條件，但我從來不會單獨使用它。根據我擔任投資策略分析師的經驗，**地緣政治大贏家極少是只有地緣政治限制條件造成的**。儘管如此，地緣政治限制條件在某些情況下還是很強大，必須具備這項工具並且小心使用。

---

18 提醒一下那些有選擇性失憶的人：早在 2008 年，共和黨選民對俄羅斯持極其負面的看法，而民主黨則持積極態度。到了 2016 年，態度當然已經完全相反！

7章 ——憲法與法律限制條件：「限制條件—偏好」的混合

Constitutional and Legal Constraints:
The Constraint–Preference Hybridse

「在我們的任務範圍內，歐洲央行準備不惜一切代價維護歐元。相信我，一定夠。」

——德拉吉，歐洲央行總裁，2012 年 7 月 26 日

　　我有點遲疑該不該寫這一章。本書是關於實質限制條件以及這些條件如何迫使決策官員選擇最少阻力的道路，而不是他們自己選擇的道路。但是，本章探討的是限制條件經常像是選擇性的偏好。

　　憲法與法律限制條件一定很重要，因為在法制的社會中，法律是每個公民很強的限制條件。結果，大部分的人選擇最少阻礙的道路，在法律的限制中行事。

　　但是在決策官員的手中，這些限制條件是有彈性的。官員規避法律，而且比投資人所知更常這麼做。發生這種限制條件的子集時，應該要違反法律的限制，尤其是在發生危機時。歐洲與美國的經濟衰退限制條件，迫使決策官員修改法律限制條件，有時候甚至是憲法。

　　在 2008 到 2009 年的大衰退時，美國銀行體系面臨流動性末日。因為他們的資產負債表抵押品一文不值，銀行斷然停止拆款給彼此，也不放款到經濟體中。因為銀行知道自己的帳上到底都是什麼垃圾，所以他們也假設其他銀行也一樣。為了暫緩現實並讓銀行得以延續和假裝，財務會計標準委員會（Financial Accounting Standards Board，FASB）修改了財務會計標準 157（Financial Accounting Standard 157，FAS 157），也就是「市場到市場」（mark-to-market）規範。

這項修改允許銀行自行決定帳上的資產價值[1]。尤其是 2009 年 4 月 2 日的規定，允許銀行根據自己的假設評估，而不是根據「可觀察輸入值」（observable inputs，意思就是實際價值）[2]。

好啦，就這樣，金融危機正在修正！

歐元區危機

歐元區決策官員只修正規定，但完全忽略歐盟憲法。里斯本條約第 125 條（還有馬斯垂克條約第 104b）明確禁止紓困歐盟成員國。因此，第一個財政措施就是國際貸款，而非承擔所有的債務。2010 年 5 月 9 日，歐元區成員國建立歐盟第一個事實上的紓困機制：歐洲金融穩定基金（European Financial Stability Facility，EFSF）。

它是一個非正式的特殊目的機構（special purpose vehicle，SPV）。最後，歐盟核准機構變更以成立更永久的歐洲穩定機制（European Stability Mechanism，ESM）。但是在危機最嚴重時，決策官員不只是重新立法和調整法律，而是違法。

---

1 他們用一種複雜的量化方法得出一個數字，而這個量化方法的名稱是「聽你在放…風箏」。你懂的吧！
2 Kara Scannell, "FASB Eases Mark-to-market Rules," The Wall Street Journal, April 3, 2009, https://www.wsj.com/articles/SB123867739560682309.

　　投資人和企業高層經常被法律和憲法技術性問題卡住。
但其實沒有必要！憲法並非硬梆梆的規範一個國家該如何運
作。大部分的時候，其他限制條件比較重要。如果政治資本
存在，那麼其經濟和金融影響就很重大。如果地緣政治是勢
在必行的，那麼決策官員就會撤銷或重新規定。而且速度會
非常快。

　　我在第四章透過政治限制條件探討歐元區危機。同時也
示範了政治限制條件的約束性，比憲法和法律限制條件更高。
一旦決策官員說服市場相信他們願意「不計代價」，危機就
解除了。成立歐洲金融穩定基金並不夠，只有馬力歐・德拉
吉（Mario Draghi）才夠力。

　　2012 年 7 月 26 日，德拉吉說出他的名言：「不惜一切
代價」。但他也在前面先說了「在我們的任務範圍內」，表
示他承認規範歐洲央行任務的法規。但他也在最後加上「相
信我，一定夠」[3]。

　　德拉吉澄清，歐洲央行會調整其任務以維護歐元。相
較於所有其他阻止歐元終結的限制條件之強度，薄弱的法
定任務是最容易打破的。2011 年時，德拉吉利用證券市場

3　"Verbatim of the Remarks Made by Mario Draghi," European Central Bank, July
　26, 2012, https://www.ecb.europa.eu/press/key/date/2012/html/sp120726.
　en.html.

計畫（Securities Markets Program）干預義大利和西班牙債市，因為其債市運作不良導致不可能制定恰當的貨幣政策和穩定價格。最後，歐洲央行的技術官僚將德拉吉的「不惜一切代價」定調為直接貨幣交易」（Outright Monetary Transactions，OMT）。這是德拉吉的「大砲」，但歐洲央行根本從來沒用過。

　　說到歐洲央行的經濟補救辦法，在新冠肺炎大流行正嚴重之際回顧歐元區危機，就好像從 21 世紀回顧中世紀的歐洲。德拉吉的繼任者，歐洲央行現任總裁克莉絲汀・拉嘉德（Christine Lagarde）用的可不只是大砲。她還把廚房的水槽、古典浴缸等家用品丟到經濟中。在幾天內──不是幾個月或幾周，是幾天──歐洲央行就違反了許多禁止使用非正式貨幣政策的限制。再加上馬克宏─梅克爾對共同財政基礎的共識，歐盟就跨越了紅線。

　　決策官員輕易違反法律的限制，顯示政治、經濟和地緣政治限制條件有多強。只要有地緣政治和政治意願，再加上合理的整合，歐洲的決策官員就會「不惜一切代價」維護歐元區。

川普與貿易

　　從憲法的角度來分析，並不一定會處理到被忽略的法律。

有時候現行法律會迫使決策官員走上阻力最小的道路。川普
總統在 2017 年 1 月決定了一項充滿野心的議程，包括全面
性的移民改革和撤銷歐記健保。然而參議院多數席位不足以
打破大部分議題的法律限制 [4]，他的第一任期最後只好專注於
外交政策和貿易。

　　我的組員麥特・葛肯（Matt Gertken）和我在 2016 年
11 月大選後會面，針對川普的總統任期提出預測。當我們逐
一討論他的優先事項和競選承諾時，我們發現許多最後會在
國會被擋下來，而且是他的黨所控制的國會。當時市場共識
認為，由於充斥著親貿易的共和與民主黨員，國會將遏制川
普對貿易最嚴重的威脅。

　　這個觀點與我們對歷史的看法不一致。尼克森總統在
1971 年結束金本位制時，就已經對幾乎所有進口物品課徵進
口關稅。歐巴馬從上任一開始就選擇性地使用關稅。

　　在 2017 年初，許多投資人不熟悉總統在貿易政策方面
的行動缺乏限制。美國憲法第一條第八款和第二條第二款賦
予國會權力以管理貿易。但是從 1930 年代起，國會就通過
一些法案將權力下放給行政部門 [5]。

4　2018 年的期中選舉終於改善了參議院多數。但是失去眾議院後，川普就失去完全資助
　　他最有野心的立法政策：南邊的邊界牆。
5　羅斯福總統通過最初的法案，1934 年的貿易協議法，以設法讓美國走出大蕭條。

　　過去一個世紀來，這一連串的法律給了川普足夠的空間來課徵關稅。1974 年的貿易法允許美國總統對國家課徵關稅，以修正不公平的外國貿易方式。川普總統使用法案的 301 條款對付中國。1962 年的貿易擴張法（Trade Expansion Act）允許總統以國家安全為由課徵關稅，而川普政府用 232 條款對一些進口國調高關稅，包括美國的盟友加拿大。

　　川普總統也有權宣佈緊急狀況並援引 1917 年的「對敵貿易法」（Trading with the Enemy Act），此法允許總統限制所有商務並沒收外國資產。尼克森總統於 1971 年以此法合理調高所有進口商品關稅 10%。他援引的緊急事態是韓戰——戰爭早在 19 年前就已經結束了。由於韓國的緊急狀態從沒正式結束，尼克森便以此為由對所有進口商品課徵關稅。

　　由於尼克森對調高關稅的法律限制非常鬆散，國會後來通過了 1974 法案。就像歐盟通過憲法變更，允許歐洲金融穩定基金被歐洲穩定機制取代，美國國會也回頭去將尼克森的政策正常化。

　　麥特製作張一張表格，列出所有允許美國總統對貿易權限的法規。我們把這張表放在圖表包裡，並得出一個結論認為川普沒有限制條件，他可以對中國展開貿易戰。當 2017 年 4 月的海湖莊園高峰會暫緩貿易戰時，否定者批評我們的觀點。然而對美國關係樂觀的投資人誤解了重點。

　　針對貿易戰缺乏合法及立法的限制條件是風險。在海湖莊園時，川普的偏好是談協議，而且也這麼做。但如果他的偏好改變，也沒有憲法或法律的限制條件可以阻礙他。所以，根據偏好下注是愚蠢的行為。

　　其他限制條件中，憲法和法律議題的重要性最低。如果這些是你預測中的支點限制條件，那你可能就錯了[6]。適當的淨評估（net assessment）——我將在第九章解釋淨評估為何——本來就不是從法律分析開始的。而是始於對第一個限制條件的理解：政治、經濟、金融和地緣政治。只有在最後，憲法和法律事務才會變得重要。對決策官員來說，憲法和法律事務和偏好一樣，都會受到其他限制條件的影響。

　　在不嚴格遵守法律和憲法的國家，這個限制條件對決策官員並不重要，在我的限制條件架構中，我把它當成是純粹的偏好。如果需要舉個例子，就想想俄羅斯的總統任期限制就行了。

　　唯有當所有其他限制條件無法說明情勢時，我才會將法律和憲法限制條件納入我的預測中。以美國減稅案來說，我非常有信心地認為，沒有政治限制條件會阻止通過揮霍的減稅法[7]。只有當政治限制條件無法幫助我排除任何的假設時，

---

6 很可能是錯的，而且你不能再繼續看我前面說過的 Gyro Wedge 那個部落格。
7 請參閱第三章。

我才會使用可能的法律限制條件：共和黨通過讓預算赤字膨脹的法案的能力。

調解與市場

川普政府一開始時就威脅要與中國打貿易戰、結束伊朗核協議，以及撤銷歐記健保。但與市場最有關係的議題則是，他是否能通過企業減稅。許多投資人不確定，他只有預算調整程序是否能辦得到。大部分的投資人相信預算調解只允許立法的議員通過歲入中立的財政法案。真的是這樣的嗎？

簡稱「調和」的預算調和可以簡化通過預算的過程，並於 1974 年的國會預算法案所引進的[8]。為了說明為什麼預算調和對川普刪減預算很重要，我必須先解釋美國國會如何制定預算。

如果你認為這是回頭去分析，不值得你浪費時間看，請再考慮一下。拜登總統可能會靠預算調和程序，徹底改變美國企業和投資人做生意的方式。這是非常重要的東西（但很無聊就是了）。

---

8 本章的預算調和程序，我參考了好幾個概要：David Reich and Richard Kogan, "Introduction To Budget 'Reconciliation,'" Center on Budget and Policy Priorities, November 9, 2016, https://www.cbpp.org/research/federal-budget/introduction-to-budget-reconciliation; Megan S. Lynch, The Budget Reconciliation Process: Timing Of Legislative Action (Congressional Research Service, 2016); Lynch, Budget Reconciliation Measures Enacted Into Law: 1980–2010 (Congressional Research Service, 2017)。

圖 7.1 美國預算程序：想像的時間線

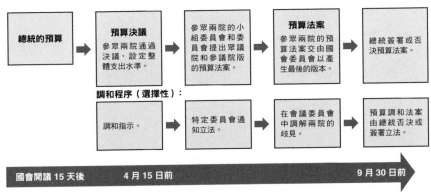

註：時限並非法律規定，而且幾乎總是會被忽略。
資料來源：1974 年的國會預算與截留控制法；1985 年的預算平衡與緊急赤字控制法；國會研究服務。
獲 BCA 研究公司（WWW.BCARESEARCH.COM）同意印製。

美國預算程序

美國預算程序（圖 7.1）是從美國總統向國會提出白宮預算要求開始的。這個步驟是個儀式，因為國會握有對撥款程序的權力。

由國會兩院通過的預算決議審定時，國會考慮總統提出的要求，或是不考慮。但是決議不會提交給總統，而且不會立法。預算決議是為預算程序設定指南，理想的情況下會產生撥款法案。

總統的預算

參眾兩院的小組委員會和委員會提出眾議院和參議院版

的預算法案。

撥款法案又稱為「預算法案」，結合了各種聯邦政府部門、機構和計畫的資金。從 1987 年以來根據修正的時間表，國會兩院應該要在 4 月 15 日接受預算決議案。這個日期給議員們足夠的時間，在 10 月 1 日開始的財政年度通過預算法案。然而國會沒有義務在時限內通過法案，不通過也不會被懲罰。

事實上，在歐巴馬兩任總統任期內，由於國會過於兩極化而大多數時候未能通過預算決議。因此由「繼續決議案」提供政府資金。這些決議會延長原先的撥款與前一財政年度相同。

在川普總統任內，情況並沒有改善。2018 年 1 月時，政府關門了三天，然後到了 2018 年底到 2019 年初又來一次。第二次是史上最久的一次──35 天，因為川普總統和控制眾議院的民主黨無法就撥款法案達成一致。

調和序程

在這個立法對峙的比賽中，原本調和的程序是要簡化查帳的法律，讓國會可以及時將歲入和支出水準與預算決議一致。這對 2017 年的稅務改革至關重要，因為它將參議院的辯論限制在 20 小時內。這個限制防止任何參議員在調和的過程中，拖延議事（filibuster）不進行最終立法。

　　調和讓共和黨議員防止拖延議事──沒有 60 票援引討論終結[9]。

　　在 2017 年的減稅環境下，共和黨控制 52 席，調和程序的特色讓共和黨得以通過立法，否則就會在參議院中被拖延。

　　調和程序是一個強大的立法工具，可以幫助國會通過有爭議性的立法，以影響政府歲入和支出水準。稅務法的立法就是這些大架構的第一個。

　　小布希於 2001 和 2003 年時利用調和程序降稅。他的父親老布希於 1990 年利用預算調和增稅（恢復了雷根總統在 1986 年的稅改）。1996 年的福利改革：「個人責任與工作機會調節法案」（Personal Responsibility and Work Opportunity Reconciliation Act ）也是透過調和程序通過的。

　　所有調和法案都有的一個特徵是，它們必須通過改變聯邦政府的歲入或支出水準，以影響預算。如果該法案引入了偏離預算要求的額外條款，則這些條款可以援引「柏德規則」（Byrd rule）來剔除。如果要放棄伯德規則，則需要參議院五分之三的贊成票，也就是 60 票。因此，這相當於援引結束辯論所需的 60 席多數，使整個調和過程變得沒有必要。

---

9 需要參議院的 60 票才能援引「結束討論」（cloture）以結束議事討論。你睡著了嗎？沒關係，本章很短。你可以打個盹再回來看完。剩下的章節步調快得多。

　　雖然詳細解說先前通過的法案讀起來像是塵封的法律史，但 2020 年大選越接近，它只會變得越來越重要。

　　想像一下新冠肺炎導致的衰退降低了川普連任的可能性，拜登總統於 2021 年 1 月就職，而民主黨掌控的眾議院還有在參議院非常小的多數席次。（因為衰退和川普把病毒的威脅輕描淡寫使得中間選民感到憤怒，而幫助了拜登。）預算調和程序會讓新當選的拜登總統不需要 60 席的多數就能透過參議院通過各種立法。

　　正如川普以略為多數通過企業減稅一樣，拜登也可以增稅。正如歐巴馬以略為多數通過歐記健保一樣，拜登也可以強化歐記健保。而對投資人來說最重要的是，拜登總統利用預算調和程序以及在參議院的 50 比 50 平手的情況，利用副總統的議長票來打破僵局，以調高資本利得稅。而且他很可能會這麼做。

預算調和以及 2017 年稅革：那又怎樣？

　　投資圈無法想像共和黨要如何通過 2017 年的減稅。那一年的年中，撤銷歐記健保的企圖失敗，投資人就猶豫了。他們無法理解，如果歐記健保無法被撤銷，那麼稅改要如何成功。但是若以限制條件為主來比較兩個事件，就能解開這個政策難題：強大的政治限制條件阻止歐記健保被撤銷。但

是設定用來規避這些政治限制的法律，也就是預算調和，讓共和黨人得以幫企業減稅。以這個特殊案例來說，法律的限制條件排除了黨際和黨派政治限制條件[10]。

預算調和的設計是為了加速改變美國複雜的稅法。而2017 年的減稅正達到其目的。但是投資人在 2017 年時仍不知道預測的底線：減稅真的能刺激經濟嗎？

動作會產生的效果非常不確定。投資人在想，茶黨是否會允許川普總統在僅存的美國財政穩定政策中加油放火。

他們懷疑預算調和程序是否真的能讓立法的議員們通過揮霍的預算。不是需要刪減支出（或是收入增加「抵消」）才能證明歲入減少的合理性嗎？

從 1980 年到 1990 年代，國會利用預算調和程序正是其應有的目的：透過減少必要支出、歲入增加，或是兩者並行的方式來減少赤字。從 2000 年開始，國會反而利用這個項目來擴大赤字。布希時代，2001 和 2003 年時就是用預算調和法案通過大額減稅。

還記得前面提到的「柏德規則」嗎[11]？除了確保法案與預算相關，如果增加的赤字超過調和法案所適用的年份，那麼

---

10 這些事件顯示法律與憲法限制條件混合的本質。就像一種非牛頓流體（也就是「歐不裂」oobleck），視環境而定，法律也在兩個狀態間變動——偏好與限制條件。

11 不記得嗎？該打個盹了。

柏德規則也強迫任何條款到期，或稱為「日落」。

以 2001 和 2003 年的法案來說，布希時代的減稅於 2011 年的（遺產稅）減稅到期，而 2013 年（投資人記得 2013 年的「財政懸崖」）。但是日落期不一定是十年。可以更久，讓稅改成為半永久。2017 年的減稅設立了日落期為十年，所以它大部分的條件將在 2020 年代中期到期。

隨著 2006 年期中選舉時民主黨大獲全勝，民主黨控制的參議院改變預算調和規則，以禁止任何提高赤字的措施，不論日落條款的漏洞為何。然而共和黨又在 2014 年奪回參議院後，於 2015 年又把規則改了回來。

2015 年的轉變意味著程序規則允許透過預算調和的程序，把赤字擴大。赤字無上限的可能性，使共和黨籍的國會議員能夠在財政上揮霍無度，不過媒體專家的說法正好相反。所有這一切發生的時候，由於新聞報導和共和黨的言論，我的大多數客戶都認為不可能通過讓預算膨脹的減稅。

如何推銷透過減稅來刪減預算

還有一個限制條件阻止了歐記健保被撤銷，而且可能還阻止企業減稅：議會的人數。白宮的共和黨人似乎同意通過讓預算膨脹的減稅案，可能會有些參議員反對。那年稍早，三位共和黨籍的參議員拒絕撤銷歐記健保。財政鷹派可以阻

礙立法；只要一個投機的禿鷹就可以從市場的手中搶走財政振興減稅這樣一個多汁的佳餚。

在第三章中，我強調過茶黨代表馬克・梅鐸斯的話幫助我預測減稅。但是我對預測的信心不只是因為茶黨國會議員的發言。

當時共和黨人無止盡的政策工具箱中，有更多法寶可以實現目的。尤其是他們可以依賴「動態評分」，這是根據經濟學家亞瑟・拉佛（「拉佛曲線」的惡名）的研究所得到的總體經濟模型工具。

動態評分會根據減稅的效益，來評估減稅的結果。減稅造成政府歲入減少只占了一半，因為減稅帶來的成長也會貢獻至整個經濟中。這些後果就稱為減稅的「總體經濟回應」，並包括增加至歲收的因素。

國會預算辦公室不敢利用動態評分。但很明顯「書呆子社會主義的經濟學家」不會阻止稅改。最糟的情況下，國會預算辦公室的評分會迫使共和黨人為稅改立法設定「日落期」，但不會完全放棄。

悲觀的投資人不相信我以限制條件為主的觀點。在每一次的客戶會議時，他們都說「稅收中立」（revenue neutrality）的茶黨路線將消除減稅的任何振興作用。但投資人不該把稅收中性的言論當真。

　　共和黨控制的眾議院以調高收入的措施來抵銷減稅：邊境調整稅、取消可扣除商業利息支付，並且取消了扣除對個人課徵州和地方所得稅。但這些提議要不是過於嚴厲，就是不足以抵銷減稅的成本。

　　因此，決策官員的最小阻礙路徑就是使預算膨脹。這是沒有辦法的事。然後，強制使措施在預算設定的範圍內到期，同時使用動態評分來「證明」減稅其實可以回本。

本章重點摘要

　　有時候必須知道法律與憲法的限制條件，才能精確地分析限制情況[12]。

　　小事有時候很重要，尤其是在預測這一行。除了特設（ad－hoc）限制條件分析時，預測員會傾向盡可能簡化，以便用公式和過去的事件比較來描述問題。預算調和並不符合這樣的限制條件模式，2017 年時和我談過的大部分客戶都不懂其重要性。

　　瞭解其重要性的客戶則是說，柏德規則讓預算調和無法通過使預算膨脹的立法。或者他們記得，民主黨改變了規則，以確保預算調和法案無法擴大赤字，但卻不記得在 2015 年時

---

12 獲得相關知識必須進行無聊的研究。非常無聊。

茶黨共和黨員（很諷刺地）靜悄悄地把規則又改回可以揮霍。

　　預算調和程序並非國會可以通過 2017 年減稅的唯一原因。川普總統利用他的中間選民所提供的政治資本，來對付執著於撙節政策的共和黨人。他有足夠的政治資本可以改變他們的立場，尤其是茶黨的成員，以配合他的意願。預算調和程序唯一重要的情況是，它能讓投資人衡量政治條件限制的情境，也就是限制條件是否夠強以阻止或幫助立法通過。

　　請注意任何過於強調技術、法律或依賴憲法的總體投資觀點。記住限制條件的重要性等級。2016 年英國脫歐公投的衝擊，就是過度依賴這類觀點一個很好的教訓。那是一次不具約束力的協商性公投，就算具有法律或憲法效力，其效力也很可疑。然而它最終仍有政治影響力，因此法律限制效力不如更強大的政治限制。

8章 ──時間限制條件：
當偏好占了太多時間

The Time Constraint:
When Preferences Run Down the Clock

「謊言流傳很快，但真相總會跟上來。」
──作家 強納森·斯威夫特（Jonathan Swift）

　　我是在 2020 年 1 月到 4 月間撰寫本書，正是新冠肺炎大流行時。我很高興我選擇寫一本有關架構的書，而不是有關預測。

　　我對於未來這十年的觀點從第一章就很清楚，而且新冠肺炎並沒有改變我的觀點：我預期世界將繼續去全球化（deglobalize）。我預期放任式經濟會退場，並改為管理式經濟。我預期歐洲仍將維持統合，並且會加速這個過程。而且我預期美國和中國仍會爭個你死我活──但仍會受到多極化的限制，而不會走向完全經濟分歧。

　　新冠肺炎大流行很可能只會強化和加速這些情形，尤其是放棄華盛頓共識並朝向布宜諾斯艾利斯共識，尤以英美為甚。本書上市時，我想轉變會更明顯。預測全球化的高點、放任式經濟的終結、布宜諾斯艾利斯共識，以及美中衝突的時機，是在 2010 年代初期，而非 2020 年。

　　但是新冠肺炎危機讓我們學到有關方法的教訓，尤其是有關限制條件架構的侷限。和許多其他投資人一樣，我一開始低估了病毒對全球的衝擊：2 月時我建議客戶持有現金，但不要大舉放空市場。

　　限制條件架構有一個盲點：**市場參與者共同心理的力量，會拖延限制條件為主的預測發生的時間**。這個弱點是限制條件架構與傳統預測方法唯一的共同點，因為預測都會受到時

間的限制——進行任何分析時，能否創造投資大贏家，端視
預測的事件是否發生得太早、太晚或是正好。

在限制條件架構中，最受到時間限制影響的環節就是中
間選民的時代精神。回想一下第四章中，最強大也最具預測
性的政治限制條件取決於中間選民的偏好。通常這個限制條
件夠大、夠實質：可靠、可量化，而且最重要的是，它代表
的是中間，而非適度，可以代表整體。這個限制條件夠大，
可以將不理性或極端的觀點視為異數，對決策官員的行為影
響不大。

當集體對一個問題做出非理性的集體反應時，或是當少
數推特狂透過對中間選民「大喊」以主導討論時，這個環節
的可預測性就會變弱。在恐慌的時刻，異數變成了中位數。
時代精神轉向極端，突然間，中間選民的偏好變得難以荒唐。

在這些情況下，恐慌有能力延後實質、以限制條件為主
的結果。因此會改變預測發生的時間點。在本章中，我將檢
視限制條件架構的這個偏限，並且透過最近發生的集體非理
性的眼光：恐怖主義和新冠肺炎大流行。

實質限制條件與恐怖主義

2014 年初，歐巴馬總統針對伊斯蘭國說了以下的話：「我
們有時候會這樣比較，而且我覺得這麼說很正確，那就是大

學體育校隊就算穿上了湖人隊的球衣，也不會變成小飛俠布萊恩」[1]。

就在那個月，伊斯蘭國奪下伊拉克以遜尼派為主的安尼省大城市法魯加（Falluja），以及該省的省會拉馬迪（Ramadi）大部分地區。到了 2014 年 6 月，這個軍事團體就攻克了伊拉克第二大城摩蘇爾，到了 10 月中，伊斯蘭國已在巴格達外圍對抗伊拉克的軍隊和多個與伊朗聯盟的什葉派民軍。

歐巴馬的話和川普最初對新冠肺炎的態度相似得有點詭異。在 2 月 28 日南卡羅萊納的集會上，川普說病毒是被媒體和民主黨用來破壞經濟的「騙局」[2]。

我可能會因為下一個觀點，而收到 90% 的美國讀者寄來的怒罵信：我有點同意歐巴馬還有川普的話[3]。是的，伊斯蘭國有能力散佈恐懼，不，病毒不是騙局。顯然這些話客觀上來看是錯的，然而歐巴馬和川普一開始的評估認為實質的威脅被誇大了，這是正確的。

---

1 David Remnick, "Going the Distance: On and Off the Road with Barack Obama," The New Yorker, January 20, 2014, https://www.newyorker.com/magazine/2014/01/27/going-the-distance-david-remnick.
2 Poppy Noor, "Trump Is Trying to Stop People from Seeing This Ad on His Response to Coronavirus," The Guardian, March 27, 2020, https://www.theguardian.com/world/2020/mar/27/donald-trump-coronavirus-response-us-advertisement.
3 剩下 10% 的讀者是和我一樣的虛無主義者。

　　這些評估之所以是錯的是因為 2014 年初和 2020 年初，實際的情況並不重要。重要的是大眾對現實的感受，以及市場對可預見（可預測）的未來的感受。但是當面臨橫衝直撞、到處砍頭的伊斯蘭國，以及到處感染、以 80 幾歲的人為目標的新冠肺炎大流行時 [4]，民眾就失去了理智。

　　歐巴馬針對伊斯蘭國輕率的評論，在後來的兩年令他付出了代價，或至少讓他失去了中間路線的同僚。伊斯蘭國在敘利亞和伊拉克暴衝，以及後來 2015 年歐洲移民危機時，可能給了反現狀的民粹主義者很大的助力，導致後來 2016 年英國脫歐公投得到「離開」結果。這讓海爾特・維爾德（Geert Wilders）和瑪麗・勒龐（Marine Le Pen）變成分別領導荷蘭和法國的反對者。

　　這讓右翼民粹主義者勒加（Lega）在義大利取得政權。雖然很難確定川普的選勝有多少是拜伊斯蘭國的惡行之賜，但他在 2015 年底和 2016 年競選時的確受惠於伊斯蘭國所引起的恐怖攻擊。

　　雖然是這麼說，但伊斯蘭國的確是個低品質的恐怖團體。雖然它有時候能激勵人直接在一些已開發國家進行攻擊，但它的方式的確是像大學體育校隊二軍的水準。相較於蓋達組

---

4 新冠肺炎的死亡年齡中位數，幾乎全都在 80 歲以上。

織，伊斯蘭國的低品質、大量攻擊在西方國家殺的人比較少、沒有以重要基礎建設為目標，而且最後讓西方社會對恐攻變得無感。隨著民眾開始習慣層出不窮的攻擊，後續每次攻擊後的「投資報酬」已開始減少。

在傳統的戰場上，這個團體是個笑話。沒錯，伊斯蘭國一開始的確戰勝士氣不振的伊拉克軍隊，而且在敘利亞無法無天的沙漠中狂亂橫行。但是它的威脅被誇大了。它只有在內戰造成權力真空的地方才會成功，使它橫行敘利亞和伊拉克。但是在某個時間點，「知情者」很認真地思考伊斯蘭國入侵沙烏地阿拉伯的可能性。

一旦伊斯蘭國面對鬆散的聯盟「人民動員」（Popular Mobilization Forces，在伊拉克境內與伊朗聯合的什葉派民兵）、伊朗的「聖城旅」（Quds force）、美國特種部隊和空權（air assets）以及俄羅斯在敘利亞的空權，伊斯蘭國在幾個月內就徹底瓦解了。沒有一個國家對伊斯蘭國的成功有興趣。以恐怖組織來說，它的威脅被嚴重誇大了，因為它沒有像蓋達組織那樣的指揮和控制可以進行嚴重的威脅。

當時我在 BCA 研究公司寫報告，在伊斯蘭國橫行的初期時，我做了這些預測。我非常相信因為一些實際的限制條件，2015 年的歐洲移民危機會在一年內結束，並以這個信念來支持這些觀點。但是並不重要。怒罵我的信件湧入。有些客戶

當著我的面說我「有病」。

最後證明了這些實質、以限制條件為主的分析是正確的。伊斯蘭國被全球最少的力量和當地的參與者打敗，它所激勵的恐攻也減少了（不過它的許多戰士也回到本國），而移民危機也消退了。

但是我低估了社交媒體對集體心理的影響。斬首的影片、各地的移民湧入，以及世界各大城市的槍手狂亂射殺，導致選民相信恐怖主義的威脅和大量的移民比實際情況還要嚴重得多。

未能預見我的預測需要多少時間才會成真，證明了限制條件架構能看到更遠的未來的能力，反而對自己不利。這個架構讓預測者能「繞過曲線」，也就是媒體普遍的觀點。但是市場會對這種觀點做出回應，而不是以限制條件為主的長期預測。所以，如果你有受託責任要為客戶賺錢，在運用這個架構時請小心。

請以戰略性投資人的態度回應市場看法，以策略性投資人的角度看待限制條件。

實質限制條件與新冠肺炎

說完了警世的故事後，我要提的是導致市場有史以來最劇烈波動的新冠肺炎大流行。到了 2020 年 3 月，我認為它

會造成嚴重但卻短暫得驚人的衰退。

我對於新冠肺炎市場賣壓的觀點不會受到歡迎。我認為未來數百年學術界會研究它以及後來的衰退，將此視為「群眾歇斯底里」的例子，程度近似乎塞勒姆獵巫。

但是投資人的工作不是在象牙塔裡對不理性的群體思維嗤之以鼻，而是要預測市場。因此，我在一月危機初期時沒有感到非常悲觀，結果後來反而害我自己變得很慘。正如我對伊斯蘭國的預測顯示，過於專注於實際現況，而不去看市場參與者的時代精神，使得這個架構無法確認預測的情形何時被暫緩，以及會暫緩多久。

雖然如此，以限制條件為主的分析可以評估世界是否會陷入如同 1930 代年的大蕭條。2020 年 3 月時做出正確的尤其重要，因為市場當時已經重挫了 36%，是否還會再跌 30%到 50%，還是風險資產已經在 3 月 23 日觸底（我的觀點是後者）。

以新冠肺炎大流行來說，三個廣泛的限制條件顯示，雖然危機很嚴重，但終究是可控制的。這三個條件分別為：

·新冠肺炎以老年人為目標：2020 年 3 月時，我們對這個病毒還有很多不瞭解。但我們知道住院和死亡率高度集中在老年人口。風險集中在單一類型開啟了一道門，可以進行對經濟傷害較小的管理策略。如果沒有出現這樣的策略，人

類行為可以調整，讓最脆弱的人自行隔離。

　　・**恐懼的代價並非持續的**：恐懼很廉價，直到代價變高。長期下來，由恐懼領導的行為將在維持恐懼的社會經濟成本不斷上升的情況下屈服。「恐懼的單位成本」最終會上升。

　　・**中間選民左傾**：美國中間選民放棄了放任式的政策，並轉向意識型態光譜的左邊，這已經在第一和第四章中討論過了。因此，政策對新冠肺炎大流行的回應將會，也已經比投資人預期更大、更快速。

　　2020 年 3 月撰寫本書時，這個預測還不明顯。「壓平曲線」的說法已經成為對抗新冠大流行的主要方法了，這鼓勵所有經濟活動幾乎是完全停擺。如果徹底執行，就會導致經濟蕭條，並因此證明我的觀點錯誤。不分意識型態和地理位置，所有的決策官員在實施廣泛的封鎖措施時都引述壓平曲線的方式。加州州長蓋文・紐森（Gavin Newsom）在三月中發出全州「待在家中」命令時，明確提到必須「壓平曲線」。這個觀點非常普遍，我聽到朋友、學校教師和藥房的結帳櫃檯都有人這麼說。我的父母在瑞士、妹妹在米蘭、阿姨在溫哥華…所有人都是業餘流行病學家，而且支持壓平曲線的措施。

　　雖然世界衛生組織（World Health Organization，WHO）是推動壓平曲線政策中最具權威的機構，但是這個最

嚴厲措施的靈感卻只有兩個資料來源。一個是倫敦帝國學院（Imperial College London）用可取得的新冠肺炎資料所做的研究[5]。另一個則是部落格文章[6]。

倫敦帝國學院所引用的資料品質非常不佳。一份在《科學》期刊發表的同儕審核的研究估計，中國「在 2020 年 1 月 23 日的旅遊限制前，86% 的感染都沒有記錄」[7]。由於美國及其他國家的檢測量極少，新冠肺炎的散佈可能在美國也被嚴重低估，這顯示美國的死亡和住院率被高估。

另一份發表於《自然醫學》期刊的研究支持我的看法，文章指出，2020 年 3 月為止，疫情的震央武漢的死亡率大幅低於被通報給世界衛生組織的數字。[8] 我懷疑接下來的 12 到 18 個月所做的其他研究將會證實，這些死亡率被過份高估了。我大膽預測，新冠肺炎最終死亡率將證實約在 0.1% 到 0.3%：

5 Neil M. Ferguson et al., "Impact of Non-pharmaceutical Interventions (NPIs) to Reduce COVID-19 Mortality and Healthcare Demand," Imperial College COVID-19 Response Team, March 19, 2020, https://www.imperial.ac.uk/media/imperial-college/medicine/sph/ide/gida-fellowships/Imperial-College-COVID19-NPI-modelling-16-03-2020.pdf

6 Tomas Pueyo, "Coronavirus: Why You Must Act Now," Medium, March 10, 2020, https://medium.com/@tomaspueyo/coronavirus-act-today-or-people-will-dief4d3d9cd99ca.

7 Ruiyun Li et al., "Substantial Undocumented Infection Facilitates the Rapid Dissemination of Novel Coronavirus (SARS-CoV2)," Science, March 16, 2020, https://science.sciencemag.org/content/early/2020/03/13/science.abb3221.

8 Joseph T. Wu et al., "Estimating Clinical Severity of COVID-19 from the Transmission Dynamics in Wuhan, China," Nature Medicine, March 19, 2020, https://www.nature.com/articles/s41591-020-0822-7.

高於流感，但低於普遍引述的 2% 到 3%。

重點是，全世界是根據極有限的資料進行線性推斷，而打造一個無限期的公共政策[9]。

但並非所有資料都有限。世人並不知道新冠肺炎的一件事。新冠肺炎有年齡歧視，這一點有充份的資料足以顯示具有統計顯著性。全世界的死亡率——同樣的，這也被高估了——有年齡上的差異。雖然圖 8.1 是五月和六月的資料，中國和義大利在三月時就有充分的資料可以在很早就做出這樣的結論（圖 8.1）。

根據倫敦帝國學院的研究，住院率與死亡率非常一致，而該研究同樣可能高估和扭曲所有資料而變得非常悲觀（圖 8.2）。

如果 60 歲以上的人占有症狀、需住院案例的 68.2%，那麼我們可以謹慎地問，為什麼在打擊新冠肺炎的措施中，沒有年齡特定的政策。

在我繼續這個話題前，讓我強調我真正的專長。我是從市場與經濟的角度來分析地緣政治與政治。我的工作是做研究以預測政治政策與地緣政治事件對總體經濟可能的影響。

---

9 John P.A. Ioannidis, "A Fiasco in the Making? As the Coronavirus Pandemic Takes Hold, We Are Making Decisions Without Reliable Data," Stat News, March 17, 2020, https://www.statnews.com/2020/03/17/a-fiasco-in-the-making-as-the-coronavirus-pandemictakes-hold-we-are-making-decisions-without-reliable-data.

圖 8.1 新冠肺炎的年齡歧視

新冠肺炎：各國死亡率													
西班牙		義大利		瑞典		瑞士		韓國		日本		中國	
年齡	死亡率（%）	年齡	死亡率（%）	年齡	死亡率（%）	年齡	死亡率（%）	年齡	死亡率（%）	年齡	死亡率（%）	年齡	死亡率（%）
0-9	0.2	0-9	0.2	0-9	0.3	0-9	0.5	0-9	0.0	0-9	0.0	0-9	0.0
10-19	0.3	10-19	0.0	10-19	0.0	10-19	0.0	10-19	0.0	10-19	0.0	10-19	0.2
20-29	0.2	20-29	0.1	20-29	0.1	20-29	0.0	20-29	0.0	20-29	0.0	20-29	0.2
30-39	0.3	30-39	0.3	30-39	0.2	30-39	0.1	30-39	0.1	30-39	0.2	30-39	0.2
40-49	0.6	40-49	0.9	40-49	0.4	40-49	0.1	40-49	0.2	40-49	0.3	40-49	0.4
50-59	1.5	50-59	2.7	50-59	1.3	50-59	0.6	50-59	0.7	50-59	0.7	50-59	1.3
60-69	5.1	60-69	10.6	60-69	5.4	60-69	3.4	60-69	2.5	60-69	3.5	60-69	3.6
70-79	14.5	70-79	26.0	70-79	22.1	70-79	11.6	70-79	9.8	70-79	9.8	70-79	8.0
80-89	21.2	80-89	32.9	80-89	35.3	>80	28.4	>80	25.4	>80	18.9	>80	14.8
>90	22.2	>90	31.0	>90	40.0								
截至5月22日止。資料來源：西班牙衛生部。		截至6月15日止。資料來源：高等健康學院。(IT)		截至6月22日止。資料來源：瑞典公共衛生局。		截至6月22日止。資料來源：瑞士聯邦公共衛生局。		截至6月22日止。資料來源：疾病管理本部。		截至5月27日止。資料來源：東京經濟。		截至2月11日止。資料來源：中國疾管局。	

獲德羅布尼集團（CLOCKTOWER GROUP）同意印製。

圖 8.2 住院與死亡率

年齡	有症狀案例中需住院的比例	住院案例中，需要重症照護的比例	感染死亡率
0 到 9	0.1%	5.0%	0.00%
10 到 19	0.3%	5.0%	0.01%
20 到 29	1.2%	5.0%	0.03%
30 到 39	3.2%	5.0%	0.08%
40 到 49	4.9%	6.3%	0.15%
50 到 59	10.2%	12.2%	0.60%
60 到 69	16.6%	27.4%	2.20%
70 到 79	24.3%	43.2%	5.10%
80+	27.3%	70.9%	9.30%

資料來源：帝國學院研究。
獲德羅布尼集團（CLOCKTOWER GROUP）同意印製。

所以讓我來做我的工作吧，也就是預測嚴厲的壓平曲線政策可能的影響。

如果 G20 開發中國家經濟體採用沒有分別的壓平曲線政策，尤其是如果無限期這麼做，就會導致經濟蕭條。不是2008 年式的大衰退，而是 1930 年代的大蕭條。

不同於「中國的方法」絕對隔離和控制，壓平曲線政策接受新冠肺炎感染不會被忽然阻斷。這個政策顯示各國拖延疫情（而且可以假設拉長社交距離政策）的時間夠長，讓住院和檢測降低到醫療體系的量能內。「時間夠長」可能是指製造疫苗所需的整整 18 個月。

這個方法會延長經濟不穩定性一整個夏季，甚至可能更久。這樣的不確定性會終止所有商業投資，而多虧了 2019年美中貿易戰，商業投資本來就很弱。這會導致企業因預期低營收而解雇大量的員工。不管是多大規模的振興方案都無法阻止解雇潮，尤其是雇用大量美國勞工的中小企業。

不確定性也會導致營收大幅減少。如果我預測餐飲業目前的情況，大部分的營收會變成零（下頁圖 8.3）。這樣的災難會衝擊住宿、航空、健身、醫療（當然是非新冠相關的醫療）等。當這些產業的員工失業，他們需要其他產業的服務也會減少。將會造成核子級的連鎖反應。

這樣的展望是任何衰退期都沒發生過的經濟萎縮，甚至

圖 8.3 營收會降為零

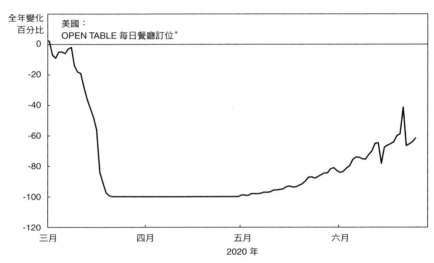

全年變化
百分比

美國：
OPEN TABLE 每日餐廳訂位*

2020 年

* 包括電話、線上訂餐和內用餐館。
資料來源：網路訂位網站 OPEN TABLE。
獲德羅布尼集團（CLOCKTOWER GROUP）同意印製。

連大蕭條時也沒有。面臨經濟災難的分析師無法合理地預測。如果因為壓平曲線論者鼓吹的無限期維持社交距離，而導致中國的數據在全世界複製並延長，那麼幾乎可以保證經濟會陷入蕭條。

實施超過一、兩個月，就可能導致消費需求永遠消失。而占全球生產毛額 15% 的美國消費者更是面臨這樣的風險。長時間衰退變成蕭條，可能導致「需求滯後」（而不只是勞動力滯後），也就是因為新冠肺炎的外部衝擊加上對財務永久性的傷害，導致消費者永久性地節省支出。由於美國有很

大部分地區的儲蓄率為負，不消幾周就會對財務造成傷害。

但是等等，人命關天。反正經濟本來就要陷入衰退了，不是嗎？就算股市再跌 30%，我們要勒緊褲帶十年、二十年又怎樣？就算能阻止一個死亡病例也是值得的。

但是深度衰退可能會比新冠肺炎殺死更多人，而且不只是眾所皆知衰退造成的自殺增加的效應而已。醫學期刊《刺胳針》（Lancet）在 2016 年的一項研究斷定，因為 2008 年的大衰退，經濟合作開發組織（OECD）的經濟體中，與癌症相關的死亡病例多出了 26 萬例。[10]。這個多出來的死亡人數還只是癌症而已，而且光是 2008 年大衰退造成的而已。那經濟蕭條還會死多少人？

要回答這問題，我得轉向希臘。一項《刺胳針》2018 年研究的結論指出，希臘的死亡率在 2010 到 2016 年增加 17.8%（圖 8.4）。這個數字比西歐高出三倍，而當時全球死亡率正在降低[11]。

如果美國的死亡率躍升 20%，表示每年平均死亡的人數

---

10 Mahiben Maruthappu et al., "Economic Downturns, Universal Health Coverage, and Cancer Mortality in High-income and Middle-income Countries, 1990–2010: A Longitudinal Analysis," The Lancet 10045, no. 388 (May 2016), https://doi.org/10.1016/S0140-6736(16)00577-8.

11 Stefanos Tyrovolas et al., "The Burden of Disease in Greece, Health Loss, Risk Factors, and Health Financing, 2000–16: An Analysis of the Global Burden of Disease Study 2016," The Lancet Public Health no. 8, 3 (August 2018), https://doi.org/10.1016/S2468- 2667(18)30130-0.

圖 8.4　希臘死亡率增加

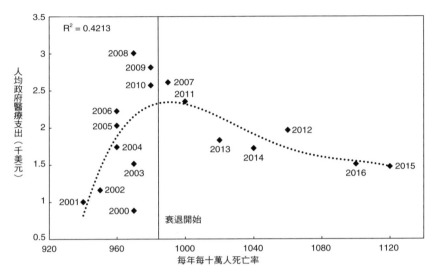

資料來源：世界銀行、MACROTRENDS、《刺胳針》
獲德羅布尼集團（CLOCKTOWER GROUP）同意印製。

多出 250 到 300 萬人。不同於新冠肺炎的是，這些死亡並非
集中於年長者，希臘在經濟蕭條時就是這樣[12]。

　　致命的災難只是衰退效應中的「第二」順位。至於第三、
第四，我得提到 1930 年代的政治與地緣政治。2020 年代和
1930 年代時一樣，世界的權勢分佈多極、美國隔離主義，還

---

12 我也非常樂觀地認為，美國的死亡率會和希臘的增幅一樣高。我的淺見認為，2010
年前希臘中位數收入者的生活品質，比現在的美國中位數收入者生活品質還要好很
多。因此我預期美國的死亡率會因為希臘程度的衰退而躍升 30% 到 40%。我會這樣
大膽預測的原因有兩個：美國（人均）擁有可以讓人逃避現實的海濱房產人數比希臘
少得多，以及美國的（人均）擁槍比例比希臘高得多。

有多個挑戰者勢力想要瓜分影響力。有這麼類似的歷史模式存在，不需要太多的想像力就能從 2020 年代的經濟蕭條推導出結論：去全球化、民粹主義當道、武力外交政策以及最終爆發世界大戰 [13]。

因此決策官員可能會暫緩，先不要將公共政策的鑰匙交給流行病學家（和部落客）。醫生和護士應該得到我們的支持，尤其是在疫情導致醫療體系吃緊，而且需要醫療專業人士做出巨大的犧牲時。但他們的優先事項並不包括防止經濟蕭條。更重要的是，經濟蕭條的可能性並不會限制他們的決策。

他們唸過「希波拉底誓言」，所以他們的限制條件是專注於醫療危機效應的第一順位。先救人，讓別人去處理後果。他們所受的訓練並非第二、第三、第四順位的事，我們也不希望他們被這些事分心。

但是醫生並不制定公共政策。是決策官員才制定政策。決策官員受限於現實的情況，包括經濟衰退的各種可能後果。

經濟衰退對決策官員來說是一個重大的限制條件，所以壓平曲線這個政策的路徑終將必須改變。

非線性與新冠肺炎

13 武力外交政策是國族主義最好戰的極端。

　　病毒不改變，政策要怎麼變？若要回答這個問題，我們需要深入探索資料的世界，到了夏季時，我們已經知道新冠肺炎爆發更清楚的樣貌。如上所述，我在三月時預測死亡率最終會落在 0.1% 到 0.3%。我怎麼能有信心在爆發初期做出這樣的預測，尤其是世界衛生組織的預估是 3.4%，比我的預估還要高了許多？

　　我最初的預測是由一個簡單的事實所引導，在任何疫病爆發的初期確診的數字會被嚴重輕描淡寫，但死亡數字則不會。在已開發經濟體中，人們不會病死街頭。他們會在醫院中身亡，所以會被記錄下來、解剖。因此，死亡率的分子，也就是死亡人數，會很接近現實，而分母，也就是總確診人數，則是在疫病初期很遺憾地會被低報。

　　我們也有來自中國很不錯的資料和一些研究，最後都顯示死亡率其實低得多。正如以前的疫病爆發，例如 2009 年的 H1N1 流感以及 2014 年的伊波拉，最初的死亡率通報都被誇大了 [14]。

　　不只是我完全預期死亡率被過度放大，而且我追蹤 2014 年伊波拉病毒爆發的經驗在新冠病毒爆發初期告訴我，要小心流行病學家的模型。疾病管制與預防中心（Centers for

---

14 我也很幸運地密切注意過兩場疫病的爆發。2009 年時，我是史卓佛的 H1N1 疫情的研究負責人，2014 年時，我在 BCA 研究公司對伊波拉疫情非常感興趣。

Disease Control and Prevention，CDC）在 2014 年時的預測認為，140 萬人會感染伊波拉，10 萬人會在數月內死亡[15]。相反的，最後只有 28,646 人感染，11,323 人死亡。為什麼會有這樣的差別？

顯然計算模型並不容易，尤其是像病毒爆發這樣的非線性環境。但是當人類行為改變時，疾管局更難做出正確的預測。因為絕佳的公共衛生反應以及個人行為的改變，使伊波拉病毒的爆發獲得控制。我預期新冠肺炎也一樣。

但初期的模型會這麼可怕還有別的原因，我認為模型也有公共服務的目的。預測模型本來就應該要嚇人，最後人們才會改變行為。

美國疾管中心非常英勇地說服年輕人，他們並非對新冠肺炎免疫。正如我對客戶和投資人解釋，死亡年齡中位數其實和大部分國家的「預期壽命」一樣，疾管中心後來令人屏息的分析指出，年輕人也有危險。在三月中時，疾管中心新的資料顯示，美國「青年」住院率比國際還要高？結果，以《紐約時報》為首的許多媒體都報導美國的「青年」住院率比較高[16]。圖 8.5 和那份報告一起公佈。

---

15 Washington Post，"Ebola cases could skyrocket by 2015, says CDC," http://apps.washingtonpost.com/g/page/national/ebola-cases-could-skyrocket-by-2015-says-cdc/1337/

16 Pam Belluck，"Younger Adults Make Up Big Portion of Coronavirus

圖 8.5　疾管中心對資料動手腳嗎？

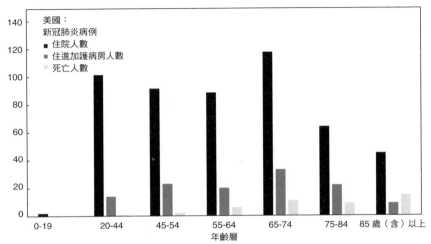

美國：
新冠肺炎病例
■ 住院人數
■ 住進加護病房人數
□ 死亡人數

年齡層

0-19　20-44　45-54　55-64　65-74　75-84　85 歲（含）以上

註：根據 2020 年 2 月 12 日至 3 月 16 日的資料。
資料來源：美國疾管中心。
獲德羅布尼集團（CLOCKTOWER GROUP）同意印製。

　　關於這個圖表，我可以寫一整個章節的內容！我在投資顧問業從事「分析」這麼久、這麼擅長，我做得出來看得出來被動過手腳的圖表。疾管中心的報告要不是數學很差的高中生寫的，就是根本是危言聳聽公關宣傳。

　　圖 8.1 中的資料來源是各國的醫療機構，將住院和死亡率按每十歲區分。但是疾管中心的研究發明了一個新的類別：

Hospitalizations in U.S.," New York Times, March 18, 2020, https://www.nytimes.com/2020/03/18/health/coronavirus-young-people.html.

20 到 44 歲的「青年」[17]。根據疾管中心的資料，這個偏頗的類別顯示，在實際操作時可以讓一個年齡層涵蓋 25 年，但其他年齡層範圍只包含 10 年。

對 20 到 44 歲年齡層的人，住院率可能比較 40 到 44 歲年齡層的人還高。這也是最大的人口分佈群，所以很合理住院率會比較高。但是等等…這個圖表根本沒有提供「率」。它寫的是住院的絕對值。一張圖表有這麼多個方法錯誤，顯示的是製圖者的偏好：動手腳。

疾管中心的報告只有一個解釋，那就是要讓千禧世代和 Z 世代的人保持社交距離。以這個案例來說，疾管中心的目的不足以讓他們用這種手段，而且這個手段也沒用。公佈動過手腳的資料無助於打擊新冠肺炎，也無法讓民眾更信賴已經搞砸了測試量能的聯邦政府機構。

到了（2020 年）夏季時開始出現另一個資料不一致：新增確診和死亡人數。我首先注意到瑞典資料的分歧，但是到了六月時似乎全球都出現這種情況（圖 8.6）。

雖然死亡人數落後，但我不相信死亡人數會在危機這麼早的時候就開始觸頂。瑞典這個病毒培養皿，讓我們一窺解封後的世界，死亡人數落後的情形長達兩個月！（下頁圖 8.7）

---

17 對了，我屬於「青年」這個類別！好耶！

圖 8.6　全球都出現死亡與確診之間不一致

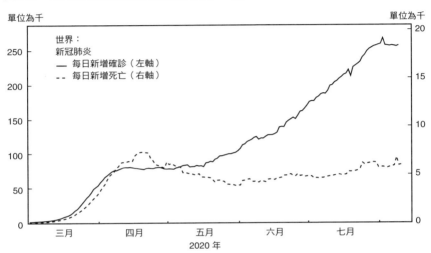

註：兩個資料皆以 1 周移動平均顯示。
資料來源：世界衛生組織、歐洲疾管中心、MACROBOND 金融。
獲德羅布尼集團（CLOCKTOWER GROUP）同意印製。

要不是越橘（lingonberry）治癒了新冠肺炎、不值得信任的瑞典人對數字動手腳，就是有什麼結構性的情況正在發生。

如果要我猜，我會猜三個議題會持續：

·**更多檢測**：是的，更多檢測會產生更多確診。不幸的是，這個說法已經變成川普政府的集會造勢口號，川普政府向許多讀者證實，我坐在家裡，頭上戴著一頂「讓美國再次偉大的」帽子，同時輕柔地撫摸著最後一批羥氯奎寧[18]。雖然美國

---

18 其實我沒有。我是沉浸在虛無主義的冷漠中。

圖 8.7　瑞典：新冠肺炎的培養皿

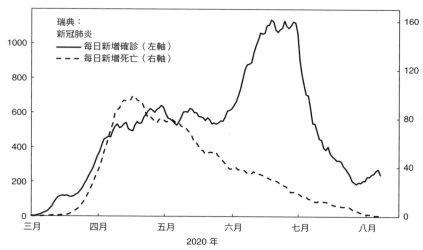

瑞典：
新冠肺炎
── 每日新增確診（左軸）
---- 每日新增死亡（右軸）

2020 年

註：兩個資料皆以一周移動平均顯示。
資料來源：瑞典公共衛生構機
獲德羅布尼集團（CLOCKTOWER GROUP）同意印製。

許多州的檢測確診都沒有增加，但「派對州」──在國殤日周末會坐在泳池邊享受冰涼的啤酒的那些州──則是確診數增加。

·**病毒量**：科學研究顯示，新冠肺炎病毒的嚴重性，和SARS-CoV-2 病毒的最初病毒量有關聯[19]。用外行人的話來說就是，在購買日常用品時因為接觸牛奶盒而生病，與在辦公

19 Carl Heneghan et al., "SARS-CoV-2 Viral Load and the Severity of COVID-19," March 26, 2020, https://www.cebm.net/covid-19/sars-cov-2-viral-load-and-the-severity-of-covid-19

室別人對著你的臉打噴嚏而生病是不一樣的。由於社交距離政策已減少室內超級傳播事件的活動，例如體育活動，而人類行為已經隨著病毒風險而調整，很有可能高病毒量感染的情形已減輕。

五月底時，米蘭的聖拉斐爾醫院院長亞柏托‧贊格利歐（Alberto Zangrillo）說：「過去十天的拭子顯示量化的病毒量比起一、兩個月前，可說是微不足道。」[20]《路透》登刊他評論的報導，用了一個誤導人的標題：「義大利名醫稱新冠病毒失去效力」。不意外的是，美國的媒體找來一大堆流行病學家說這個蠢義大利醫師的話不可靠[21]。

導致新冠肺炎的病毒並未改變，這些流行病學家快速提出反駁！病毒的效力還是很強！沒錯，但是這名義大利最好的醫院院長——因此可以假設他是新冠肺炎的專家——並沒有說病毒「失去效力」。他只是說，相較於他在二月和三月每天觀察到的量，感染病毒量已經「微不足道」。如果是真的，就能解釋美國和瑞典目前新增確診大增以及死亡增加兩者之間的分歧。

---

20 Reuters, "New coronavirus losing potency, top Italian doctor says," https://www.reuters.com/article/us-health-coronavirus-italy-virus/new-coronavirus-losing-potency-topitalian-doctor-says-idUSKBN2370OQ

21 Reuters, "WHO and other experts say no evidence of coronavirus losing potency," dated June 1, 2020 https://www.reuters.com/article/us-health-coronavirus-who-transmission/who-and-other-experts-say-no-evidence-of-covid-19-losing-potency-idUSKBN23832J

圖 8.8　年者長並不笨

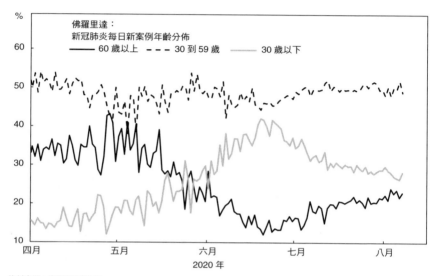

資料來源：佛羅里達衛生部。
獲德羅布尼集團（CLOCKTOWER GROUP）同意印製。

・**人類行為**：我一開始以為決策官員最後會立法保持垂直距離策略，也就是讓老年人與其他人口隔離。這個預測顯然太過嚴厲，政客不會考慮這麼估，但是對年長者來說應該要實施。佛羅里達州的資料顯示，到了夏季時，年長者已經改變了行為（圖 8.8）。由於人類行為的改變，垂直抑制策略實際上已在進行。

最後，這個討論不只是理論性的。隨著美國解封，R0 ——感染率——就會升高。圖 8.9 顯示達拉斯聯邦儲

圖8.9　美國各州解封導致新的感染情況

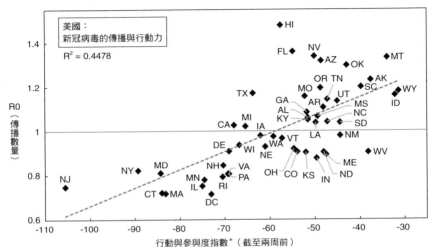

* 衡量新冠病毒造成的正常行動的偏移。
資料來源：達拉斯聯邦儲備銀行。
獲德羅布尼集團（CLOCKTOWER GROUP）同意印製。

備銀行（Dallas Fed）的行動與參與度指數（Mobility and Engagement Index）與新冠肺炎 R0 之間有關聯。如果住院和行動率開始接近 4 月時的程度，那麼 R0 遠高於 1 就會再次導致恐慌。但如果新冠肺炎衝擊鈍化，那麼民眾就可能慢慢地對 R0 升高的風險不敏感。結果，從市場的觀點來說，每日新聞案例會變得不重要。

　　身為地緣政治預測員，我必須持虛無主義的冷漠態度。新型冠狀病毒顯然製造了比一般流感更嚴重的公共衛生危機。

然而這是個風險程度的問題，而且集中在特定年齡層，民眾終究也會對這個風險變得無感。也許在 2020 年時和我討論過的對象，會被我的預測驚嚇到。他們並不想看到年長的父母生病死亡。我也不想！我愛我父母，但是這和我預測市場的工作無關。

2020 全年的資料不只顯示了新冠病毒最初的預測與模型都是錯的，而且許多投資人也持續專注於病毒，而不是回應病毒的政策。這是重大的錯誤。

超大規模的振興方案：這是政府的行動

如果三、四月時的壓平曲線政策如「壓平支持者」希望的那樣無限期持續下去，那麼經濟就會陷入愁雲慘霧中。相反的，住院和死亡率明顯落後新增確診的嚴重性，疫情已失去效力。根據每日新聞案例交易的投資人劃錯重點了。為回應危機所推出的龐大振興方案，成了最重要的投資新聞。

經濟不只是開始復甦，步伐還非常好。V 型預測太過謹慎。當時其實是 I 型復甦。大部分的投資人專注於危機初期「降為零」的子產業，例如航空、餐飲、郵輪業、租車公司等等，事實是，這些產業加起來只占國內生產毛額的 5.4%。即使是這樣，這些產業營收維持「零」的時間也很短，到了五月，連最嚴重的子產業也開始復甦了。

圖 8.10　　強勁的 I 型復甦正在進行中

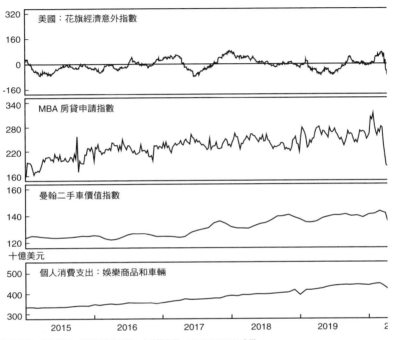

資料來源：花旗集團、美國經濟分析局、人口普查局、MACROBOND 金融。
獲德羅布尼集團（CLOCKTOWER GROUP）同意印製。

　　雖然這些經濟的從屬產業的確很慘，但比它們還要更重要的是耐久財、住宅和汽車銷售，這些都迅速復甦。特別驚人的是娛樂商品與車輛的消費大增。這顯示支出並沒有只花在某一些地方——旅遊、餐飲、休閒——而是已經轉移到別的產業了（圖 8.10）。

　　耐久財消費的復甦非常驚人。雖然全球金融危機後，耐

久財消費花了六年才恢復到 2007 年的高點，但這次只花了幾個月。如果還是有人認為後新冠肺炎的經濟反彈是被「零售業帶動」或是「非基本面」，應該仔細研究下頁圖 8.11。

看空的人沒注意到的是，2020 年的投資主題不是新冠肺炎，而是後續龐大的振興措施。尤其振興措施並非只是仰賴聯準會。貨幣振興措施只是輔助財政政策，這才是真的而且是基本面。這不是「印鈔票」帶來的反彈。這是以基本面為主的反彈。經濟的財政面就是經濟基本面的定義。這是國內生產毛額（GDP）中的政府開支（G），公式是 GDP = C + G + I + NX。這次的復甦不是假的，也不是「印出來的」。(譯注：國內生產毛額 GDP 的英文為 gross domestic product。本文中的公式是以「最終產品購買者的支出面」來計算的。C = 私人消費開支，I = 投資總額，G = 政府消費開支，NX = 淨出口)

雖然經濟復甦，但我預期到 2020 年底前還會再有 1.5 到 3.5 兆美元的財政振興措施，而且 2021 年可能會有更多，以避免財政懸崖。布宜諾斯艾利斯共識典範在這次的周期就是這麼強大。因此，投資人應該預期 2021 年初的新高。賣壓是個好機會，讓投資人投入資金以善用揮霍的政策典範。這是財政所帶動的市場。這無關聯準會或新冠病毒、估值、技術面或任何其他東西。

這如史努比狗狗和德雷博士的歌詞說的，「這是政府的

圖 8.11 「I 型」復甦

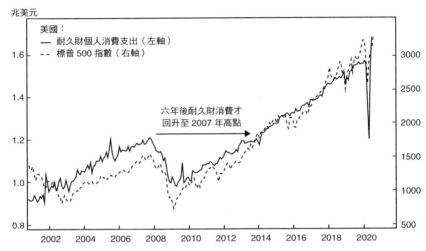

兆美元

美國：
—— 耐久財個人消費支出（左軸）
-- 標普 500 指數（右軸）

六年後耐久財消費才
回升至 2007 年高點

資料來源：美國經濟分析局、MACROBOND 金融。
獲德羅布尼集團（CLOCKTOWER GROUP）同意印製。

行動」。

（譯注：這句原文歌詞為 As Snoop Dogg and Dr. Dre would say, it ain't nuthin' but a G thang. 歌詞中的 G 原本是指 gangster，意為幫派。本書作者借用這句歌詞，並把 G 字的意思改為政府〔government〕。）

時間是限制條件方法的致命傷

過去十年來，我的客戶對限制條件架構最大的批評一直都是決策官員不理性。這一點並非這個架構的主要缺點。就

算是不理性的決策官員也無法穿牆。這個架構的重點在於實質的限制，不管再怎麼不理性也無法改變現實。

如果客戶說全體民眾不理性，那我就比較難為這個缺陷開脫了。以恐怖主義和新冠病毒的例子來看，恐懼會創造自己的現實，中間選民（也就是整體民眾）的要求會變成現實。如果每一位選民忽然要求一輛藍綠色的現代汽車，那麼我很肯定他們會得到一輛。

再怎麼瘋狂、困惑或只是搞錯情況的決策官員，也會很快被限制條件拉回現實，其中一個限制條件就是中間選民。但是一個歇斯底里的社會本身就會變成一個實質的限制條件；中間選民會限制決策官員，但是整個社會，也就是中間選民，並沒有這麼立即的限制力量。結果，整個社會恢復理性所需的時間未知，所以無法預測。

如果中間選民相信自己和孩子會死於新冠肺炎，那麼相信這件事就是實質限制條件。決策官員就必須以可能導致經濟蕭條的措施來回應這樣的恐懼。選民大規模的歇斯底里是立即的限制條件，而經濟蕭條卻沒那麼立即，而是在風險曲線較遠的地方。因此，就算是理性的決策官員面對真正的現實，也可能以短期的限制條件為由（而且事實上可能是被迫）採取長期可能導致災難的政策。

本章考驗我是否能用限制條件架構，成功預測社會的行

為。我可以 [22]。2014 到 15 年時，我的觀點認為西方國家的人——尤其是歐洲——會對恐怖攻擊逐漸無感，這是個很有爭議性的觀點。雖然新冠肺炎很麻煩，但死亡率幾乎可以肯定被高估了，而且年齡層有很大的差別。到了夏末時，我猜原本擔心孩子健康的父母，會對學區的教育局長大喊，孩子根本免疫。

令大眾對壓平曲線不再感興趣的真正限制條件，當然不會是因為父母在家教小孩讀書感到挫折。真正的限制條件是錢，尤其是沒有錢這件事。即使近年來整體儲蓄率已提升，但大部分的美國人沒有儲蓄。到了某個時候（我猜會是第一波裁員後），這個限制條件就會開始發生作用，改變全國的時代精神。

除了照顧孩子和錢的限制條件，新冠肺炎的一些特性也代表一個重要的實質限制會延長大眾的恐懼。如果這個病毒像伊波拉一樣可以透過空氣傳染，我的觀點就會不一樣。如果死亡率達 30%，實在看不出來民眾會無感。但是當死亡率可能是 0.3% ——效力比流感強三倍——不太可能會結終我們所知的西方世界。

社交媒體的時代創造出高度波動的敘事環境。社交媒體

---

22 我只是不知道何時會結束。

是敘事加速器，會放大最極端的言論。以伊斯蘭國和新冠肺炎來說，社交媒體給危言聳聽者一個舞台，讓人忽略了較理性的聲音。也創造了瘋傳的恐慌，程度等同於或甚至超越疫情。但是社交媒體的敘事來得快去得也快。社交媒體的短命比以前媒體所帶動的敘事還要短。因此，市場可能會非常敏感地做出回應，但是也可能很快恢復。

我在二月撰寫本書手稿時，對自己很沒信心。我錯過了大賣空的機會。但是三月時，我開始變得瘋狂地樂觀。因為社交距離和人類行為的非線性特色，我利用實質限制條件的架構並認為資料後來會顯示病毒沒那麼可怕。

同時，我的觀點認為美國正在從華盛頓共識轉移為布宜諾斯艾斯利共識，這讓我極為相信，決策官員推出的振興方案規模會遠大於 2009 年時。

等塵埃落定後，數十年後投資人回顧 2020 年就會發現，這是新的典範轉移的開始。2020 年最重要的總體經濟圖表不是新冠肺炎的疫情曲線，而是圖 8.12，這張圖將華盛頓共識轉移為布宜諾斯艾利斯共識的情況畫了出來。它描述的是 2008 到 2009 年金融危機後的幾個月，貨幣政策振興方案推出後就是一連串的撙節方案。然後當川普總統從 2017 年開始刺激財政時，額外的政府支出立即伴隨著一連串鷹派的貨幣政策。

圖 8.12　布宜諾斯艾利斯共識

資料來源：MACROBOND 金融。
獲德羅布尼集團（CLOCKTOWER GROUP）同意印製。

　　2020 年時，貨幣政策為輔，財政政策為主。在圖 8.12 中，這兩條線很接近。我認為這到 2021 年還不會放鬆，因為新上任的拜登政府可不想讓政府陷入龐大的財政懸崖。如果川普總統贏了，從他的第一任期來看，幾乎可以肯定絕對不會採取撙節措施。我們在前幾章時討論過，這和決策官員的偏好一點關係也沒有，而是中間選民的感受，認為華盛頓共識，也就是謹慎的財政政策已經沒有用了。

　　布宜諾斯艾利斯共識典範會給資產市場一、兩年的榮景，

新高可能出現在 2021 年初。但不會是從現在起就只有好日子。我預期通膨會比投資人預期的還要快。雖然初期對股市並非負面因素，但是 2020 年代最後會證明是停滯性通膨的十年。

第三部

實際操作
OPERATIONALIZATION

9章 ──淨評估的藝術

The Art of the Net Assessment

我和一位全球總體經理人談過有關印度的事，
他說印度股市從長期看來是
「非常值得買進…只是不清楚
是因為歡欣鼓舞還是因為絕望。」

在本書的第一部中，我介紹了限制條件架構背後的理論，以及為何地緣政治對投資人來說很重要。第四到八章則介紹真正重要的以及有時候會有影響的限制條件，以及架構的弱點。在接下來的三章中，我要實際操作這個架構。投資人要如何使用，以創造投資大贏家？

第一步是學習**淨評估**（net assessment）的藝術。這個詞是來自美國國防部的淨評估辦公室（Office of Net Assessment，ONA）所開發的長期策略分析。

淨評估會組織（net out）對手分析方法的結論。通常是美軍預測員使用淨評估來預測對手或是長期的重大風險。舉例來說，淨評估辦公室可能針對北韓或氣候變遷的風險提出淨評估。

我把限制條件架構的實際操作留到第九到十一章，是因為投資人必須先瞭解，他們要組織什麼評估，才能產生淨評估。第四到八章著重於影響決策官員行為的實質限制條件——這些因素正是投資人或是企業高階主管在分析時，需要加以組織的資訊。

針對不同的時間範圍或觀察角度，地緣政治預測就需要不同的淨評估。所以，在開始看例子前，我要先定義每一種觀點範圍。

地緣政治預測的三個觀點

「地緣政治預測」是一個籠統的詞，許多投資人用這個詞來描述不是市場或總體經濟特有的因素。這個廣泛的標籤模糊了地緣政治分析到底是什麼，以及到底不是什麼。

限制條件架構可以用來分析不同時段的任何挑戰。美國狙殺卡西姆・蘇萊曼尼少將（Major General Qasem Soleimani）？是的，的確有針對這件事與市場相關、以限制條件為主的淨評估。美國大選可能轉向偏左？也有針對這件事的與市場相關、以限制條件為主的淨評估。氣候變遷是投資主題？是的。也有針對這件事的與市場相關、以限制條件為主的淨評估。投資人必須習慣三種預測的觀點：

・**離散事件**：狙殺卡西姆・蘇萊曼尼少將，就是非市場、非總體經濟事件很好的例子，投資人不會提早得到通知，必須即時做出戰術性的反應。希望在讀過本書學習了限制條件架構分析後，你已經「準備好」面對這種事，而且已經有可立即使用的淨評估了。在本章中，我將說明限制條件讓美國和伊朗不至於開戰。

如果你對某個議題的地緣政治還不熟悉，你可以找顧問幫忙。準備好你的問題，這樣他們提供的回答就能讓你的限制條件架構使用：「是的，我們都知道『聖城旅』（Quds Force）是反美的意識型態支持者，但是如果有 X、Y 和 Z（限

制條件），他們會怎麼做？」

　　·**周期性**：第二類淨評估著重於周期性的時間範圍。若要產生這種分析，就要知道未來 12 到 18 個月的地緣政治行事曆。指派團隊中的一個人製作所有可能和市場相關的政治和地緣政治事件行事曆：選舉、高峰會、公投、預算到期日、財政懸崖、顯著的軍事行動等[1]。如果接下來有重要的選舉，就在事件前製作該國的淨評估。在決策官員實施可能對市場產生正面或負面影響的政策時，監看對決策官員偏好的限制條件有什麼變易性。

　　·**曲線周圍**：在做長期預測時，我喜歡專注於主題，而不是以國家或地區為主的經濟體。以前我擔任策略分析師時，我會針對幾個長期的主題進行預測：

　　歐元區是否能生存，歐洲繼續整合？我的預測寫成了 2011 年的分析，標題為〈歐洲的地緣政治第一步犧牲棋：因為整合而重要〉。美中的緊張情勢是否會升級成與市場有關的衝突？我在 2013 年的回應是〈美中衝突：比你想的還有可能〉。全球化是否會持續下去？我在 2014 年分析這個問題，然後寫下了〈全球化的高峰——開始走下坡〉。

　　放任式經濟是否會繼續？我在 2015 年以淨評估試圖回

---

1 或者你可以用我在 BCA 研究的前組員所製作的地緣政治行事曆，這是業界最好的。

答這個問題〈盎格魯薩克遜經濟的終結〉[2]。這些預測都是以主題為主的淨評估，投資人都看不到。2013 年時沒有多少投資人在乎美中衝突，因為當時歐洲正在分崩離析。2015 年時，沒有人想談論美國的政治風險，因為當時一般認為希拉蕊·柯林頓會接續歐巴馬總統，還有希臘正在和德國玩著影響會很大的膽小鬼賽局的遊戲。但是刻意著重於當下看不見的主題很有用，尤其是當這些主題已經好一段時間沒有人去談了。事情發生的日子可能比市場共識以為的還要早來臨。

若要為這些地緣政治觀點做好準備，積極的投資人應該遵守以下三個步驟：

1. **離散事件**：專注於幾個可能顛覆市場，需要反應式分析的主題性風險。每年一月，當全球剛過完新年，還在休養生息時，我喜歡坐下來，寫下可能需要反應式淨評估的五個風險。

2. **周期性**：針對你正在投資或打算投資的國家，建立以限制條件為主的淨評估。從 G20 開發中國家開始是個好主意。在本章中，我將闡述這樣的淨評估看起來會是什麼樣子，並仔細檢驗印度。

3. **曲線周圍**：寫下五個現在被投資界的同僚奉為圭臬的

---

2 這些分析只要索取即可取得，感謝 BCA 研究提供。

假設。2020 年的其中一個是全球正陷入長期停滯，這是指通縮的環境加上低利率。你對這個預測多有信心？做淨評估是否合理？在新冠肺炎衰退的後續效應中，是否已確認了長期停滯，還是政府驚人的經濟振興方案標示著停滯結束[3]？

淨評估：貝氏事前機率

一個好的淨評估要在做任何預測前會先設定「事前機率」（priors）。創造某個事件發生或是重要的經濟體超越某些指標（不是自己隨機設定就是同僚設定）的最初機率值。2016 年初時，我寫下即將來臨的英國脫歐公投分析，正確地認為脫歐的可能性比市場認為的還要高。

我用一個比較高級的詞，叫做尋找貝氏事前機率（Bayesian prior），或稱貝氏機率。淨評估設定「事前機率」：一個主觀的程序，分析師根據歷史記錄而非透過淨評估，決定某個事件發生的機率。[4]

以 2016 年英國脫歐分析為例。為了決定「離開」陣營勝利的機率，我沒有研究以前的獨立公投或公投產生的分離主義結果的頻率，因為我的樣本太小，不具有統計顯著性。分離並沒有自然法則，而且仔細觀察後就會發現，類似的事

---

3 我非常相信，這會導致接下來的十年通膨。長期停滯會結束，但是要付出代價。
4 關於貝氏機率，有很多書可以看。但如果你不想被數學淹沒，我推薦奈特・席佛（Nate Silver）的《精準預測》（The Signal and the Noise）。

件其實沒有那麼類似。1995 年的魁北克獨立公投和脫歐公投
非常不同。

1975 年，英國加入歐洲共同體的公投是不同的時代、不
同的背景環境。可取得的歷史資料，不論是質或是量都不具
有統計顯著性。如果套用頻率派的推斷方法，我就會判定脫
歐的可能性是 10%，因為非重複性的公投中，只有十分之一
會投票反對現有的、共識觀點。

淨評估方法讓分析師可以將第四到八章的所有限制條件
全部組織起來。結果會對某個事件的發生產生一個主觀的事
前機率。但是，更重要的是，淨評估會產生一個支點限制條
件，這就是要關注的限制條件。它可以建議要監控的關鍵資
料，這些資料會指出淨評估的變化，需要分析師調整概率。
這些「資料流」讓投資人瞭解他們需要監控什麼資訊，將他
們預測的機率維持在最新、精確的狀態。我建議列一個檢查
清單來追蹤這些「資料流」。

以英國脫歐分析來說，民調是明顯要監看的資料流。以
2017 年減稅通過來說，可能是參眾兩院的財政保守派的聲
明。以 2020 年新冠肺炎危機來說，中間選民的意見是支點
限制條件，關鍵的資料流可能是抱怨壓平曲線政策造成經濟
損失的報紙讀者投書數量，加上谷歌搜尋趨勢提到「蕭條」、
「回去工作」或是「為什麼我的網路變慢」的次數。

或者如同第八章所提到的，第二波新增確診數字增加，以及死亡人數持平之間差距擴大，這個差距最終導致每日新增確診不再引導市場。

將我架構的這一部分稱為貝氏機率很方便，因為這正是淨評估的目的[5]。使用淨評估並非表示不再用限制條件為主的分析，而是開始使用這種分析。是的，淨評估提供一些事前機率，以幫助衡量是否有某個地緣政治大贏家可以讓你獲利。但是真正的關鍵在於，它可以找出會影響任何地緣政治活動的支點限制條件的資料流。如果資料流中的資料改變了，那麼機率也應該跟著改變，如下頁圖 9.1 所示。

現在你更清楚如何整合淨評估到以限制條件為主的分析中了，以下是一些範例。

印度淨評估：以均值回歸為基礎的投資主題

印度有一個明確的特色，那就是很難找到能明確定義它的特色。印度的歷史、多元化、地理和國土大小，使得概括性的歸納印度是不夠的，所以精簡的淨評估也不夠好。

截至 2020 年，許多投資人認為印度是「明日之星」。2019 年的選舉大獲全勝，給了印度總理納倫德拉‧莫迪

---

5 但我有點遲疑該不該這麼說，因為這只描述了以限制條件為主的分析之始。

圖 9.1　貝氏機率的程序

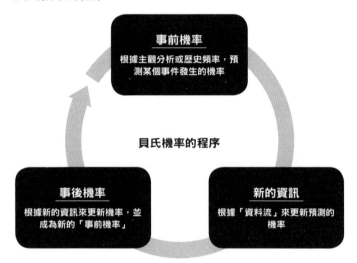

資料來源：BCA 研究公司（WWW.BCARESEARCH.COM）。
獲 BCA 研究公司（WWW.BCARESEARCH.COM）同意印製。

（Narendra Modi）的改革派政府更多政治資本。但是，過
去五年來的結構性改革——本來應該要產生令人樂觀的前景
——對總體經濟數據產生混合的影響。

　　我對印度的淨評估著重於未來中長期的投資機會。評估
的結論認為，印度消費者會持續帶動經濟的主題有很強的支
撐，但是認為印度將領先東亞之「虎」（East Asian "Tigers"）
的主題，看法卻不一。

為什麼印度不在均值回歸中？

　　印度典型的地緣政治敘事指出，族群多元以及地理原因，

導致不論是誰執政都很難控制印度。因此，民族異質性與民主帶來的複雜性，一直大幅延後將印度打造成一個國家這件事，導致 2020 年的分散而分區的政體。

但印度不是世界上唯一異質性的國家，典型的敘事並沒有考量到這一點。還有一個比較簡單的原因可以解釋印度在現代社會中相對貧窮：殖民擴張主義[6]。印度與中國在過去兩千年來大部分的時候都是世界最大的兩個經濟體。這樣的地位在大航海時代被改變了，歐洲人啟動了軍事、經濟和科技的霸權[7]。

而印度比中國早了一個世紀被霸權統治[8]。

在殖民擴張的初期，集中化和社會主義的政府，是導致印度追趕不上其他國家的原因之一。相對於中國在 1978 年將焦點轉向市場改革，印度直到 1990 年代初期才放棄控制經濟。

因此，印度在均值回歸之中（下頁圖 9.2）。有了 20 世紀控制經濟以及歐洲帝國壓榨式統治的經驗，過去 75 年來，

---

6 Shashi Tharoor, Inglorious Empire (London: C. Hurst & Company, 2017).
7 David Abernathy, The Dynamics of Global Dominance (New Haven, CT: Yale University Press, 2000).
8 在卡納蒂克戰爭（1746 到 1763 年）打贏了法國東印度公司和許多獨立的統治者後，英國東印度公司成立一個對印度貿易的壟斷公司。英國國王直到 1858 年才正式接管東印度公司，英國控制中國則是始於第一次鴉片戰爭（1839 到 1842 年），結果卻受制於結束最後第二次鴉片戰爭的 1858 年天津條約。

圖 9.2　印度的投資主題是以均值回歸為基礎

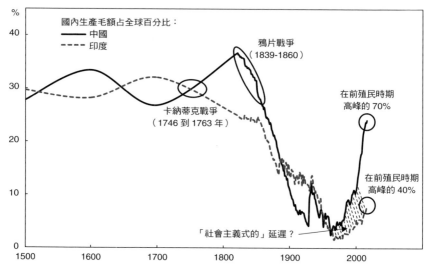

資料來源：安格斯麥迪遜、德羅布尼計算。
獲德羅布尼集團（CLOCKTOWER GROUP）同意印製。

印度和中國都要重新調整先前預估的軌道。而中國正要完成均值回歸。(譯注：「均值回歸」是一個統計現象：在一堆變數中如果第一次抽出的值，相對於平均值而言很極端，則從相同的分佈中所抽出的第二個值很可能接近平均。均值回歸被廣泛用於各種學科，在投資界也常用均值回歸來解釋為何有些績效很好的基金和投資人，最終會回歸平凡，以及為何超越平均報酬的策略難以維持其動能。)

　　然而，印度只有在 1985 年的全球生產占比下滑，而且遠低於中國的全球生產毛額占比。

圖 9.3　為何改革派政府的投資會減少？

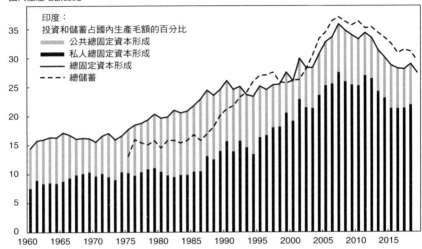

國內生產毛額占比

印度：
投資和儲蓄占國內生產毛額的百分比
- 公共總固定資本形成
- 私人總固定資本形成
- 總固定資本形成
- 總儲蓄

資料來源：世界銀行。
獲德羅布尼集團（CLOCKTOWER GROUP）同意印製。

　　到目前為止，投資不足是拖累印度的支點限制條件。早在莫迪的改革派政府於 2014 年勝選前，總固定資本形成，也就是企業、政府和家庭投資於固定資產，在 2007 年時達到高峰，總全國儲蓄率也是（圖 9.3）。同時，對於一個一直以來投資不足的國家而言，成長不足更是雙重問題，印度的總固定資本形成落後於亞洲其他國家長達半個世紀（下頁圖 9.4）。

圖 9.4　印度還有很大的進步空間

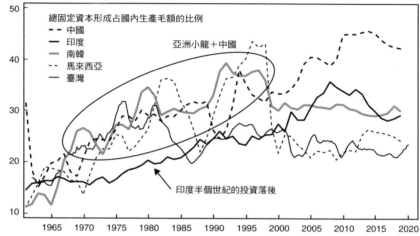

資料來源：世界銀行、臺灣經濟部統計處、MACROBOND 金融。
獲德羅布尼集團（CLOCKTOWER GROUP）同意印製。

投資不足：印度的支點限制條件

　　有三個方法可以刺激投資於經濟。政府可以增稅，也就是取得國營企業所創造的獲利，然後將營收用於投資。或是可以激勵國內企業部門投資。或是外國人可以自己投資。但這三個選擇都面臨著挑戰。

　　1. **個人稅率偏低**：在各國的政府稅收比較中，印度的表現很差（圖 9.5）。雖然 2017 年開始的商品與服務稅（goods and services tax，GST）是一大改革，但印度仍需要完整的改革房屋、個人所得和企業稅。印度只有五千三百萬人繳稅，

圖 9.5　印度需要收更多稅

稅收占國內生產毛額的比例

資料來源：經濟合作發展組織 2015 年。
獲德羅布尼集團（CLOCKTOWER GROUP）同意印製。

也就是總人口的 5.6%。對印度的許多富裕家庭說，這個狹窄的稅基是「稅賦恐怖主義」（這是一個印度富家子告訴我的），讓他們有藉口將資產保留在國外。

　　家庭將高達 70% 的資產存放在國外[9]。雖然資本外逃在印度一直是個問題，但是令人不安的地方在於，雖然莫迪政府支持市場的言論，但卻一直沒有做出改變。這個資料並不能合理地解釋印度精英的不安。多種減稅措施幫助富裕者避稅，缺乏一個穩健的不動產稅，以及相較於新興市場的其他國家

9　為了避免資本控制，家庭會讓一位成員成為非印度籍的外國人，讓他們可以把更多財富送到國外。

圖 9.6　印度：適合鬼鬼祟祟的富人之國？

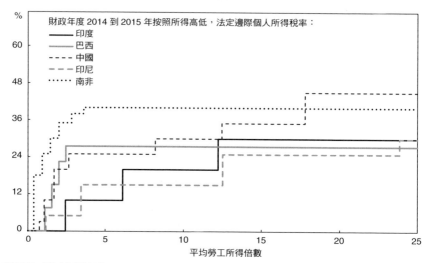

財政年度 2014 到 2015 年按照所得高低，法定邊際個人所得稅率：
——印度
——巴西
----中國
----印尼
‥‥‥南非

平均勞工所得倍數

資料來原：經濟合作開發組織 2017 年。
獲德羅布尼集團（CLOCKTOWER GROUP）同意印製。

低得驚人的邊際所得稅率也幫助富裕者避稅（圖 9.6）

　　為什麼沒有信心？我猜是因為缺乏財富重分配的機制會深化已經很高的所得不平等，並助長資本外逃的動機，因為精英可能憂心民粹主義反撲，所以好日子快過完了（圖 9.7）。

　　2. 企業被課太多稅：由於家庭稅基太低，印度的企業稅率一直都很高，就算以已開發國家的標準來看也一樣。但莫迪政府於 2016 年降低中小企業稅至 25%，2019 年所有其他企業降至 22%。現在印度的實質企業稅率約在 25%，與世界一致。但只有約 100 間企業，也就是印度總計 80 萬間企業

圖 9.7　非常貧窮的印度，比美國還要不平等

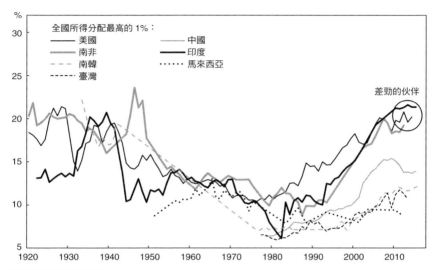

資料來源：世界不平等資料庫。
獲德羅布尼集團（CLOCKTOWER GROUP）同意印製。

的 0.012%，占企業稅收逾 40%。

3. **外商直接投資**（Foreign domestic investment，FDI）
死寂：雖然過去十年來，外國直接投資流入增加了近四倍，
但是自 2008 年即開始減緩。根據經濟合作開發組織的外國
直接投資法規限制指數，印度仍是外國直接投資管制最嚴格
的國家之一，儘管在莫迪政府的管理下已有顯著的改善。

模里西斯在印度的外商直接投資「回流資本」（Round
Tripping，譯注：「回流資本」是指本國投資人將資金轉存到

圖 9.8　其中一個和其他不一樣

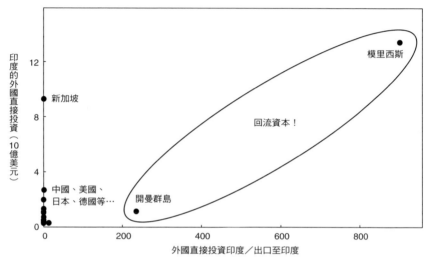

資料來源：印度儲備銀行、經濟合作開發組織 2018 年的資料。
獲德羅布尼集團（CLOCKTOWER GROUP）同意印製。

國外，然後再以外國投資人的身分將資金投資回國內。參閱
下頁註 11）最能解釋上述的所有因素 [10]。圖 9.8 顯示模里西
斯是印度最大的外商直接投資…遠超過所有國家！由於小島
國模里西斯是世界第 123 大經濟體，而印度是全球第 6 大，
這個數字非常驚人。

　　除了光纖外，模里西斯是印度最大投資人有幾個問題。

---

10 Adrienne Klasa, "Round-tripping: How Tiny Mauritius Became India's Main
Investor," Financial Times, October 30, 2018, https://www.ft.com/content/
b2a35d1e-c597-11e8-86b4-bfd556565bb2.

首先，這暗示流入印度的外國直接投資有些不知名的部分，其實就是避稅所產生的，因此不是新設投資（greenfield investment）[11]。第二，這表示模里西斯占印度 2020 年外國直接投資的比例（30%），根本不是真正的外國直接投資反映對印度前景樂觀。第三，這個冰山一角的數據令人不禁想問，這些獲利到底還有多少停留在海外。

讓我確認對印度的負面事前機率偏誤的原因在於，儘管莫迪政府是改革派，但投資停滯，加上外國直接投資成長占國內生產毛額的步調減緩。自從莫迪的改革派在 2014 年勝選以來，印度的製造業占國內生產毛額及全球出口的占比（下頁圖 9.9），不是停滯就是下滑。更令人憂心的是，這些趨勢發生的時候，中國的勞動成本正在上升，對印度來說是一助力。2019 年的美中貿易戰是另一個助力，但是不清楚印度是否從中獲益。

為何印度無法善用莫迪的改革派政府和有利的地緣政治環境？表面上看來，投資環境的改善很顯著。印度政府經常引述該國在世界銀行的經商環境報告（Doing Business）中上升了 30 名，是有史以來最大的單次上升。

答案就在於勞動與不動產法規。至於世界銀行調查的結

---

11 不想繳交驚人國內企業稅的印度企業，會將出具發票出口至模里西斯，因為在模里西斯不用繳任何稅。然後有些收益（並非全部）會以外國直接投資的方式匯回印度。

圖 9.9　出口停滯，製造業正在崩潰

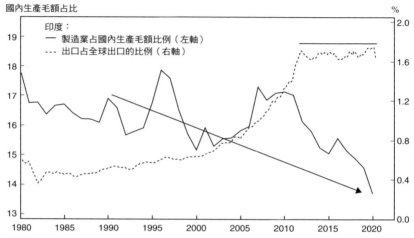

*　資料來源：世界銀行、MACROBOND 金融。
**　資料來源：國際貨幣基金貿易統計局、MACROBOND 金融。
　　獲德羅布尼集團（CLOCKTOWER GROUP）同意印製。

果排名上升，其實是政府可以鑽漏洞。莫迪政府專注於最容易的改革，尤其是能排名上升的改革，而不必真正解決經濟中的問題。如此一來，莫迪將印度轉型為很會考試的考生，而不是學習了結構性改革的學生。

其勞工法複雜而且嚴格，尤其是製造業。印度在經濟合作開發組織的就業保護法規指數中得分很高，即使是和一些已開發市場的經濟體相比也一樣（下頁圖 9.10）[12]。雇用逾

12　經濟合作開發組織的就業保護指標，是一個合成的指標，指出法規是否嚴格限制解雇
　　和使用臨時合約。資料範圍從 0 分到 6 分，6 分代表法規最嚴格。

圖 9.10 印度需要新的勞動法

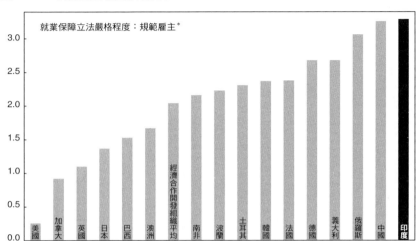

就業保障立法嚴格程度：規範雇主*

註：資料範圍為 0 到 6 分，愈高分代表法規愈嚴格。
資料來源：經濟合作開發組織 2019 年。
獲德羅布尼集團（CLOCKTOWER GROUP）同意印製。

100 名員工的企業必須獲得政府的同意才能解雇一個人。至於不動產方面，法規很難調整。這是各邦和複雜的社區的權限，而不是聯邦政府的權限。

至於 2020 年，新冠肺炎疫情打擊印度，而印度的國內生產毛額成長已經在減緩了，莫迪不太可能專注在改革上。經濟表現將會是無法施加痛苦的稅賦和勞動改革的限制條件。莫迪在第一任期擬定計畫卻無法通過改革，因為商品服務稅需要莫迪動用所有的政治資本。若要通過商品服務稅，必須透過混亂的立法程序來減輕勞工和土地改革的痛苦。土地改

革的前景更糟。

這是各州的權限，而執政的印度人民黨（Bharatiya Janata Party，BJP）控制了 29 個州立法機構中的 21 個（自 2019 年 12 月以來為 17 個），掌握了足夠的選票可以實施改革。如果該黨打算這麼做，過去幾年來早就已經開始進行土地改革了。他們沒有這麼做就是個警示，顯示未來不會有改革。

為什麼投資是支點限制條件？

對印度最樂觀的敘事認為，印度可以複製東亞的經濟奇蹟。印度可以「均值回歸」到過去的榮光，成為全球主要經濟體。

1970 年代支撐東亞經濟體和 1990 年代東南亞經濟體的三大主因：高國內儲蓄水準變成總資本形成率高、高生產力成長率（跟在投資之後），以及地緣政治環境有助於出口導向的工業化。

在儲蓄方面，印度仍落後其他亞洲國家。印度的全國總儲蓄率低於經常被引述的亞洲經濟奇蹟國家，只有他們的 28.5%，相較於中國則只有 45.8%。印度的金融體系仍發展不健全，銀行很難擔任私人儲蓄與投資的中間人。銀行資產占國內生產毛額的比例只有其他亞洲經濟體的一半。雖然生產

圖 9.11　強勁的生產力表現已停滯

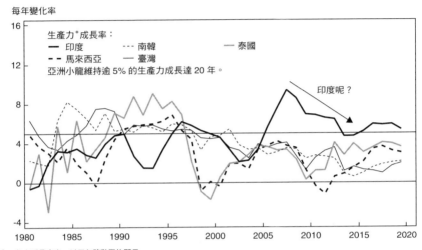

每年變化率

* 每名雇員產出。以三年移動平均顯示。
資料來源：世界大型企業聯合會、MACROBOND 金融。
獲德羅布尼集團（CLOCKTOWER GROUP）同意印製。

力在 2000 年代中期爆發，但即使有改革派的政府執政，生產力卻仍再次停滯（圖 9.11）。

　　除了較少儲蓄外，印度的全球客戶群可能比 20 世紀時還要少。印度不太可能獲得東亞和東南亞經濟體的地緣政治助力，靠著出口實現繁榮。已開發國家的選民已對貿易感到不滿（下頁圖 9.12）。我在第一章中討論過，在全球化最如火如荼的時候，已開發國家中產階級的薪資成長有限。這造成了全球的需求減緩，印度不太可能得到像中國改革開放時，尤其是在 1990 年代時所受到的歡迎。

圖 9.12　西方國家對貿易感到不滿

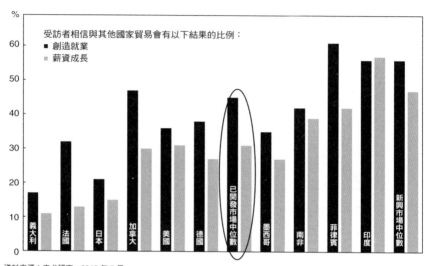

資料來源：皮尤研究，2018 年 9 月。
獲德羅布尼集團（CLOCKTOWER GROUP）同意印製。

　　印度的總體和地緣政治環境，使得丹尼・羅德里克（Dani
Rodrik）在 2015 年提出的主題「工業化過早結束」在投資人
眼前成真的可能性提高了[13]。羅德里克是哈佛經濟學家，也是
全球化的主要批判者，他認為，由於自動化和東亞的低成本
製造業競爭，開發中經濟體在財富水準低得多的環境下，正
達到製造的高峰。

13 Dani Rodrik, "Premature Deindustrialization," National Bureau of Economic
　Research Working Paper No. 20935, February 2015, https://www.nber.org/papers/
　w20935.

　　諸如印度這樣的國家,過早去工業化「阻擋了低所得環境中的快速經濟聚合,勞工從鄉村遷至都會區的工廠,因為在都市的生產力比較高。」[14]

　　羅德里克認為,服務業帶動的成長,尤其是資訊科技和金融,在印度可能取代製造業。但是這樣的產業「無法像製造業那樣吸收中低所得經濟體可以大量吸收的勞工類型」[15]。服務業具有區域性質和非關稅的貿易壁壘,所以很難大量出口,這表示成長受限於國內的所得成長率。

　　結果,服務業真正的限制是印度的生產力成長率。在這種以服務為導向的情境中,高生產力是必須的。以服務業帶動的出口成長另一個限制條件是,人工智慧和大數據可能很快就會取代全球對於印度的後端辦公室和通話中心服務的需求。

　　印度已經臨面羅德里克在 2015 年所指出的一些挑戰。印度服務業的勞動力需求不足:人口 13.4 億卻只有 5 億人就業的印度,另外 3 億的就業年齡人口卻失業。將近三分之一的勞動力是在服務業就業,而 2018 年的人均所得約為 7,900美元,與泰國和南非差不多。然而印度另外 70% 的人口則是從事農業和工業,人均所得低得多,而且財政年度 2015 和

---

14 Rodrik, "Premature Deindustrialization," 23.
15 出處同上 ,24

圖 9.13　鄉村薪資驚人的表現

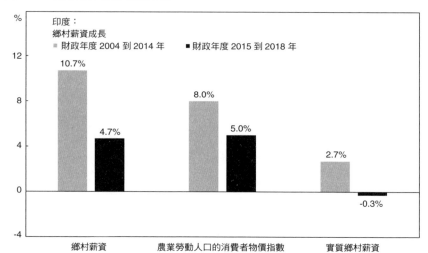

資料來源：印度儲備銀行、安必特資料研究。
獲德羅布尼集團（CLOCKTOWER GROUP）同意印製。

2018 年的實質鄉村薪資「成長」率為 0.3%（圖 9.13）[16]。

　　印度每個月都有將近 100 萬名年輕人達到就業年齡。很難看得出未來十年，服務業要如何吸收所有人。位於印度的投資人曾告訴我，好幾次政府徵才，應徵者卻多到爆滿[17]。

　　外國投資人一直希望改革派的莫迪會實現他的政見。儘管兩次意外選舉勝利，他還是沒有實現。從我的限制條件觀

16　非常感謝莉提卡‧曼卡爾（Ritika Mankar）協助這段分析。
17　最誇張的一次是，國家鐵路服務徵求 6 萬 3 千人，結果來了 1900 萬個應徵者。顯然在印度國鐵要找到工作，比進長春藤盟校還要難。

點來看，投資圈太過相信他和他的偏好，而沒有考量中間選民的力量。不論莫迪的偏好為何，他都受到印度中間選民的限制。而在全球衰退的大環境下，面臨所得嚴重不均以及就業展望不佳，選民不會支持痛苦的改革。

沒有投資和生產成長，印度可能還是要靠穩健的消費成長，隨著人口增加，消費仍持續成長。然而這樣的成長並非高品質的成長，將國家從製造和出口價值鏈中往上提升。一個對消費上癮的經濟體，也會確保印度的經常帳赤字持續限制著高品質的成長。消費增加卻沒有伴隨著生產力增加，不是擴大該國的經常帳赤字，就是提高國內通膨，因為國內需求會令國內供給應接不暇。

印度的淨評估：隱含的投資意義

我和一位全球總體經理人談過有關印度的事，他說印度股市從長期看來是「非常值得買進…只是不清楚是因為歡欣鼓舞還是因為絕望。」好幾位作多印度股市的經理人在 2019 年時，概述他們樂觀的原因如下：

・貿易戰保險：印度不受美中貿易戰和全球貿易整體減緩的影響，因為出口只占國內生產毛額的 11%。

・中國的改革保險：中國脫離固定資產投資，對印度來說是好消息，因為印度是低所得經濟體，幾乎所有大宗商品

都要進口。隨著中國對大宗商品的需求減緩，印度的成本應
該也會減輕。

　　但這些保險在 2020 年都已不重要。現在有美中貿易戰
的限制條件，如我在第五章中指出的。同時，新冠肺炎導致
的衰退也降低了進口大宗物資的價格，但是仍不清楚這些事
件對印度是好是壞。全球性的衰退不太可能讓印度資產有很
好的表現，而新冠肺炎造成的衰退讓西方國家和中國推出龐
大的財政和貨幣振興方案，大宗商品的價格不久就可能會開
始上漲。其實，如果新冠肺炎振興措施的長期後果是通膨，
而我認為就是如此，那麼印度可能會很慘。

　　全球衰退對印度國家的資產來說是壞消息。但是國家的
市場和經濟佳的支點限制條件，在於它缺乏國內投資。如果
印度在 2019 年無法吸引外國投資，那麼當美國貿易戰和莫
迪的勝選這兩個助力推動時，投資振興很可能不會改善未來
的情況。

　　缺少這兩個支撐的助力，莫迪任期剩下時間的國內政治
風險可能升高。他不是專注於痛苦的結構性改革，而是已經
轉向民族主義和民粹主義。他的焦點轉移與我的懷疑一致，
那就是中間選民不要「長痛不如短痛」的政策。

　　雖然勞動和土地改革很痛苦，但莫迪轉為改革印度的公

民法，對手說這些改革是要讓印度的穆斯林成為邊緣人。這些改革在 2019 年底引發抗議且持續至 2020 年。族裔和宗教緊張、結構性不佳的投資環境，以及立即的全球衰退，這些創造出有毒的環境，毒害印度的均值回歸展望。

這些賣壓會帶來買進的機會嗎？印度有很多正面的條件。可惜的是，決策官員執行痛苦的改革的空間有限。投資人終究必須停下來問問自己，這些拖延暗示的是什麼。莫迪遲遲不執行痛苦的改革，可能揭露的是印度的中間選民偏好的限制條件。

更重要的是，我找到的關鍵議題，是追蹤勞動與土地改革的資料流。如果改革成真，就會顯示印度投資額不足的支點限制條件轉變，會促使我改變對印度的展望。但是由於政府的焦點是在政治資本最高的時候進行民粹社會改革，我不認為印度會採取對市場友善的政策。

我沒有花多少時間討論印度的地緣政治限制條件，因為我對這一點很樂觀。美國與中國的對手關係，已經使得印度成為對美國有價值的盟友，正如川普在 2020 年高調訪印之旅看得出來。同時，印度傳統的對手巴基斯坦，已不再能與印度的硬實力相提並論。如果未來和中國發生齟齬，可能促使莫迪「推銷」痛苦的結構性改革對國家安全來說是必要的

觀點。因此，與中國的競爭對手關係未必是壞事。

　　儘管如此，印度的長期地緣政治風險仍很多。氣候變遷是個全球性的威脅，但對印度來說問題尤其嚴重。氣候變遷的代價並非全球平均分佈。根據科學界到目前為止所收集到的證據顯示，開發中經濟體過去已承擔了絕大部分的代價，未來也是。

　　未來十年內，碳排放若沒有重大改變，而我也不預期為發生，印度很可能會面臨因氣候變遷帶來的經濟發展遲緩。

中東的戰爭：淨評估

　　伊朗於 2019 年 9 月攻擊沙烏地阿拉伯國家石油公司（Aramco）的能源設施，而美國在 2020 年 1 月狙殺卡西姆·蘇萊曼尼少將，都提高了美伊戰爭的可能性。這兩件事件發生時油價都飆漲，第一個事件後漲了 15%，第二個事件後漲了 4.6%。因為地緣政治限制條件以及全球需求受創，結果兩次飆漲都很短暫。

　　美國是在中東地區唯一有足夠的火力可以反制伊朗的國家，卻因為限制條件讓美國沒有在 2020 年對伊朗開戰。由於在伊拉克沒有地面部隊，美國沒有可持續的方法以反制伊朗不斷成長的地區霸權。這些地緣政治限制條件不只表示兩國之間不太可能會延長行動，還表示了美國最終會（再次）

接受伊朗成為地區霸權。

歷史背景顯示了為何這樣的預測是有可能發生的。

歐巴馬政府於 2015 年與伊朗達成聯合全面行動計畫（Joint Comprehensive Plan of Action，JCPOA，譯注：一般簡稱「伊朗核協議」），因為美國想要退出中東。美國選擇退出以減少投入中東的資源——美國在中東的國家利益正在減少，並且轉至東亞，因為中國的關係使得美國在東亞的國家利益愈來愈面臨挑戰（下頁圖 9.14）。雖然歐巴馬政府想辦法釋放出資源，但是能操作的空間有限，因為「轉向至亞洲」並沒有實現。

美國在中東的國家利益當時正在減少，原因不只是能源獨立。的確，國內原油生產增加有很大的關係，對石油輸出國家組織（OPEC）直接能源進口的依賴減少也是原因。但是 2015 年時，美國也不再面臨來自中東的任何國安威脅，相較之下，中國（某種程度上俄羅斯也是）代表重大的地區和全球霸權挑戰。

伊朗威脅美國在中東的盟友，但這和直接威脅美國國土很不同。歐巴馬決定將重心轉出中東，創造了在該地區部隊人數有限的限制條件。

另一個限制美國與伊朗戰爭的限制條件，是國內與地緣政治環境：

圖 9.14　伊朗核協議讓美國可以去槓桿（deleverage）

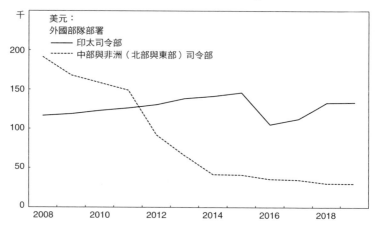

註：阿富汗、伊拉克和敘利亞 2017 到 2019 年的資料從 2017 年 9 月開始，因為美國此時開始進駐這些地區。
資料來源：國防人力資料中心。
獲 BCA 研究公司（WWW.BCARESEARCH.COM）同意印製。

　　·**國內政治**：國內方面，中間選民對於和中東打仗感到疲倦，限制了決策官員無法和伊朗這樣複雜的軍事對手交戰。截至 2019 年中，雖然 82% 的美國人不喜歡伊朗，但只有 18% 支持對伊朗採取軍事行動，65% 的人憂心美國會「太快使用武力」。更重要的是，美國人現在認為伊朗只是「其中一個」敵人，而且已不再是明顯最大的敵人，但在 2008 到 2013 年時則是頭號敵人。伊朗現在是頭號敵人名單中的第三名，僅次於俄國和中國。2012 年時，32% 的受訪者認為伊朗是頭號公敵（圖 9.15）[18]。

18　"Iran," Gallup, July 15–31, 2019, https://news.gallup.com/poll/116236/iran.

圖 9.15　美國人不想和伊朗開戰

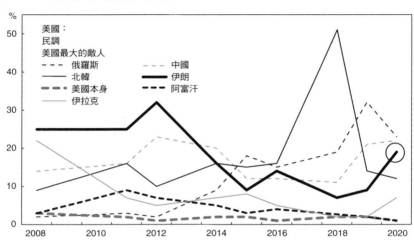

註：調查的問題如下，「你認為世界上哪一個國家是美國現今最大的敵人？〔未提供選項〕」
資料來源：蓋洛普。獲 BCA 研究公司（WWW.BCARESEARCH.COM）同意印製。

・**地緣政治**：從 2015 年的伊朗核協議開始，中東的地緣政治環境仍不利於美國軍事回應。多虧了美國在伊拉克的干預，以及後續地區的糾葛，伊朗成了美國血、汗和財富的最大受惠者。

伊拉克由少數人遜尼派所掌權的薩達姆・海珊（Saddam Hussein）政權垮臺，在伊拉克創造的權力真空由什葉派填補，而其中有些人與伊朗結盟。

截至 2020 年，伊拉克政府是由支援陣線和薩倫（Fatah Alliance and Sairoon）所組成的聯合政府。雙方都加強與

伊朗的關係，並提供政治和軍事威嚇，以防止美國在中東地區的任何部署[19]。薩倫的領袖穆克塔達・薩德爾（Muqtada al－Sadr）脫離伊朗，並接受伊拉克民族主義的立場，在攻擊沙烏地阿拉伯國家石油公司前幾天，薩德爾在伊朗接受招待，而美國追查攻擊查到伊朗的伊拉克什葉派宗教領袖大阿亞圖拉（Grand Ayatollah）阿里・哈米尼（Ali Khamenei）和伊斯蘭改革軍的卡西姆・蘇萊曼尼少將。

伊朗正在建立一個完整的中東勢力範圍。除了伊拉克被德黑蘭掌握住，多虧了遜尼派民兵（也就是伊斯蘭國），伊朗也強化在敘利亞和黎巴嫩的影響力，並且對付什葉派。葉門也有支持伊朗的人，並且與宣稱攻擊沙烏地阿拉伯國家石油公司、與沙烏地阿拉伯正在打仗的胡希運動的民兵結盟。伊朗也在卡達影響力增加，使得卡達在 2017 年因與德黑蘭的關係而受害。當時卡達被波斯灣國家合作委員會（Gulf Cooperation Council）的成員封鎖。

這些都是在 2020 年限制美國的政治與地緣政治條件，讓美國在中東的地位變弱。川普總統退出伊朗核協議，才能利用制裁迫使德黑蘭談判新的協議。但是地緣政治限制條件

---

19 支援陣線是伊朗所支持的人民動員力量（Popular Mobilization Forces，PMF）的政治力量。薩倫，或稱改革聯盟（Alliance Toward Reforms）是由什葉派教士穆克塔達・薩德爾所領導的政治聯盟，其民兵以激烈的暴動對抗美國。

使得美國不可能創造另一個更有利的協議。伊朗核協議是一筆「不划算的買賣」因為美國本來就不是從霸權的立場談判的。美國在中東的多場戰爭已經耗盡了華府的政治和地緣政治資本。美國已無法繼續在中東部署足夠的部隊以嚇阻伊朗在伊拉克的影響力，而伊拉克就是地區地緣政治的中心。

由於無法讓伊朗重新談判在伊拉克的影響力，美國受限於只能減少人員並以緩和政策來處理伊斯蘭國。伊核協議的簽訂不只是歐巴馬政府的鴿派政策。由於美國在中東能運作的空間受限，這是最少阻力的最佳路徑。對美國來說，還有更重要的事要做，尤其是與中國在中南海影響力正在擴大的緊張關係。

美國面臨相當大程度的限制條件，無法與伊朗展開武裝衝突。攻擊伊朗可能會讓德黑蘭報復沙烏地阿拉伯的生產設施，而且伊朗已經證明了這些設施很脆弱（2019 年沙烏地阿拉伯國家石油公司無人機空襲）。伊朗也可能直接以伊拉克和敘利亞的美軍為目標，這兩個敵對勢力從 2014 年對抗伊斯蘭國民兵的戰爭時就開始戰術性的結盟。2020 年 1 月時，蘇萊曼尼少將死後立即的亂局中，伊朗已經證明自己願意對美軍部隊展開報復。

美軍部隊持續減少，美國在中東地區的盟友也許可以減輕美國被報復的壓力。但是沙烏地阿拉伯和以色列沒有能力

成功攻擊伊朗，以自行解決問題。

　　以色列沒有戰略轟炸機軍力，因此無法對伊朗展開空戰。以色列必須使用戰鬥機（F-15E 打擊鷹式戰鬥轟炸機、F-16 戰隼戰鬥機和 18 架 F-35 閃電 II 戰鬥機）才能到達伊朗的目標，而這些戰鬥機需要複雜的加油操作[20]。以色列的空軍有能力執行這類攻擊，但是很可能需要大約 50 到 70 架戰鬥機進行制敵防空（suppression of enemy air defense，SEAD）行動以及攻擊足夠的伊朗軍事和工業目標，這樣才值得進行攻擊。

　　雖然沙烏地阿拉伯有足夠的噴射機以進行類似的攻擊，而且地理上比較接近伊朗，但他們從未進行過這麼複雜的行動。沙烏地阿拉伯空軍唯一空襲地面目標的經驗，就是對付倒楣的胡希叛軍。

　　伊朗並不倒楣。從 2017 年即啟用俄羅斯的 S-300 防空系統。雖然俄羅斯拒絕出售更精良的 S-400 給伊朗，但 S-300 足已應付沙烏地阿拉伯或以色列可能派出攻擊伊朗的戰鬥機。伊朗的空軍實力也不錯，還有 20 架米格 29 戰鬥機。這樣並不足以嚇阻攻擊，但是保證能造成美國以外的空襲者的傷亡。

20　加油行動不只是後勤工作複雜，在外交上也有困難，因為加油很可能是在沙烏地阿拉伯的空域行動。以色列戰鬥機在前往轟炸穆斯林國家時，要在麥加上空加油，這是個很有意思的思想練習。

因此，美國受到國內政治和地緣政治後勤的限制條件約束，無法展開軍事衝突。因為地面部隊減少，美國不願意以伊拉克相當的地面部隊支援空襲。必須要有這樣的地面部隊以防止潛在的伊朗反擊沙烏地阿拉伯的領土。同時，美國的中東盟友沒有足夠的軍力，不靠美國的協助自行攻擊伊朗。如果以色列和沙烏地阿拉伯有能力，早就會在 2011 年聯合攻擊了，當時以色列差一點就要自己行動了（但是以色列很可能就是因為做這像本章的分析後縮手）。

雖然 2019 到 2020 年，美國和伊朗之間的言論和消極的抵抗一來一往，但我的預測認為因為地緣政治的限制，長期來說美國對伊朗必須回到緩和政策。只要美國繼續聚焦於中國和俄羅斯這兩個全球性的強權，美國就必須和伊朗和平相處。這樣的和平包括讓伊朗在中東擁有一些影響力。那美國的中東盟友沙烏地阿拉伯和以色列怎麼辦？他們只能學著接受這種次佳的結果。但是多虧了他們精良的軍力以及美國提供的整體安全的保證，他們不會有事。雖然不滿，但不會有事。

然而這個預測也有風險。有一些無法忽略的可能性，美國和伊朗展開針鋒相對的報復結果失控、跨越一些未明確定義的紅線，以及造成延長的動態行動（kinetic action）。如第八章中伊斯蘭國的例子可以看得出來，恐怖攻擊的威脅對

中間選民是強大的動力，因此也可能刺激決策官員採取行動。

在對離散事件進行淨評估時，以這個案例來說是美伊衝突，可以將各種可能的情境組織成決策樹。圖表讓投資人清楚看到限制條件所定義出對決策官員來說最少阻礙的路徑。這個決策樹將決策官員可用的選擇公式化，並給投資人一個機會將條件機率套用在後續的政策選項[21]。

我在圖 9.16 提供一個簡單的決策樹。這是我在 2018 年所做的，以示範有限但仍不小的機率，美伊會因為重新實施石油禁運而爆發戰爭。預測的第一步是伊朗無法出口石油。

歐洲可能不會遵守禁運，或是伊朗可能和美國開啟非正規的談判管道，以避免制裁。我只給這兩個結果 5% 和 15% 的可能性。最有可能發生的情境是全世界者遵守美國的制裁，大幅降低伊朗的石油出口（80% 的主觀可能性）。

80% 的可能性是主要的情境，並分為三個可能的路徑：伊朗的報復可能透過言論、在中東某處採取實質的動能行動，或是同時採取動能報復和完全重啟核計畫：

第一步：美國再次制裁伊朗。

第二步：伊朗報復美國的制裁。

21　條件機率要視其他先發生的事件而定，而主觀機率則是來自預測者的個人判斷。

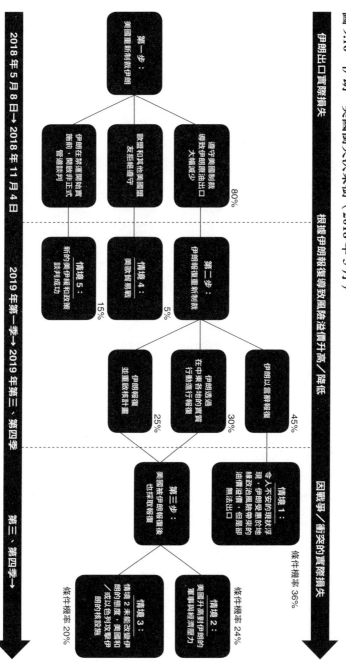

圖 9.16 伊朗—美國衝突決策樹（2018 年 5 月）

伊朗出口實際損失　　　　　根據伊朗報復導致風險溢價升高／降低　　　　因戰爭／衝突的實際損失

第一步：
美國重新制裁伊朗

導致伊朗原油出口大幅減少　　80%

歐盟和其他美國親友拒絕遵守

伊朗在幕後開始實施，開啟非正式管道談判

第二步：
伊朗被迫重新制裁

情境 4：
美國貿易戰　　5%

情境 5：
新的美伊和政策談判成功　　15%

伊朗以言辭報復　　45%

伊朗透過在中東各地的實質行動進行報復　　30%

伊朗報復並重啟核計畫　　25%

情境 1：
令人不安的現狀。伊朗與墨西哥樣政治風險帶來的油價溢價，但是卻無法出口　　條件機率 36%

第三步：
美國被伊朗報復後也採取報復

情境 2：
美國升高對伊朗的軍事與經濟壓力　　條件機率 24%

情境 3：
情境 2 未能改變伊朗的態度，美國和／或以色列攻擊伊朗的核設施　　條件機率 20%

2018 年 5 月 8 日→2018 年 11 月 4 日　　2019 年第一季→2019 年第三、第四季　　第三、第四季→

資料來源：BCA 研究公司（WWW.BCARESEARCH.COM）。
獲 BCA 研究公司（WWW.BCARESEARCH.COM）同意印製。

第三步：美國報復伊朗的報復行動 [22]。

情境 1（36% 的條件機率）：令人不安的現狀浮現，伊朗受惠於地緣政治風險帶來的油價溢價，但是卻無法出口。

情境 2（24% 條件機率）：美國升高對伊朗的軍事與經濟壓力。

情境 3（20% 的條件機率）：情境 2 無法改變伊朗，且伊朗持續利用動能行動報復制裁，導致美國（或以色列）攻擊核設施。

情境 4（5% 的機率）：可能因為歐洲不遵守石油禁運，導致美國與歐盟之間發生貿易戰。

情境 5（15% 的機率）：美國和伊朗談判緩和政策。

　　由於這個分析是在 2018 年 5 月所做，圖表底部的時間線和最終機率都和最後實際情況相去不遠。美伊全面開戰的可能性不能忽視，但機率不高是正確的。實際的結果——伊朗採取行動攻擊沙烏地阿拉伯石油國家公司的設施，以及美國狙殺蘇萊曼尼，都是在前兩個情境中可能會發生的事。浮

22　是的，這個決策樹愈看愈像《羅密歐與茱麗葉》了。但是在（貿易）戰場上兵不厭詐。

現「令人不安的現狀」，但美國也「升高對伊朗的軍事與經濟壓力」。

在攻擊沙烏地阿拉伯國家石油公司設施和狙殺伊朗將軍後，這個淨評估能正確地給予投資人保守的偏誤。這兩次事件發生時，正確的判斷是做空飆漲的油價。全球總體環境是石油的需求不振，對油價穩定也有幫助。

本章摘要

淨評估的目的在於找出定義預測的一個或多個支點限制條件。以印度的周期淨評估來說，指定機率應該不會產生有幫助的分析框架。與其設定一個可能的事前機率，評估設定了我的事前偏誤（bias）：看空印度直到決策官員透過土地與勞動改革以解決投資不足的問題。

萬一發生離散事件，例如可能的美伊戰爭，投資人應該試著製作淨評估，結論包括一些情境讓分析師可以套用機率。決策樹變成非常實用的工具，我發現將情境及其機率視覺化是將限制條件架構投入運作最好的方式。這會顯示一個概念，那就是讓決策官員走上「最少阻礙的道路」的限制條件。

在《專業政治判斷》中，泰特拉克認為強迫預測員以機率的方式思考，可以改善預測的表現。投資人應該給預測員指定的主觀機率，因為愈明確的主觀機率，預測的結果就愈

好。

以我的經驗，泰特拉克的指示與理論證明是對的，尤其是當結合了決策樹工具後更是如此。

條件機率和決策樹的結合，有時候會產生很有趣而非預期的結果，卻偏向產生更準確的評估。在 2019 年低無協議脫歐結果的淨評估分析後，我認為我的脫歐主觀機率為 15%。但是當我將這些情境透過決策樹視覺化，並套用條件至幾個決策路徑後，我得到的機率只有 4%。將各種路徑視覺化提升了我的信心，認為無協議脫歐不會發生。

淨評估是會改變的。淨評估的目的在於產生貝氏事前機率，也就是一個機率或偏誤（bias），這就是分析的起點。然而隨著資訊的改變，這個機率或偏誤也會跟著改變。因此，淨評估是所有手中限制條件的組織（netting）。這並不是工作的結束，事實上，辛苦的工作才剛要開始。

10章 賽局理論——不是鬧著玩的！

Game Theory — It's Not a Game!

賽局理論是個強大的工具，
但投資人必須小心使用。

製作周期性、以限制條件為基礎的淨評估相對來說很簡單。當然，這需要做很多的研究，但是主題很簡單而且是離散的。真正的挑戰在於將互相衝突的限制條件投入運作，例如當兩個國家或多個決策官員撕破臉的時候。

這種情況下的多個參與者和競爭因素，使賽局理論（Game theory）成為一個很有用的分析工具。賽局理論能讓預測員將選擇以及事件的條件機率變成公式。然而在數學公式模型中，雖然每一個選擇都已指定了一個精確的數值，但並不能保證正確，也就是精確的預測。精確（precision）和準確（accuracy）並不一樣，而數學上的精確也不能保證準確[1]。以賽局理論為基礎的預測，要視對實務和整體環境的知識基礎而定。沒有一個穩健的基礎，這樣的預測可能會有害，甚至根本就是愚蠢。

在念研究所時，我讀過一些真的很蠢的賽局理論報告。政治學者——其中有些人是失敗的經濟學家或數學家——會選擇一個看似隨便挑選的主題來「公式化」。結果經常是數學上看來很厲害，但實際上…不準確，所以在應用時根本沒有用。

我從他們的錯誤中學到，熟悉當時所處理的主題有多重

1　Matt Parker, Humble Pi: A Comedy of Maths Errors (New York: Penguin, 2019).

要，必須要知道具體且以實際的觀察為依據的知識，然後才試著公式化。所以我有點遲疑要不要在本書中討論賽局理論。我不常使用這個理論。但是因為我看到投資人在分析地緣政治時經常使用，所以我決定加入本章，以引導讀者該做哪些以及不該做哪些事。至少這能給觀察者一些方法來辨識經過仔細研究的賽局理論分析。

開始賽局前，先設定好環境

賽局理論的關鍵在於評估哪一個參與者最有能力改變對手的預期效用函數（expected utility function）。若要計算預期效用，先找出某些情況下所有可能結果的加權平均[2]。

投資人經常誇大了「實際權力」迫使對手投降和改變對手預期效用的角色。在美國與中國的競賽中，投資人在 2018和 2019 全年都認為美國有足夠的實質影響力，可迫使中國接受貿易戰的痛苦條件。但結果並非如此。第一階段協議於 2019 年底結束，內容和北京在 2018 年 5 月向華府提出的協議差不多。換句話說，這中間的 18 個月並沒有讓北京從原本的立場讓步。為什麼？因為實力並非賽局環境（gameboard）的唯一因素。

在評估相對的實力時，投資人應該考慮三個衡量參與者

2　$U(w) = \ln(w)$，假設效用是對數，在涉及實際結果的情況中通常是這樣。

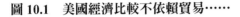

圖 10.1　美國經濟比較不依賴貿易……

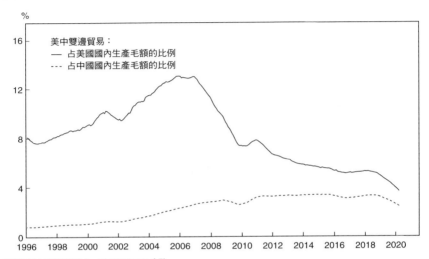

資料來源：國際貨幣基金、MACROBOND 金融。
獲德羅布尼集團（CLOCKTOWER GROUP）同意印製。

相對能力的因素：

　·實質的實力平衡：在美中貿易戰中，實質的實力平衡偏好比較不依賴貿易的經濟體——這顯然是美國（圖10.1），以及在這個關係中身為「顧客」的國家，同樣的也是美國（下頁圖 10.2）。

　·風險容忍：事關更大利益的參與者，就會願意冒更多險。以這個因素來說，兩者的權力平衡較平均。2019 年時中國有理由強調穩定，因為這是中華人民共和國建國 70 周年。但是美國也將進入大選年，意味著對美國來說，如果美中關係惡

圖 10.2　……而且也是客戶

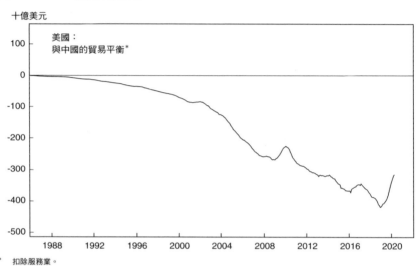

＊　扣除服務業。
　　資料來源：美國人口普查局、MACROBOND 金融。
　　獲德羅布尼集團（CLOCKTOWER GROUP）同意印製。

化，事情會更嚴重。

　　美國經濟衰退和貿易戰的傳遞機制會如何並不清楚，但
是很明顯在新冠肺炎爆發前，經濟就已經接近周期的末段。
2019 年的殖利率曲線反轉，暗示衰退正在接近，而且士氣已
經很弱了。

　　·信譽：參與者的名譽很重要。參與者是否會說到做到？
川普總統在任期的初期對北韓的態度強硬，全球有目共睹。
然而重新談判的美韓自由貿易協定對美國的好處很少，而美
墨加自貿協定（USMCA，就是北美自貿協定 2.0，NAFTA 2.0）

的好處比白宮一開始「要求」的還要少。因此從北京的制高點來看，川普總統顯然是虛張聲勢。

對中國來說，建立信譽和釋放高風險容忍度，對國家安全非常關鍵。結果，此舉讓中國在談判的整個過程中維持信譽。任何中國已達到貿易痛苦臨界點的訊號，都是有用的彈藥，讓美國決策官員可以在未來的衝突中迫使北京改變行為，不論是貿易或是地緣政治的衝突。

加上另外兩個因素，在能力這個比賽中，中國以二比一勝出。但是光是能力的平衡不足以解開貿易戰的謎題。中國與美國不只是彼此對峙，在地緣政治和國內事務上也針鋒相對。他們玩的是「雙層賽局」（two-level game）[3]。雙層賽局認為，國內政治創造可接受的「共識圈」（win-set），然後轉移至地緣政治的場合。如果贏了，這些共識圈就會變成決策官員採取行動的限制條件。如下頁圖 10.3 所示，政客不能在國內共識圈外的情況下同意外國的協議。若要得到雙贏的結果，這四個範圍必須配合。

這四點的結合產生 339 頁的圖 10.4，顯示中美的互相衝突「容忍曲線」。這個圖顯示中國的經濟受制於依賴出口和對美國消費者上癮的限制條件，因此中國經濟的痛苦臨界點

3　Robert Putnam, "Diplomacy," 427.

圖 10.3　雙層賽局

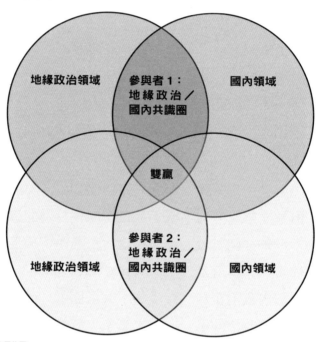

參與者 1：
地緣政治／
國內共識圈

地緣政治領域

國內領域

雙贏

參與者 2：
地緣政治／
國內共識圈

地緣政治領域

國內領域

資料來源：羅布尼集團。
獲德羅布尼集團（CLOCKTOWER GROUP）同意印製。

比美國經濟還要低。痛苦臨界點的差別完全是由實力所決定的。

　　雖然中國的痛苦臨界點比較低，但其內部政治著重於實質經濟（而非股市），而且中國沒有選舉的期限，所以中國的國內政治限制條件比美國少[4]。因此，在面臨投降點時，中

4　在第四章中，我說明了對決策官員的行動來說，最強的限制條件是政治限制條件，而

圖 10.4　衝突的容忍曲線只顯示部分的賽局實況

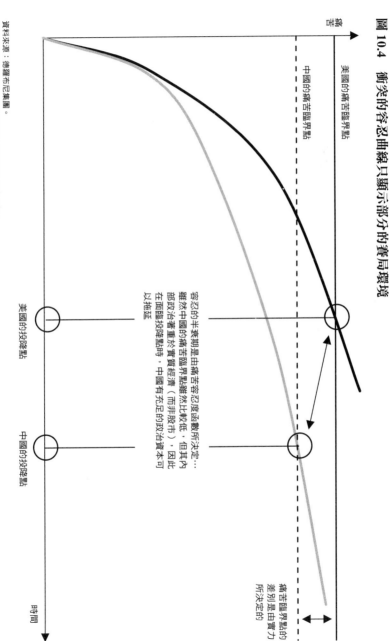

資料來源：德羅布尼集團。
獲德羅布尼集團（CLOCKTOWER GROUP）同意印製。

國有充足的政治資本可以拖延。

　　賽局理論是個強大的工具，但投資人必須小心使用。設定賽局環境就和參與賽局一樣重要，因為這會揭露實質因素並非唯一的限制條件。通常分析師必須玩三維度的棋盤以判斷哪一邊面臨較多的國內限制，尤其是考量到國內政治與利益團體時更是如此。

小心簡單的賽局

　　在 2015 年初時，希臘的選民把票投給激進左翼聯盟（Syriza）及其領袖齊普拉斯，讓他與歐洲談判。齊普拉斯任命經濟學家，也是賽局理論專家的揚尼斯·瓦魯法基斯（Yanis Varoufakis）擔任財政部長。在希臘與布魯賽爾的戰爭最高點時，許多市場評論員認為雙方的「膽小鬼賽局」（game of chicken）可能會造成負面的結果。

　　有些讀者可能不熟悉詹姆士迪恩（James Dean），「膽小鬼賽局」是指在一個情境中，兩名年輕男子各駕駛一輛酷炫的車子朝著彼此直衝而來，以證明自己的勇敢並贏得一名年輕女子的芳心。先轉向的人就是「膽小鬼」，不配追求美女，因為他的風險厭惡與自保的程度較高（讓女方知道他未來在

雙層賽局理論支持這個觀點。這些限制條件扮演一個關鍵的角色以判斷參與者在全球舞台上的能力。

圖 10.5　標準的膽小鬼賽局

		參與者 A 轉向	參與者 A 直衝
參與者 B	轉向	（X, X） （平手，平手）	（X–1, X+1） （輸，贏）
參與者 B	直衝	（X+1, X–1） （贏，輸）	（X–10, X–10） （對撞，對撞）

資料來源：BCA 研究公司（WWW.BCARESEARCH.COM）。
獲 BCA 研究公司（WWW.BCARESEARCH.COM）同意印製。

人生中注定失敗）。一直往前衝，沒有轉向的人就是贏家。

膽小鬼賽局確實是賽局理論最危險的形式。在一個雙方都假設對手理性的世界裡，雙方都有動機直線前進而不轉向。這種魯莽的固執行為，表示有非常高的機率發生圖 10.5 中右下角的結果——對雙方來說代價最高、最不佳的結果。

然而在 2015 年希臘的情況，雅典非常受限於實質現實：車子不夠好。利用以限制條件為主的分析，下頁圖 10.6 更精確呈現這個賽局。調整後的結果顯示，要使用賽局理論，就

圖 10.6　2015 年希臘危機的膽小鬼賽局

梅克爾，駕駛 G 系列賓士
　　　　　　　轉向　　　　　　　　　　直衝

	轉向	直衝
齊普拉斯，駕駛三輪車　轉向	（X, X） （平手，平手）	（X–1, X+1） （輸，贏）
直衝	（X+1, X–1） （贏，輸）	（X– ∞ , X–5） （死亡，車身烤漆受損）

資料來源：BCA 研究公司（WWW.BCARESEARCH.COM）。
獲 BCA 研究公司（WWW.BCARESEARCH.COM）同意印製。

要先正確評估每一個參與者的相對實力，包括實質的實力平
衡、風險容忍以及信譽。

以希臘來說，齊普拉斯要離開歐盟卻面臨相當大的政治、
經濟和地緣政治限制。這些限制條件使他駕馭的車子的馬力
不如德國總理梅克爾。

政治方面，2015 全年的民調顯示，超過六成的希臘民眾
支持留在歐元區。經濟方面，退出歐元區會造成德拉克馬大
幅貶值，伴隨而來的是物價飆漲，因為希臘需要進口能源，

這一點已在第五章中討論過了。

是的，確實有很低的機率，貨幣貶值會帶來外國投資和出口大增，但是憤怒的中間選民會先逼齊普拉斯下台。地緣政治方面，希臘除了歐洲沒有別的選擇，沒有別的盟友可以依靠。當齊普拉斯暗示希臘會考慮俄羅斯的金援以換取地緣政治聯盟時，被普京總統斷然拒絕。

我對希臘在 2015 年虛張聲勢的觀點，有很強的邏輯支撐，也有很堅定的實際證據支持我的觀點。德國總理安吉拉·梅克爾和齊普拉斯雖然朝著彼此直衝而去，但他們開的車是不同的。梅克爾駕駛的是 G 系列賓士休旅車，而齊普拉斯和瓦魯法基斯卻是踩著三輪車。

賽局理論：重點摘要

投資圈經常提到賽局理論，但是很少正確運用。有太多表面上的推理。我看過太多依賴賽局理論的投資報告，都有點超出實力的範圍。

若要正確設定一個賽局環境，投資人首先必須針對參與者產生一份完整的淨評估，而參與者的互動已經用數學公式表示。關於參與者的精確資訊是關鍵。希臘與德國之間的膽小鬼賽局需要靠第五章中的淨評估，我已經解釋過柏林和雅典的決策官員所面臨的限制條件。

在第五章中，我顯示了在主權債務危機期間，希臘退出歐元區會是不智的行為。同時我也示範了柏林並不想要歐元區瓦解。到了 2015 年，希臘脫歐產生這種結果的可能性就更低了。

多虧了歐洲央行的行動，購買地中海幾個經濟體的公債，再加上希臘的主權債務已經過歐洲的銀行業清洗了，所以柏林覺得可以對雅典施加強硬的手段，而不必擔心整個歐元區解體。對每一個參與者相對能力的情境知識支撐以限制條件為主的分析，證明了膽小鬼賽局的賭注並不像 2015 年時所想的那麼高。相信歐元區將面臨嚴峻後果預測而進行投資的人，都輸掉這場賽局。

根據 2020 到 2021 年的條件重新分析賽局，也就是義大利與歐盟間類似的衝突。義大利的決策官員絕對不是駕駛三輪車。他們駕駛的是製造精良的義大利超跑。雖然絕對比三輪車快得多，但仍比不上 G 系列賓士。

雖然義大利的經濟規模比希臘大得多，但實質限制條件的現實仍然很清楚。因此，投資人應該預期義大利民粹主義者一旦掌權就會持續利用疑歐主義，就像北方聯盟（Lega）在 2018 年 6 月到 2019 年 9 月短暫掌權的時候。希臘與義大利主要的不同在於，德國更必須配合義大利，對希臘則否。因此，新冠肺炎導致的衰退很可能會使德國跨越幾

條對希臘沒有讓步的紅線，包括接受一些債務共同化（debt mutualization）。

沒有完整的淨評估也缺乏對事件深入的知識，使用賽局理論就會很危險。數學會在你的預測中給你過度的信心。精確評估參與者和賽局環境是關鍵。因此投資人應該先進行廣泛的研究以支撐淨評估，然後再使用賽局理論。

11章 ——地緣政治大贏家
Geopolitical Alpha

雖然媒體和決策官員會互相干擾，
有紀律的分析師可專注於約束行為的實質限制條件。

　　過去十年來大部分的時候，我在金融圈的工作都是策略分析，因此我需要思考敘事和主題，但不需要真的做出交易決定。導航者為飛機規劃路線，但乘客可不想要導航者來開飛機。投資主題的執行交由飛行員來執行，也就是投資投資專業人士，他們知道如何建構一筆交易，以利用解說清楚的策略。他們是金融專業人員中的「決定者」，他們總是令我深感佩服，尤其是把我的預測用於真正的市場中時。

　　我會做出這樣的區別，是希望讀者不要把我的架構當成交易的規則[1]。

　　但我知道如何利用地緣政治打敗大盤。市場不太擅長計算地緣政治風險與機會，因為市場的行為是由投資專業人士（和散戶）所決定的，每個人都有不同的視野。雖然他們可能有很好的理由在同一時間買賣蘋果的股票——可能是因為他們時間範圍不同，但是波動劇烈的市場反應顯示他們不知道該如何將地緣政治納入考量。我看到基本的技能不一致，這會為願意擴展技能的投資人創造機會。

　　我在第一章中說過，全球投資圈變得過度專業化和過度量化。特許金融分析師（CFA）課程根本沒有專門介紹簡單的政治學概念。這種課程也沒有案例研究以測試投資人，對財

1　我也要強調這一點，這樣我的朋友才不會一直問我該買哪一檔股票。我不知道！

政支出立法談判造成的起伏波動反應。因此，投資人缺乏導航能力而在架構中矇著眼睛投資，市場就會持續過度反應地緣政治事件。[2]

受過良好教育的業界同僚、客戶和朋友都問過我最奇怪又基本的問題：美國參議員的工作是什麼？民族國家是什麼？歐洲理事會主席是誰選出來的？德國總統辭職有影響嗎？更不用說對外國政治體系的無知程度有多驚人。他們的盲點並不是因為他們很愚蠢或是不讀書。要成為投資專業人士，需要下很多苦工，許多人沒有餘裕把時間花在研究政治和歷史[3]。

技能不一致以及知識的缺口，代表地緣政治分析可能是標準投資人最後的疆界，而且在與市場對作時，可以找到獲利大贏家。在本書中，我介紹的分析架構最擅於忽略社交媒體和新聞所產生的雜音。雖然媒體和決策官員會互相干擾（沒有適當工具的投資人也是），有紀律的分析師可專注於約束行為的實質限制條件。

但這個新的觀點不代表投資人應該一頭鑽進去預測政治

2　持續的新冠肺炎相關的動盪也很類似。雖然原始事件，也就是疫情本身不完全是地緣政治事件，但這仍屬於非經濟／金融風險的範疇。但疫情現在已發展成了地緣政治事件，投資人必須評估疾病的蔓延以及政策對經濟災難的回應。

3　有很多金融專業人士知道如何進行高品質、根據資訊進行的地緣政治分析。半個世紀來，全球的總體避險基金一直將地緣政治和政治分析納入可自由支配的構想中。但這些只是整個圈子中的一小部分而已。對大部分的投資人來說，地緣政治是新的、外來的概念。

事件。利用地緣政治大贏家的關鍵在於與價差對賭，而不是試著預測誰會贏得賽局。

在運動博奕界，精明的賭徒不會試著預測賭盤的結果。他對比賽的優勝者不感興趣，因為他不能既是賭徒又是球迷。成功端視「擊敗價差」或是根據賭場設定「賠率」選擇「高／低」。

我身為投資策略分析師，有些最糟糕的決定是當我忘了這一點，而試著押注誰會贏得選舉。而有些最佳的決定是當我與莊家對賭時：也就是大盤。

以 2016 年英國脫歐公投為例。2016 年 3 月時，我認為脫歐的機率將近 50%，而不是外匯和政治博奕市場預測的 30%。我並沒有預測英國脫歐會發生。我在 2016 年初寫的分析認為，英國脫歐的風險被過於低估了，而公投的結果會很接近，英國會留在歐盟。

我猜錯了，對吧？才怪！我的工作不是為政治而預測。我的工作是為市場而預測。因為我認為市場過於自滿，我針對英鎊、工會和股市提出策略建議，以防英國脫歐真的發生時就能從中獲利。

我的政治與地緣政治研究方法，讓我在「正常人」之間不是太受歡迎。對於非投資人以及許多只會思考意識型態的

投資人 [4] 而言，政治的重點是輸或贏，是政客做對的或是錯的事。他們假設世上真有對和錯——讓他們不只可以投資，還要全心投入並以此為道德標準。但我願意容忍別人不屑的眼光，因為在大部分的人像無頭蒼蠅一樣的領域中，我的方法讓我對我的工作有信心。

少數政治分析師知道如何確定自己的預測是否正確。政治風險產業中最令人沮喪的事就是修正式的績效檢視。「阿拉伯之春會使巴夏爾‧阿薩德（Bashar al－Assad）政權不穩定」的預測，同時是正確的而且也是非常不充分的預測。當然，阿薩德面對內戰，但他仍統治著敘利亞，而且打倒了大部分的挑戰者！

相較於政治，市場提供殘忍、立即的意見回應。市場會馬上告訴預測者是對還是錯，因為他們的觀點不是賺錢就是賠錢。因此，將我的地緣政治預測轉換成交易的建議，讓我感覺很自由。

伊朗和美國之間的緊張局勢被誇大，而且實質上受到限制 [5]？在沙烏地阿拉伯國家石油公司設施遭到攻擊後反彈 15% 後放空原油。

如果我賺錢，那麼我的預測就是完整健全的。

4　所以這種人是差勁的投資人。
5　如第九章中談過的。

在 2017 年時，瑪麗・勒龐贏得法國總統大選的勝選的機率被誇大了？那就在 2016 年第四季作多歐元兌美元匯率。

然後我等著觀察市場如何回應我的預測。

我將在本章中說明如何使用限制條件架構找出地緣政治大贏家。我先檢視我在 2016 年對於勒龐勝選率的分析。然後使用這個程序，將限制條件架構結合淨評估程序。

巧克力色拉布拉多「布萊恩」與瑪麗・勒龐

在我撰寫本書時，我家的 13 歲巧克力色拉布拉多快要過世了。牠過了精彩的一生 [6]。牠出生於德州奧斯汀郊外的一個小農場，大半輩子都在魁北克的雪中玩鬧度過。我帶牠第一次去看太平洋的那天，牠就過世了。布萊恩幫助我扶養三個孩子。牠一直都是保姆、傭人和沙發。我要為此感謝牠。

布萊恩不知道，每當同事和同業令我感到沮喪時，牠也是我分析的支柱。我不知道布萊恩會贏得多少次選舉，但真的很多。每當我的耐性用完，我就會對懷疑我預測的張三李四說：「我的巧克力拉布拉多布萊恩可以在 Y 選舉擊敗 X 候選人。」

在 2016 年底時，投資人非常緊張。英國公投「脫歐」

6　至少我想牠是。牠可能不同意⋯

和川普的勝選，顛覆了他們看政治的整個架構。當我和全球各地（複雜和單純）的客戶談時，我非常驚訝地發現：投資人認為瑪麗・勒龐勝選的機率很高，因為英美都發生反抗制度的一方勝利。

這個邏輯在很多層面上都是錯的。投資人沒有考量到法國的政治和地緣政治限制條件有多不同。當然，英語系國家的中間選民往民粹靠攏，但我從不認為法國人會跟隨盎格魯薩克遜人所建立的趨勢！我有一個清楚的架構來解釋英國和美國反制度選票發生的原因。英語系國家的中間選民正在遠離放任式的制度，這在第一章已談過。因此這兩個國家是有可能產生民粹的結果——但在法國就不一定了。

事實上，法國的中間選民當時正在擺脫疑歐論——這是瑪麗・勒龐勝選的支點限制條件。民意改變了，因為到了 2016 年底時，歐洲的移民危機已經結束。但是幾乎所有和我談過的投資人，都不知道這方面的資料很清楚（下頁圖11.1）。媒體因為這個敘事而得到很多點閱率，它們不能就這麼換話題，所以就繼續「歐洲會人滿為患」的敘事。但在新聞編輯室之外，歐洲的中間選民和政客都知道，移民危機已經結束了。

法國民眾尤其渴望改革。我很難說服投資人這個觀點，因為大部分的投資人都是盎格魯薩克遜人，而且對法國人很

圖 11.1　請看我的圖表：移民危機已經結束

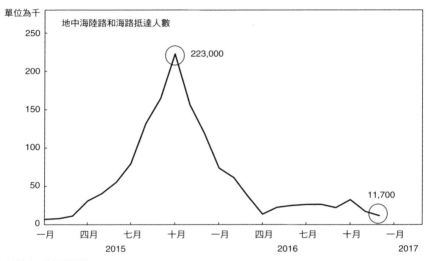

單位為千

地中海陸路和海路抵達人數

資料來源：聯合國難民署
獲 BCA 研究公司（WWW.BCARESEARCH.COM）同意印製。

反感！許多人不是用理智做投資決策，而是以刻板印象。但是在對法國做了和第九章中的印度淨評估一樣的深度淨評估後，我的結論是，法國的中間選民想要改變。

　　民調顯示「沉默的多數」想要改革。就連民粹主義者瑪麗・勒龐，也都想要藉著承諾縮小政府的規模和降低退休年齡，來贏得改變意向的中間選民。這可不太民粹吧！投資人忽略了這個改變，他們過於執著她的歐盟和歐元政策。

　　但勒龐對歐洲整合的觀點正是她沒有當選的原因。儘管

圖 11.2　歐元區與勒龐的支持度正好相反

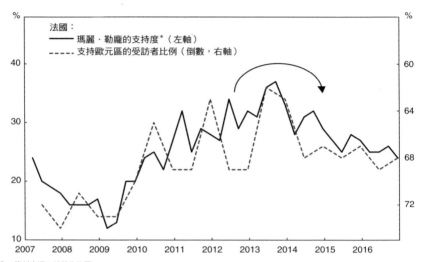

*　資料來源：益普索集團。
**　資料來源：歐洲趨勢調查。
獲 BCA 研究公司（WWW.BCARESEARCH.COM）同意印製。

移往中間選民的供給端改革，勒龐卻犯了一個嚴重的失誤。
她的理智已經結合了她對疑歐論的偏好，所以她的選舉政策
是退出歐元區。因為法國的中間選民限制條件，所以她忠於
這個意識型態是錯的。勒龐的長期支持度幾乎和法國對共同
貨幣的支持度正好相反（圖 11.2）。

　　從我的限制條件為主的淨評估結果，我的結論認為瑪麗·
勒龐不會勝選。她在第二輪投票中會敗給任何其他候選人
──沒錯，連拉布拉多布萊恩也可以打敗她。後續當選的政

圖 11.3　法國即將迎來結構性改革

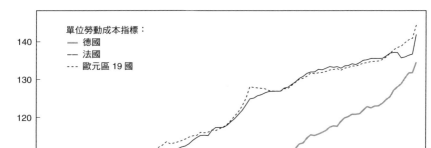

單位勞動成本指標：
—— 德國
—— 法國
------ 歐元區 19 國

註：所有資料皆以 1995 年為 100。
資料來源：經濟合作開發組織、MACROBOND 金融。
獲 BCA 研究公司（WWW.BCARESEARCH.COM）同意印製。

府將實施一連串改革，以縮小法國與德國的單位勞動成本差
距（圖 11.3）。

　　更廣泛來說，投資人認為勒龐這個候選人是一場災難。
法國大選還剩下兩個月，投資人認為勒龐當選的機率，高於英
國脫歐或川普當選前兩個他們認為的機率（下頁圖 11.4）。
這個預測錯誤很驚人，尤其是當時馬克宏的民調領先勒龐
30%！用這個差距和柯林頓與川普的差距比較看看（下頁圖
11.5）。

圖 11.4 這張圖簡直是瘋了……

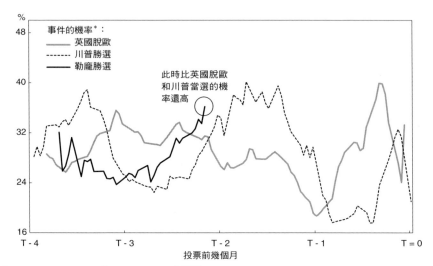

* ODDSCHECKER.COM 與 PREDICTIT.COM 資料平均。
   獲 BCA 研究公司（WWW.BCARESEARCH.COM）同意印製。

圖 11.5 ……對比這張圖！

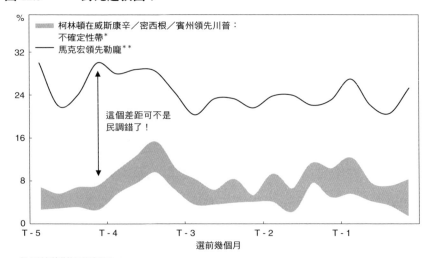

   註：所有線段皆以平滑顯示。
* 資料來源：REALCLEARPOLITICS。
** 資料來源：多個民調機構。
   獲 BCA 研究公司（WWW.BCARESEARCH.COM）同意印製。

市場根本瘋了，而我正收割所有的好處。儘管候選資格和策略有明顯的問題，投資人還是被依賴歷史刻板印象的劣質分析而轉移了焦點。他們打賭法國大選 20% 到 30% 的領先幅度會在三個月內消失。我真不敢相信自己的好運。前一周因為愛國者隊（Patriots）輸了而反應過度的組頭，現在期待12 月時在新英格蘭，邁阿密海豚隊（Miami Dolphins）會打敗湯姆布雷迪（Tom Brady）趕快把你的房子拿去抵押、把你媽媽典當給當舖，把所有的錢押在這個賠率上！

我和 BCA 研究的同事馬修‧薩瓦里（Mathieu Savary）開會，他是比我更厲害的投資戰略分析師，我們得出結論根據我的策略進行兩筆交易，並從地緣政治大贏家獲得最大的利益。第一筆交易是作多歐元兌美元（EURUSD）匯率，這個很簡單，任何人都可以想通。歐元在 2016 年 12 月 20 日觸底，然後反彈 21% 到了 2018 年 1 月 25 日觸頂達到 1.250 美元。但是真正值錢、真正需要馬修細膩策略的交易，是作多法國工業類股／作空德國工業類股（下頁圖 11.6）。圖表已經很清楚了。

「所以你想作多社會主義、放空資本主義」

市場對瑪麗‧勒龐勝選的反應以及我後續的預測顯示，當投資人錯把刻板印象當成分析時，就是最容易成為地緣政治大贏家的時候。情緒、反法偏見、新聞頭條，以及專注於

圖 11.6　工業類股：買進法國／放空德國

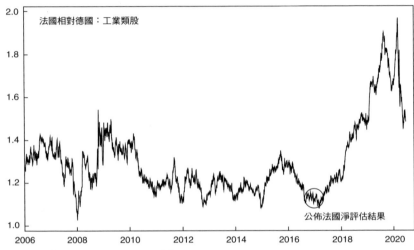

資料來源：彭博金融、MSCI、MACROBOND 金融。
獲 BCA 研究公司（WWW.BCARESEARCH.COM）同意印製。

各種可能性，而不是可能性的限制，導致投資人過分誇大勒龐勝選的機率。

　　我超愛這些機會。說到地緣政治，告訴我誰是迂腐、差勁、以偏好為主而且想要高談闊論意識型態的投資人，和他們對賭是最容易的事。

　　2018 年底是我離開投顧公司前，最後一次去拜訪紐約和康乃迪克州的客戶。業務員把我帶進避險基金傳奇經理人的辦公室，這位經理人因為操作新興市場而享譽業界。我對

2019 年新興市場非常悲觀，但我認為墨西哥和巴西可能會有一些大贏家投資標的。

就像法國的情況，投資人的損失（中間選民的觀點）就是我的獲利。我認為投資人對巴西過度樂觀、對墨西哥過於悲觀。這兩個國家 2018 年的大選，都出現了選民因為擔心暴力和貪腐而投票給反體制的候選人。在這些選舉剛開始時，我對巴西中間選民會忽然變成支持放任式管理，或是墨西哥中間選民會變成托洛茲基主義者的觀點感到懷疑。

投資人預期巴西總統當選人亞伊爾‧波索納洛（Jair Bolsonaro）能成功通過對市場友善的改革，但是巴西的立法人數限制是很高的障礙。他必須說服一直以來都很失能的國會，通過一個複雜而且痛苦的退休金改革。換句話說，波索納洛必須證明，他會想辦法讓巴西已經上漲的資產顯得合理。

墨西哥總統安德烈斯‧曼努埃爾‧羅培茲‧歐布拉多（Andrés Manuel López Obrador，AMLO）受到憲法、最高法院和政治傳統的限制，也就是墨西哥是以經濟政策為主（自 1924 年以來，墨西哥還沒有公開左翼傾向的候選人當選過總統）。和波索納洛一樣，歐布拉多必須證明自己可以克服限制條件，以證明已經發生的賣壓是合理的。

我的觀點不認為歐布拉多是絕對適合墨西哥的人選。他的決策包括取消墨西哥市機場的計畫、不讓財政部參與重要

的經濟決策，以及威脅要回到老派的墨西哥革命制度黨（PRI）的中央集權，的確從市場的觀點來看很令人感到憂心[7]。同樣的，我也不認為波索納洛對巴西來說絕對是負面影響。

但是投資人相對的感覺過於看好波索納洛而不看好歐布拉多，尤其是這兩位總統面臨很強的政治限制條件。由於我對自己的限制條件架構非常有信心，我看重限制條件更甚於這兩人公開聲明的經濟偏好。

我也發現，他們都面臨著中間選民與他們的經濟議題持完全相反的態度──波索納洛面對左傾的中間選民，而墨西哥的中間選民則是中間偏右（至少民調是這麼說的）。

總體經濟環境支持我的相對觀點。我認為中國推出的振興措施不會像投資人所期望的那麼多，以及美中貿易戰會變成投資的一大風險。如果這個情境發生，那麼像巴西這樣高貝他值（high－beta）的國家會受創，而經濟與美國緊密相連的國家如墨西哥則會有超越新興市場的表現。對於美墨加協定談判，我的觀點也看好墨西哥。

如果一切都如預測，我建議作多墨西哥披索兌巴西雷亞爾（MXNBRL）匯率，從這兩個新興市場的感受差距獲利。不只是因為地緣政治限制條件很合理，還有因為市場當時正

7　墨西哥革命制度黨（PRI）於 1929 到 2000 年統治墨西哥。

圖 11.7　墨西哥相對巴西是正利差

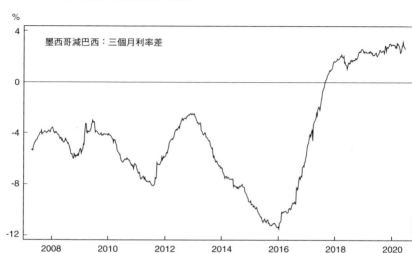

墨西哥減巴西：三個月利率差

資料來源：彭博金融、MACROBOND 金融。
獲 BCA 研究公司（WWW.BCARESEARCH.COM）同意印製。

在向投資人大喊「作多墨西哥披索」。從我成年以來，這將是第一次投資人從墨西哥披索相對巴西雷亞爾之間獲得正利差（圖 11.7）。

　　我很興奮，至少我有一個好的新興市場投資策略。在歐布拉多任期的最後，墨西哥的經濟不會比波索納洛任期結束時的巴西好到哪裡去。我的判斷並不是絕對的。如果把歐布拉多和波索納洛想像成美式足球聯隊的球隊，正在比賽。賭場設定波索納洛以兩次達陣得分擊敗歐布拉多的賠率。我可不會押注歐布拉多贏得比賽，只會押注他會縮小比數。也許

他會以一次達陣得分輸掉，或比較可能是一次射門得分。

　　好了，我的投顧生涯即將結束，面對新興市場，我有一個清晰、思慮完整的觀點，可以在接下來的 12 個月獲利。我進入之前說的那位傳奇經理人寬敞的會議室裡，和他還有他的副手握手。我們寒暄了一下，當我們坐下，他說：「你要告訴我，那個共產主義者會毀了墨西哥吧？」

　　我咯咯一笑然後說：「不，其實我認為你應該作多墨西哥披索！我拿給你看…」

　　正當我打開圖表要介紹我的策略時，我看到那個傳奇人物的副手向後仰，確定他的老闆眼角餘光看不到時，他慢慢地搖頭。也許吧，我不太確定。那一刻不是很明顯。「管他的…反正這是我在投顧界最後的會議了，讓我說完吧。」

　　在介紹了四十秒後，我注意到那位傳奇人物握著拳頭。他阻止我說下去。

　　「等等，年輕人。你是在說你會作多共產主義、放空資本主義？」

　　糟糕。

　　我困惑地看著面前的兩位男士。那位副手用心電感應叫

我閉嘴。他當時真的在流汗[8]。

那位傳奇人物說：「我是說⋯這是今年以來我聽過最蠢的Ｘ話。」

那時是 12 月。

聽到客戶說這樣的話，我通常會很受傷[9]。但我當時要離開投顧業，搬到加州的海邊了，所以我不在乎。我說：「既然我是現場唯一在共產國家生活過的人，我想，沒錯⋯我應該知道自己在講什麼。」

我的投資建議，他並不買單。

我向各位讀者保證，這個人是市場的傳奇人物。他所做的決策比你、我和上百位其他投資人加起來還要多。但是他的偏見和意識型態卻是他交易的致命傷。

地緣政治大贏家的優點就在這裡。當我是根據地緣政治分析進行投資，我就不只是和同業對賭。即使是金融業一些最了不起的人物也都沒審慎思考過，而是根據刻板印象以及

8　顯然我當時是在華爾街的波索納洛大粉絲的辦公室裡，但我並不知道。他是個很老派、會讀《華爾街日報》、崇拜放任式的艾茵・蘭德（Ayn Rand，譯注：小說《阿特拉斯聳聳肩》〔Atlas Shrugged〕的作者。本書以極端資本主義、批判政府干預自由經濟聞名，曾翻拍成電影《地球顫慄》。）派資本主義者。一想到我竟然大搖大擺走進他的會議室，並建議他把辛苦賺來的錢押注在「共產主義者」而非「資本主義者」身上，就害他差點腦動脈瘤破裂。

9　我雖然是虛無主義者，但我不是石頭做的！

在吞雲吐霧的房間裡和財政部次長開會時，他們自己想要聽到的話而做出決策。在限制條件架構中，所有的偏好都受制於限制條件——不只是參與者，分析師也一樣。每個人都有偏好，但是限制條件架構的使用者有工具可以質疑別人和自己觀點是否務實。

我不是傳奇人物，但是那天，我打敗了一個傳奇人物。我在 2018 年 12 月 14 日建議作多墨西哥披索兌巴西幣，到了 2019 年底的報酬率是 11.2%。

本章摘要

限制條件架構給投資人一個方法思考以資料為主的地緣政治、聚焦於可觀察的事件，並根植於真實的世界。雖然媒體和學究把焦點放在決策官員的偏好或是最主要的敘事，但投資人可以著重於可以採取行動的事：限制條件。

偏好是可有可無的，受制於限制條件，相較之下，限制條件既非可有可無，也不受制於偏好。

淨評估是將架構投入運作的起點。第九章中，我介紹了兩個淨評估的例子：一個是周期性，一個是反應性。在第四章中，我也針對美國中間選民的方向做了淨評估，我認為放任式的經濟已經是過去式了。開始準備好面對（最好的情況是）管理式的經濟，而最極端的情況是社會主義式經濟。爆

炸性的財政振興措施才剛要開始。

以限制條件為根基的淨評估，能提供提資人幾個參照點。支點限制條件和相關的資料流，能提供投資人該注意的正確資料。如果限制條件改變，觀點也需要改變。最重要的是，淨評估能提供進一步分析穩健的基礎：某個事件或是多情境發生的事前機率。美伊發生動能衝突的機率是 20%，並非低到不可能，但機率比令人不安的休戰還要低。

淨評估也可以給投資人足夠的資訊選擇一個偏誤。我在 2018 年對巴西做的淨評估給我對隔年的負偏誤，而我對墨西哥的淨評估則給我樂觀看漲的偏誤。對印度的淨評估給我悲觀看跌的偏誤。這不是以刻板印象或過時的比喻為根據的隱含偏誤，而是我以研究為根據所做的刻意選擇。

以淨評估和事前機率的觀點為武器，投資人就可以做出最後的賭注，並和市場的價格反映與行動比較。你正在評估會受到地緣政治事件衝擊的資產，估值是怎麼說的？

在本章中，我闡述了從地緣政治大贏家獲利的程序。以英國脫歐來說，有很多大贏家標的可以收割，因為投資人忽略了「脫歐派」勝利的風險。以巴西和墨西哥來說，投資人只因為意識型態的偏好，而忽略了正利差。以歐元來說，投資人誇大了瑪麗‧勒龐勝選的機率。

在其他條件不變的情況下，這種地緣政治分析幾乎沒有

用。每一個成功的投資決策案例，我都會仰賴估值和市場的
感受。因此光是製作淨評估是不夠的。你的評估必須有共識，
或者市場可能已經反映在價格上了。限制條件架構給你一個
優勢，因為它能讓你擺脫以偏好為主的思考框架。

12章 ——結語
Conclusion

正確解讀限制條件永遠會打敗以偏好為主的預測。

　　2020 年 3 月時，大眾的意見（以媒體為馬首是瞻）可能認為寫一本有關地緣政治與投資的書很奇怪。寫有關流行病和投資的書，可能還比較有賣點。

　　但是地緣政治對新冠肺炎大流行及對經濟和市場最終的影響很重要。在第八章中，我指出壓平曲線的敘事最終會對經濟限制條件讓步：重啟經濟的壓力就是這個限制條件。下頁圖 12.1 摘要說明那一章的結論，而且不只是開玩笑而已。

　　提醒一下讀者，第八章的主要論點說，大多數選民都沒有儲蓄。就算有，他們儲蓄的金額也不足以幫助他們撐過蕭條程度的經濟亂局。因此投資人應該預期，反抗無限制壓平曲線敘事只會早不會晚，就在圖 12.1 中的「負債者的麻痺點」時。就算你的樣本可能失真，因為你的朋友、親戚和同事都是「有儲蓄的人」，如果你是投資人，他們也肯定會是，但大部分的人都是那張圖表裡的「負債者」。就這一點來說，社群媒體推特和 Ig 都不能代表中間選民。

　　本書不是在告訴你有關疫情大流行的事，而是提供一個架構讓你預測政策對任何事情的反應。衰退、恐怖主義、貿易戰、疾病大流行、外星人入侵。不管是什麼都不重要。正確解讀限制條件永遠會打敗以偏好為主的預測，或是將目前的敘事和主要的感受線性推斷至未來的預測。這樣的還原線性可能在抽象的模型中很常見，但是在真實世界中比較難發

圖 12.1　壓平曲線敘事的限制條件會增加

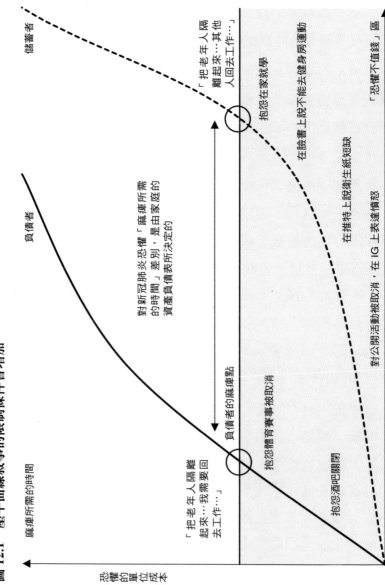

資料來源：德羅布尼集團。
獲德羅布尼集團同意印製。

現。

　　雖然在我撰寫本書時，所有人都在擔心新冠肺炎，但我想寫一個較廣泛的結論作結尾，並突顯本書要教投資人和非投資人的事：在政策討論時，放下意識型態和沒有根據的偏見。就算你經營的是智庫或政治倡議利益團體，也可以從限制條件架構中找到一些有用的東西。這個獨特的觀點能讓你感受現實，而不會因為個人的偏好而過度樂觀。如果你知道實際情況以及未來的方向，那麼你就能更成功地設法改善情況。

　　以氣候變遷為例。如果你認為情況嚴峻，那你就必須瞭解減少排碳的限制條件[1]。一旦你發展出一個清楚、非意識型態、以限制條件為主的政治預測，就會發現必須改變什麼支點限制條件才能產生你想要的結果。

　　我個人不會是帶動任何改變的人，我只是觀察者。我在第三章中指出，預測的地獄是保留給那些自以為是、寫專欄的預測者。我花很多時間在冥想我的偏誤，沐浴在虛無主義中。我很不適合當勵志演說家。而且我很努力試著不要因為愚蠢的政策制定而生氣。

　　我寫這本書是因為我的架構讓我理解這個世界，偶爾能

1　你可能在想，這些限制是什麼。太可惜了。這是第 12 章，我可不會在最後一章討論氣候變遷。

找到大贏家投資標的。我希望其他使用這個架構的人也能成
功，但不是每個人都適用，這不是絕對會成功的方法。正如
我以 2020 年最重要的投資事件新冠肺炎所做的解釋，太僵
硬地聚焦在實質限制條件是有缺點的。有時候集體心理會創
造出自己的現實。

　　但是長期來說，就像老化一樣，實質的限制條件是不會
被打敗的。對投資人來說問題在於，不用等到長期，你可能
短期就會虧光所有的錢。正如凱因斯在 1930 年代所說的：「市
場維持不理性的時間，會比你能償債的時間還要久。」和時
間對賭，是任何投資架構的致命傷，所以投資是一門藝術，
不是科學。正如從事任何藝術形式的人一樣，我雖然追求完
美，但我只能希望我能漸漸臻至完美。

　　身為藝術家，我希望本書能幫助也是藝術家的你，在你
的調色盤上加入多一點地緣政治分析的色調。

致謝

如果我要把致謝的名單縮小到只有幫助我寫本書的人，那我應該先從毀了我國家的三位民族主義者開始：斯洛波丹・米洛塞維奇、弗拉尼奧・圖季曼和阿利雅・伊澤特貝戈維奇。多虧了這三位民族民粹主義者，我的祖國已不存在，15萬人身亡、南斯拉夫不再是國際籃球場上的霸主，而我也不是婦科醫生，我家族中幾乎所有男性都是婦科醫生（幹得好，盧巴堂弟，繼續家族的傳統吧！）。那三位戰爭販子在一個本來應該是在玩樂高、看卡通的小孩心中留下深刻的陰影。結果我對分析產生了興趣，是為了理解周遭充滿痛苦的世界。

謝了，你們這些傢伙！

說實話，我寫本書是因為希望我的孫兒們有一天能拿起爺爺寫的書，而不是數千個我在投資研究工作時製作的PDF檔案。

我也想念學術界[1]。過去十年來，將我的架構介紹給投資人讓我實現了我有熱情的事，為投資界的客戶、同業和朋友

---

[1] 另外要特別感謝薩達姆・海珊和魯霍拉・何梅尼（Ruhollah Khomeini）！我首次認識地緣政治是當我的家人短暫住在巴格達時，那時我才三歲。我記得人生的第一次對話是和我的母親，她當時向我解釋為什麼伊朗的飛毛腿飛彈會在我們頭上掠過。

創造了不少「原來如此」的時刻。這是我這輩子最接近教學的時刻。我最高興的時候就是當客戶或同業利用我的限制條件架構反過來證明我錯了。

有很多人幫助我的生活和建立事業。我非常感謝我的合夥人和老闆，史帝芬‧德羅布尼，是他要我寫這本書的。他是我認識對我有信心而且毫無條件的人（除了我母親之外）。他鼓勵我把想法書寫下來，而且在整個過程中給了我無價的意見回應。他是個有耐心的導師和朋友，他唯一失敗的地方就是教不會我沖浪，但那可能是因為我的平衡感和困在沙灘上的鯨魚一樣不好。

我最感激的人是內人，克莉絲朵。我還沒開始金融業的事業就受到重重限制。畢竟我的數學不好！我在大學時修過三堂經濟學。我還是要比手劃腳才能想清楚到底曲線變陡或變平是看漲還是看跌。為了克服我的弱點，我在後來空降至這個產業才開始急起直追。過去十年來，內人幫助我克服這個限制，她接手所有我的所有其他責任，包括身為父親、丈夫和身為一個人的責任。克莉絲朵是我做所有事的靈感。

謝謝我的父母普里卓拉和葛達娜‧帕皮克（Predrag and Gordana Papic）。父親是我的第一位地緣政治分析老師，他所有預測的結論都是「反正都是好萊塢」（沒錯！）。父母為了我犧牲了很多，我才能有今天。如果我身為家長有他們

一半好，我對孩子的教育就算成功了，不過目前為止還不知道結果。在馬可‧帕皮奇的名人堂中，我母親、我姊姊瑪雅和我的阿姨維絲娜也有特別的一席之地。

她們聽我囉嗦的時間比任何人都還長。但是她們都活得好好的！非常感謝我的叔叔佐藍，我離開歐洲前往美麗的英屬哥倫比亞省時，他像擁抱兒子一樣地擁抱我，還有我在貝爾格萊德的親戚（帕沃叔叔和娜塔莎阿姨）。

我是在史帝夫邀請我加入德羅布尼集團的海景辦公室裡撰寫本書。謝謝我在公司裡的所有的同事。其他合夥人，泰勒‧海瑟威、劉韋、班傑明‧薩瓦吉，他們同意讓史帝夫邀我加入。

艾希頓‧羅辛幫助我學習在這份工作該做的事。在我寫作時，我非常仰賴隊友王凱文、伊卡特琳娜‧許卓文斯基和班‧諾瓦克。我欠凱文很多，在我寫作時，他幫助我把白天的工作做好。我們繼續加油吧。在我的事業中的知識來源都幫助我寫這本書。

我在 BCA 研究和史卓佛的隊友，麥特‧葛肯幫我審書，並刪掉一些誇飾的語句。沒有麥特，我就會因為開了太多不恰當的玩笑，而成為好幾個國家的不受歡迎人物。麥特和我是同一天開始上班，從此以後就成了知識上的兄弟。

我朋友丹‧格林、傑伊‧藍法蘭克、諾爾‧穆勒、貝里

斯‧帕斯利和查理‧塔佛亞是其他繆思。丹幫助我的數學部部，而且啟發我這一輩子實現我最佳潛能。傑伊‧藍法蘭克讓我在金融業立足。簡介和第一章中《征服情海》的備忘錄，就是我們想法的混合，而且從這個架構的概念開始形成時，他就參與其中。諾爾‧穆勒一直是知識的共鳴板，比任何人還要久。

當我在英屬哥倫比亞省的野外冥想時，他也確保我沒有溺水、自我獻祭或被熊吃掉。

查理‧塔佛亞讓我認識所有我該知道私人市場和科技的知識。當然還有貝里斯，我在第三章中特別提到他。

本書很大一部分包括我在蒙特婁為 BCA 所做的研究。我必須向那間公司的所有同事表達感激，尤其是 Anastasios Avgeriou、Emin Baghramyan、David Boucher、Santiago E. Gomez、Melanie Kermadjian、Jesse Anak Kuri、Jim Mylonas、Chester Ntonifor 和 Mathieu Savary。他們是我的朋友和隊友。

我也要感謝在 BCA 的導師 David Abramson、Peter Berezin、Arthur Budaghyan、Dhaval Joshi、Ian MacFarlane、Mark McClellan、Doug Peta、Francis Scotland 和 Chen Zhao。我到現在還是會回顧在公司早期時的每日會

議，當我還是年輕的策略分析師時，我會觀察這些總體專家討論市場。如果不是 Bashar Al－Rehany、Martin Barnes 和 Nicky Manoleas，我到現在還在德州「寫部落格」。

我在全球總體經濟金融圈的客戶、同事和朋友，都敦促我把這個架構修正得更精煉，他們的才知和創意令我折服。本書是為了他們而寫的（不過他們中有很多人不需要本書），尤其是

Kenneth Andersen、Raphael Arndt、Louis Bacon、Whitney Baker、Achin Batra、Scott Bessent、Tony Boeckh、Antonia Bothner、Ziad Boustany、John Burbank、Ahmad Butt、Drew Casino、Christopher Chan、Jim Chanos、John Coates、Paul Danis、Charles Davidson、Mehul Daya、José Luis Daza、Pete Dilworth、Frédéric Dion、Barry Eichengreen、Volker Engelbert、Tit Andrej Erker、Gary Evans、Marc Faber、Hans Fahlin、Jonathan Fayman、Peter Fletcher、Dave Foraie、Christopher Forbes、Stephan Gabillard、Jonathan Gashalter、Stephen Gilmore、Anna Golubovic、Ian Gordon、Nicola Grass、Mike Green、Paul Greenham、Karl － Theodor zu Guttenberg、Elias Haddad、Cyrus Hadidi、Aljoscha Bjorn Grischa

Haesen、Daniel Hepler、Alex Hess、Neels Heyneke、Ziad Hindo、Lisa Hintz、John Ho、Mike Hurley、Stephen Jen、David Kalk、Jitania Kandhari、Marc Keller、Mark Koenig、Kosta Kotsaboikidis、Zach Kurz、Franck Lacour、Andrew Lyon、Costas Lyras、Sebastian Mallaby、Michael and Yvonne Marsh、Mike Mayo、Dan McCollum、Nuno Amado Mendes、Jawad Mian、Brian Milner、Rafer Mitri、Oleg Mogilny、Andrew Moll、Shea Morenz、Jay Namyet、Russell Napier、Paul O'Brien、Ali Ojjeh、Juan Correa Ossa、Angkit Panda、Omar Paz、Andrew Pearse、Neil Phillips、Jean — François Pepin、Magesh Pillay、Rajeeb Pramanik、Benjamin Preisler、Marlene Puffer、Alex Purewal、David Ross、Henri — Paul Rousseau、Steve Saldanha、Ben Samild、Walter Schadenfroh、Zach Schreiber、Aaron Schuler、Murray Scott、Tatiana Semenova、Danilo Simonelli、Ilan Solot、Marc — André Soublière、Jeremy Stein、Barry Sternlicht、Jayne Styles、Maxime Tessier、Mario Therrien、Parvinder Thiara、Cullen Thompson、Barbara Tong、François Trahan、Mark Trevena、Ronny Turiaf、Ion Valaskakis、John Valentino、Zoltán Varga、Alice Wang、Yan Wang、Marco Willner、Mike Wissell、Ed Wolfe、David Zervos、Felix Zulauf，還有

很多其他人。如果有人的名字沒被提到，是我的疏漏。

在地緣政治分析圈，我最要感謝的是 R.P. Eddy，爾果（Ergo）的執行長兼創辦人，從我們多年前第一次見面時，他就開始指導我，但他自己並沒有意識到。Eddy 經營的是全世界最好的地緣政治顧問公司，所有的投資人都應該成為他的客戶。我也是地緣量子（GeoQuant）執行長兼創辦人 Mark Rosenberg 的大粉絲，以方法來說，地緣量子和爾果所使用的方法完全不同。

馬克教我其他系統性地緣政治分析的方法。他成立了一間以量子帶動的地緣政治顧問公司，可能會徹底革新我們對政治風險的看法（並讓像我這樣質化研究的恐龍失業！）。我人生在私人部分的第一個老闆 George Friedman，是第一個使用限制條件架構的人，我向他學了很多地緣政治分析的知識。Ian Bremmer、Charlie Cook、Alastair Newton、Nate Silver、Philip Tetlock 和 Peter Zeihan 對我的事業都有啟發。饒舌歌手 Grand Puba 曾說：「若非前人鋪路，我也不會有今天。」

本書編輯 Melissa Lesh 在我的腦子裡住了三個月。我們從來沒見過面卻一起交流思想。她不只是編輯；她幫助我大幅修改幾個章節。如果你需要編輯，請找她，她非常專業。還要感謝帕皮奇團隊，他們給我時間讓我專注於工作，Rajeev

Anand、Eva Stefanova 和 Kristyna Sykorova。

　　我還要感謝我的老師們。最重要的是 Grant Perry 是我在史卓佛的靈感來源也是導師，我會非常想念他。Ivanka Anastasijevíc 幫助童年時的我度過國家滅亡的時期。即使我是看電影、《辛普森家庭》和打電玩學英文的，Larry Roetzel 和 Heather Gatley 還是建立起我對寫作的信心。

　　Yves Tiberghien 是第一位敦促我成為最好的人。Robert Johnson 讓我對政治理論大開眼界，第二章會讓他以我為榮（希望如此）。我的第一堂政治學課程就是 Barbara Arneil 教的，Michael Byers 讓我看到自己開始的研究是如何進行的。我要感謝德州大學政府系（Department of Government）的時間和資源，尤其是 Zoltan Barany、Wendy Hunter、Robert Moser、Peter Trubowitz 和 Kurt Weyland。

　　雖然我只在後來才認識 John Mearsheimer 教授，但他永遠改變了我對大國政治悲劇的觀點。我將本書獻給我失去的祖國，一個已不存在的國家。我想是因為我沒有根，所以讓我成為好的地緣政治分析師。我的缺點（沒有祖國）成為我的架構的特色。因為沒有家，就不會因為家而產生偏見。結果讓我在預測未來時能保持客觀，我也可以教別人怎麼做。你不需要祖國陷入一場自殺式的暴力狂歡，才能預測地緣政治。但這確實會有幫助。

感謝孩子的事。但我要向他們道歉。Eva、Pascal 和 Isabella，很抱歉我經常把事業看得比你們還重要。你們很幸運有個好媽媽。人生充滿了犧牲，這就是限制條件的產物。我很努力工作，這樣有一天你們才能回顧爸爸做的事，並以此激勵你們努力。

記住：**做或不做，沒有試試看。**

最後，感謝巧克力色拉布拉多，布萊恩，你和民粹主義的世界完全不同。

我在撰寫本書時邊聆聽 DJ Skee、Bijelo Dugme、老式嘻哈樂，和很多令腦子無法思考的電子音樂。